... mein Haus, mein Geld, mein Gott?

Elyse Fitzpatrick

Elyse Fitzpatrick

... mein Haus, mein Geld, mein Gott?

Elyse Fitzpatrick
... mein Haus, mein Geld, mein Gott?

Best.-Nr. 271 430
ISBN 978-3-86353-430-1

Es wurde folgende Bibelübersetzung verwendet:
Revidierte Elberfelder Bibel, © 1985/1991/2006
SCM R.Brockhaus im SCM-Verlag GmbH & Co. KG, Witten.

Außerdem wurden verwendet:
Neues Leben. Die Bibel
© 2002 und 2006 SCM R.Brockhaus im
SCM-Verlag GmbH & Co. KG, Witten. (NLB)
Die Bibel nach Martin Luthers Übersetzung, revidiert 2017,
© 2016 Deutsche Bibelgesellschaft, Stuttgart. (LUT)

1. Auflage
© 2017 Christliche Verlagsgesellschaft Dillenburg
www.cv-dillenburg.de

Übersetzung: Anke Hillebrenner
Satz und Umschlaggestaltung:
Christliche Verlagsgesellschaft Dillenburg
Umschlagmotiv: © Shutterstock.com/Iconic Bestiary
Druck: GGP Media GmbH, Pößneck
Printed in Germany

Inhalt

Vorwort zur zweiten amerikanischen Auflage 9

Danksagung 11

Einleitung: Ein Blick auf die Götter dieser Welt 13

1. Rahels Götter und wir 21

2. Ungeteilte Anbetung 36

3. Oberste Priorität 52

4. Der Herzensveränderer 72

5. Besser als Leben 91

6. Ein Blick in unser Herz 109

7. Nachsinnen über unseren Gott 129

8. Sehnsucht nach Gott 149

9. Der Wille zum Gehorsam 175

10. Den falschen Göttern widerstehen 193

11. Die Vernichtung unserer falschen Götter 217

12. Die Freude an Gott 240

Anhang A: Sündige Verhaltensmuster und falsche
Götter erkennen 259

Anhang B: Was ist Gesetzlichkeit? 261

Anhang C: Wie kann ich wissen, ob ich wirklich Christ bin? 266

Abbildungen

Abb. 6.1.   Ein biblisches Porträt des Herzens 116

Abb. 8.1.   Die Wünsche Adams vor dem Sündenfall und
die Bedürfnisse des gefallenen Menschen 166

Abb. 8.2   Adams ursprünglich sündlose Wünsche
und die vollkommenen Wünsche Jesu 170

Abb. 10.1   Wenn sich das Herz selbst erfreuen will 209

Abb. 10.2   Wenn das Herz das himmlische
Einmann-Publikum erfreuen möchte 211

Abb. 11.1   Ungeistliche Handlungsmuster und
falsche Götter erkennen 220

Abb. 11.2. Biblische Beispiele für das Ab-/An-Prinzip . . . 232

Abb. 11.3   Konkrete Beispiele für das Ab-/An-Prinzip . . . 233

Abb. 11.4. Persönliches Arbeitsblatt für das
Ab-/An-Prinzip 239

Phil
für seine unerschütterliche Liebe und Geduld.
Nur aufgrund Deiner Hingabe
konnte ich dieses Projekt verwirklichen.

Vorwort zur zweiten amerikanischen Auflage

Seit ich das Originalmanuskript für dieses Buch schrieb, sind viele Jahre vergangen, in denen mir immer bewusster wurde, wie sehr mich Gott in Jesus Christus liebt. Inzwischen habe ich verstanden, dass er mich liebt, unabhängig davon, wie erfolgreich ich im Kampf gegen meine Götzen bin. Er kennt meine Schwächen: die Schwachheit meiner Liebe, meines Geistes und meiner Entschlossenheit, ihn über alles zu stellen. Und dennoch liebt er mich, weil sein Sohn mich durch sein Leben und Sterben gerechtfertigt hat ... Obwohl ich seinen vollkommenen Standards, wie wir sie in den Zehn Geboten sehen, so gar nicht entspreche.

Natürlich ist es noch immer mein Anliegen, Gott von ganzem Herzen anzubeten, ihm allein nachzufolgen und Ihnen dabei zu helfen, dasselbe zu tun. Doch meine Meinung darüber, wie wir das erreichen können und was das wirklich bedeutet, hat sich seitdem verändert. Früher schaute ich hauptsächlich auf mich selbst; heute konzentriere ich mich vor allem darauf, was Jesus für mich getan hat. Dieser Perspektivenwechsel beeinflusst auch meine in diesem Buch festgehaltenen Gedanken über Götzendienst und darüber, was letztlich zu einer wahren Herzensveränderung führt. In diesem Buch werden Sie also ganz viel über Liebe und noch mehr über Gottes Liebe zu uns Sündern lesen. Seinem Sohn sei Lob und Preis! Das erste Gebot ist mir nach wie vor sehr wichtig, doch mein Weg dorthin und meine Motivation dafür haben sich geändert.

Danksagung

Ohne die Hilfe und die Unterstützung vieler Menschen kann nichts von bleibendem Wert geschaffen werden. Wenn der Herr in seiner Gnade dieses Buch dazu verwendet, Menschen zu helfen, dann, weil er mich mit einer gottesfürchtigen Familie und ebensolchen Freunden gesegnet hat. Sie alle wissen, was es heißt, Gott von Herzen zu lieben. Mir ist bewusst, dass kein Gedanke wirklich von mir selbst stammt, daher danke ich George Scipione für meine Ausbildung (und inzwischen für die Frau meines Sohnes).

Mein Dank gilt außerdem Dave Powlison, der sich auf einer Konferenz in den frühen 1990ern Zeit für mich nahm und meine Meinung über Götzendienst auf den Kopf stellte; Pastor Dave Eby in der *North City Presbyterian Church* (Notizen, die ich mir während seiner Predigten machte, sind im ganzen Buch enthalten); meinen Geschwistern in Jesus, die für mich beteten, mich ermutigten und mich fragten: „Wie läuft es mit deinem Buch? Wie kann ich für dich beten?" Ich bin sehr dankbar für den Dienst von John und Sandra Cully, Linda Quails und John Hickernell im *Evangelical Bible Bookstore,* die mich mit puritanischen Büchern und guten Tipps versorgten. Ein besonderer Dank geht an meine lieben Freundinnen Anita Manata, Donna Turner und Barbara Duguid für ihr Feedback und ihre Hilfe; an meine Mutter für ihre liebevollen Vorschläge und Korrekturen; und an Barbara Lerch von P&R, die es für an der Zeit hielt, dass eine Frau aus reformierten Kreisen etwas zu diesem Thema sagte.

Ich kann hier unmöglich alle Menschen aufzählen, die mir in den vielen Jahren seit der Erstveröffentlichung 2001 durch ihre Liebe und Unterstützung geholfen haben. Ich bin mit vielen Freunden gesegnet, die ich bereits oben genannt habe. Auch bei P&R habe ich wunderbare Freunde gefunden, darunter besonders Ian Thompson, dem es ein Anliegen war, eine überarbeitete Fassung dieses Buches auf den Markt zu bringen.

Ganz besonders dankbar bin ich meiner Familie: Phil, James und Michelle, Jessica und Cody, Joel und Ruth und ihren wunderbaren Kindern: Wesley, Hayden, Eowyn, Allie, Gabe und Colin. Ich bin überreich gesegnet.

Einleitung
Ein Blick auf die Götter dieser Welt

Im Frühjahr 1998 durften mein Mann und ich gemeinsam mit unseren Cousins und Cousinen zwölf Tage lang den östlichen Teil Asiens bereisen und lernten China, Südkorea und Japan kennen. Weil wir uns einer Touristengruppe angeschlossen hatten, besichtigten wir auch einige buddhistische Tempel. Bei der Gelegenheit bekamen wir den ältesten Buddha, den größten Buddha und auch die dort am meisten verehrte Buddha-Statue zu Gesicht. Wir sahen einen Buddha, den man im Zuge einer Schlacht verschleppt hatte, und einen, der einer Feuersbrunst zum Opfer gefallen und danach wiederhergestellt worden war. Man bat uns um Spenden zugunsten eines Fonds, mit Hilfe dessen man die Kosten für die Vergoldung einer bestimmten Buddha-Statue bestreiten wollte. Dann war da noch der Buddha des Kaisers und einer, der dem gemeinen Volk gehörte. Wir beobachteten Menschen dabei, wie sie Kerzen anzündeten, Brandopfer darbrachten, sich ins Gebet vertieften und Schalen gefüllt mit Blumen und Lebensmitteln vor ihren Göttern platzierten. Am Ende unserer Reise hatten mein Mann und ich so ausgiebig Götter besichtigt, dass es gefühlt für den Rest unseres Lebens ausreichte.

Erleichtert kehrten wir in die Vereinigten Staaten als ein Land mit christlichen Wurzeln zurück. Im Gegensatz zu den asiatischen Ländern, die wir bereist hatten, trifft man in den USA weder an jeder Ecke eine Götterstatue an, noch ist man gehalten, den Göttern an bestimmten Tagen Brandopfer zu bringen oder Laternen anzuzünden. Wir müssen keine Schüsseln mit Reis (oder in unserem kulturellen Kontext mit Pommes Frites) in unsere Tempel tragen. Laut einer Umfrage fühlen sich 76 Prozent aller Amerikaner an das erste der Zehn Gebote gebunden[1] – „Du sollte keine anderen Götter haben neben mir" (2. Mose 20,3). Also schneiden wir in dieser Hinsicht doch eigentlich ganz passabel ab, oder?

Wenn Sie so denken wie ich, würden Sie die Thematik der Götzen ähnlich einordnen. Götzen sind etwas außerhalb unseres Lebensbereiches. Schwerpunktmäßig im Ausland anzutreffen, dienen sie als Motive unserer Urlaubsfotos und werden von uns mit gemischten Gefühlen bestaunt.

Die Götter in unseren Herzen

Eines der herausforderndsten Gebote der gesamten Bibel steht meiner Meinung nach in Matthäus 22. Hier versucht ein Schriftgelehrter, Jesus als Irrlehrer zu überführen, und stellt ihm zu diesem Zweck die Frage: „Lehrer, welches ist das größte Gebot im Gesetz?" Darauf erwidert Jesus:

> „‚Du sollst den Herrn, deinen Gott, lieben mit deinem ganzen Herzen und mit deiner ganzen Seele und mit deinem ganzen Verstand.' Dies ist das größte und erste Gebot."
> (Matthäus 22,37-38)

Vielleicht geht es Ihnen ja wie mir: Man hat dieses Gebot schon so oft gelesen, dass man dessen Bedeutung gar nicht mehr richtig erfasst. Halten Sie deshalb inne, lesen Sie es noch einmal ganz bewusst und lassen Sie es uns in seiner Tiefe betrachten. Was ordnet der Herr hier an? Nichts anderes als ungeteilte, vollkommene und absolute Liebe und Anbetung. Sobald ich mir die Zeit nehme und über dieses so wichtige Gebot nachsinne, beschleicht

---

1 George Barna, *The Barna Report 1992–93*, an Annual Survey of Lifestyles, Values, and Religious Views (Carol Stream, IL: Christianity Today, Inc., 1995), 113, zitiert in R. Kent Hughes, *Disciplines of Grace* (Wheaton, IL: Crossway, 1993), 29.

mich ein unangenehmes Gefühl. Denn folgende Fragen muss ich mir dabei gefallen lassen:

- Liebe ich den Herrn mit all meinem Sein, oder sind da noch andere Dinge in meinem Herzen, die um diese Liebe buhlen?

- Bete ich noch andere Götter an, oder ist der Herr immer und in allen Dingen der souveräne Herrscher, dem meine ungeteilte Loyalität und Hingabe gebührt?

Denkt man in diese Richtung, so wird schnell klar, dass es bei dem Thema „Götzen" um mehr geht als um buddhistische Tempel, Brandopfer und Reis. Götzendienst ist eine Frage der Liebe – meiner Liebe für den Herrn, für andere Menschen und für die Welt. Aus diesem Blickwinkel betrachtet, unterscheidet mich nichts von den Menschen, die ich in den Tempeln ferner Länder beobachtet habe.

Ein Leben ohne Götzen

Dieses Buch richtet sich an Menschen, die ein geistliches Leben führen wollen, während sie sich täglich im Kampf gegen gewohnheitsmäßige Sünde und die Ambivalenz ihres Herzens befinden. Dieses Buch richtet sich an diejenigen, die jeden Tag über dieselbe schlechte Gewohnheit stolpern, derselben Schwäche nachgeben oder sich in den alten sündigen Mustern verstricken, die sie schon vor Jahren überwunden zu haben glaubten. Dieses Buch enttarnt den Zusammenhang zwischen Götzendienst als fehlgeleiteter Liebe und dem Kern jeder hartnäckigen Sünde, mit der wir uns herumschlagen.

Genauer betrachtet ist die Bibel durchzogen von Geschichten über den Götzendienst einzelner Menschen und sogar ganzer Völker. Eigentlich ist es genau die Sünde, die in der Heiligen Schrift am häufigsten zur Sprache kommt. Im 1. Korintherbrief heißt es, dass uns das Alte Testament als Vorbild und „zur Ermahnung" dient (1. Korinther 10,11).

Einer der ersten Berichte über Götzendienst ist die Geschichte von Jakobs Frau Rahel. Weil Rahels Neigung zum Götzendienst so stark ins Auge sticht, werden wir im Lauf dieses Buches immer einmal wieder auf ihr Leben zu sprechen kommen und überlegen, was wir aus ihren Fehlern lernen können. Außerdem werden wir sehen, welchen Aufschluss uns andere Berichte über die Götzen unserer heutigen Zeit liefern. Einige der folgenden Kapitel beginnen mit kurzen Episoden. Diese Geschichten sind nicht wörtlich der Bibel entnommen, sondern enthalten meine Sicht, wie es sich zugetragen haben könnte. Sie dienen also nur der Illustration und sollten nicht irrtümlich für im strengen Sinne biblisch gehalten werden.

Die Bibel ist Gottes Wort an seine Kinder, die er durch und durch kennt. Es kann also kein Zufall sein, dass Gott dieser Thematik so viel Raum gibt, obwohl wir manchmal den Eindruck haben, dass sie uns persönlich gar nicht wirklich betrifft. (Bedenken Sie, dass sich 76 Prozent aller Amerikaner in dieser Hinsicht nicht angesprochen fühlen). Wenn Sie weiterlesen, werden Sie merken, dass Götzendienst für uns genauso ein aktuelles Thema ist wie für die Israeliten damals. Vielleicht geht es uns sogar noch mehr an, weil wir irrtümlich meinen, es betreffe eher den Bereich außerhalb unseres Lebens, und nicht erkennen, dass die Wurzel in unserem Herzen verborgen liegt. Selbst wenn man sich in manchen Kreisen dieser Sünde bewusst ist und sie auch bekennt, ist man vielleicht immer noch nicht so weit vorgedrungen, die eigentliche manipulative Kraft dieser Sünde zu entlarven.

In den folgenden Kapiteln wird es um den Zusammenhang von Liebe und Anbetung gehen. *Wen liebe ich? Wen bete ich an?* Das sind elementare Fragen, die in Beziehung zueinander stehen. Wir werden uns mit der Enttarnung der Götter unseres Herzens beschäftigen: der Götter in unseren Gedanken und unserer Gefühlswelt. Schließlich wird es um Gottes Methode der Befreiung von Götzen gehen – darum, dass seine heiligende Kraft unsere fehlgeleitete Liebe wieder auf den rechten Weg bringen kann.

Bei alldem ist mir noch wichtig zu betonen, dass sich Ihr Kampf gegen Sünde und Götzendienst von dem meinen in keiner Weise unterscheidet. Der Kampf Rahels übrigens ebenso wenig. Genau wie sie stehen wir alle in der Gefahr, unsere Hoffnung und unser Vertrauen auf etwas oder jemand anderes zu setzen als den lebendigen Gott. Immer wieder sind wir schwach, ängstlich, wütend oder bitter, wir hadern oder klagen an. Mitten in diesem Kampf ertönt der Ruf Gottes: Klar, liebevoll, erhellend und befreiend erinnert er uns an seine unvergleichliche Liebe zu uns und an seinen gnädigen Umgang mit Götzendienern.

Auch wenn uns unser Kampf gegen die Sünde bis ans Ende unseres Lebens begleiten wird, hat Gott sich auf immer mit uns verbunden, und er befähigt uns zum Wachstum in der Heiligkeit. Er möchte, dass wir diesen Kampf mit ihm an unserer Seite aufnehmen und uns der Waffen bedienen, die er uns für diesen Zweck an die Hand gegeben hat. Eine dieser Waffen ist das Wissen. Nicht das Wissen bloßer lebloser Fakten, sondern ein stets lebendig bleibendes Bewusstsein unseres Kampfes gegen eigenwillige Vorlieben einerseits und der Treue Gottes andererseits. Diese Treue zeigt er uns dadurch, dass er uns für Zeit und Ewigkeit erlöst hat.

„Instant-Heiligkeit"

Ich schätze die praktischen Vorzüge einer Mikrowelle sehr. Sie auch? Auflaufform hineinschieben, und nach ein paar Minuten ist das Essen fertig. Seit der Erfindung der Mikrowelle ist unser Familienleben noch einfacher geworden. Ich kann Eingefrorenes zehn Minuten vor dem Kochen auftauen – bei meiner Zerstreutheit ein echter Segen! Und ebenso schätze ich auch all die anderen modernen Annehmlichkeiten. Doch mitten in dieser Instant-Kultur frei nach dem Motto „Ich will alles sofort, und das bitte so bequem wie möglich!" entwickelt sich leicht die Erwartung, dass Gott in unserem Leben genauso verfahren müsse. *Mach mich heilig, Herr – aber bitte auf Knopfdruck und sofort, wenn es dir nichts ausmacht.*

Dabei geht Gottes Wirken an uns für unseren Geschmack oftmals unerträglich langsam voran. Auch wenn Christen es manchmal erleben, dass Gott von heute auf morgen Veränderungen in ihrem Leben vornimmt – und seien sie noch so klein –, so ist Heiligung als Gottes Werk in uns grundsätzlich ein Prozess. Dieser Prozess ist ein Lernprozess (ich hoffe, dass die Lektüre dieses Buches das auch ist), der bis zum Ende unseres Lebens Wachstum, Versagen, Veränderung, das Erfassen der Wahrheit, erneutes Versagen und die Entwicklung von Authentizität umfasst. Vor diesem Hintergrund sollten Sie also nicht erwarten, dass die Lektüre dieses Buches eine radikale Veränderung ihres Lebens bewirkt oder Ihr Herz von seinen eigensinnigen Sehnsüchten befreit. Nur Gott selbst kann Ihre Wünsche durch seinen Heiligen Geist verändern, und dabei hat er einen ganz anderen Zeitplan als wir. Er weiß, in welchen Problemlagen wir immer wieder Erfahrungen sammeln müssen und wie der Heilige Geist uns lehren kann, aus unserem Versagen heraus kommend Gott und seine frohe Botschaft mehr und mehr lieb zu gewinnen.

Auf Christus allein hoffen

Bevor wir uns gemeinsam auf die Reise begeben, möchte ich Sie an eine Tatsache erinnern, derer Sie sich ganz sicher auch schon bewusst sind. *Gott verändert Herzen.* Unser liebender himmlischer Vater hat sich unsere Veränderung auf die Fahnen geschrieben: zuerst den Weg von der Finsternis zum Licht, und danach den Weg fort von den Sehnsüchten unseres alten Lebens zu einer Liebe unter dem Regiment seines mächtigen „Es ist vollbracht". Er hat alles bereitgestellt, damit wir in unserem geistlichen Leben und in der Heiligung wachsen können, so wie er es vorgesehen hat. Für den Kampf gegen die Götter unseres Herzens und für unser Wachstum in der Gnade hat er uns das nötige Handwerkszeug überlassen. Und nicht nur das, er hat auch alle erdenklichen Ressourcen des Himmels für uns in die Waagschale gelegt:

- Er hat uns Jesus Christus gegeben, der den Vater in Vollkommenheit geliebt und angebetet hat. Sein untadeliges Leben im – inneren und äußerlichen – Gehorsam kommt uns nun zugute: Selbst wenn wir immer wieder mit fehlgeleiteter Liebe zu kämpfen haben – Christus hat niemals versagt. Und deshalb blickt unser Vater nur auf die Vollkommenheit Jesu und rechnet sie uns zu, wenn er uns ansieht. In seinen Augen gelten wir also bereits als vollkommen in der Treue und in der Liebe sowie vollendet in der Heiligung.

- Christus führte nicht nur an unserer statt ein untadeliges Leben, sondern bezahlte auch für all unsere Irrwege und unseren Götzendienst durch seinen qualvollen Tod auf Golgatha, als sein Vater ihn stellvertretend als den schlimmsten aller Götzendiener bestrafte. Jeglicher Götzendienst also, den wiedergeborene Christen begangen haben oder jemals begehen werden, wurde bereits durch seinen schmachvollen Tod am Kreuz gesühnt. Wegen des Opfers Jesu hegt der Vater keinen Zorn mehr, der auf Sie und mich niedergehen könnte. Wird uns der Vater eines Tages den Rücken zukehren, weil wir Gott nicht über alles gestellt haben? Nein, niemals. Weil er seinen Sohn bereits an unserer statt verlassen hat.

- Weil er das Gesetz vollkommen erfüllt hat, dürfen wir nun frei sein von der bindenden Macht der Sünde. Wir sind keine Rebellen mehr, die dem Gesetz sklavenhaft unterworfen sind. Das Gesetz ist für uns wie eine Richtlinie, die uns zeigt, wie wir in der Liebe leben können. Sie ist kein Joch, unter dem wir leben, um uns die Anerkennung des Vaters zu verdienen oder der Bestrafung zu entgehen. Das Gesetz macht uns dankbar für die Wahrheit, dass wir nicht mehr verdammt werden können, weil Jesus das Gesetz für uns erfüllt hat.

- Wir dürfen uns außerdem freuen, weil wir wissen, dass Jesus Christus als unser Anwalt auftritt und ständig für uns betet, obwohl wir immer wieder versucht und angefochten werden.

Seiner Fürbitte verdanken wir die Gewissheit, im Glauben ans Ziel zu gelangen. Voller Vertrauen können wir in dieser Sicherheit ruhen.

- Er hat uns mit seinem Heiligen Geist ausgestattet, der in uns wohnt und uns in alle Wahrheit leitet. Eine Aufgabe des Geistes ist es, uns an die Gaben zu erinnern, die wir in Jesus Christus haben. Er gießt seine Gnade über uns aus und macht uns gewiss, dass wir seine geliebten Kinder sind – obwohl wir so oft versagen. Nur durch die Kraft dieser Gnade können wir überhaupt mit Gegenliebe auf seine Vaterliebe reagieren und dürfen danach trachten, seinen Willen zu tun.

- Er hat uns das Wort der Wahrheit gegeben: die Wahrheit, die unsere Herzen offen macht für die Weisheit, die wir brauchen, um uns zu seinem Wohlgefallen verändern zu lassen. Das hat er getan, um uns umzugestalten – und um sich zu verherrlichen!

1998 habe ich eine zwölf Tage lange Rundreise durch Ostasien zu den örtlichen Gottheiten gemacht. Auch Sie haben nun eine Reise begonnen – doch vermutlich wird sie länger als zwölf Tage in Anspruch nehmen. Lassen Sie sich also auf diese Reise ein und freuen Sie sich darauf – in dem Bewusstsein, dass Gott sein Wort und seinen Geist gebrauchen wird, um die Götter Ihres Herzens und Ihre fehlgeleiteten Vorlieben aufzuzeigen und eine neue Hingabe und Liebe in Ihnen zu entfachen – ihm zum Lob und zur Ehre!

1
Rahels Götter und wir

Kinder, hütet euch vor den Götzen! (1. Johannes 5,21)

„Hol deine Sachen.[2] Du und Lea, ihr ruft die Kinder und macht euch alle reisefertig", befahl ihr Mann. „Heute Nacht werden wir aufbrechen."

„Heute Nacht? Warum denn schon so bald? Ich bin doch noch gar nicht so weit!"

Rahel liebte ihren Mann, aber sie genoss auch die räumliche Nähe zu ihren Eltern. Obwohl sie die Verbundenheit innerhalb der Familie als etwas Schönes empfand, war das Verhältnis nicht immer ungetrübt. Zwischen ihrem Mann und ihrem Vater gab es ständig Spannungen. Und nun trat das ein, wovor sie sich immer gefürchtet hatte.

„Vergiss deinen Umhang nicht", sagte sie zu Josef. „Hör auf, dich mit den anderen Kindern zu streiten, und pack deine Sachen zusammen."

Rahel machte es genauso, wie wir es auch gemacht hätten: Sie packte alle Haushaltsgegenstände zusammen, die ihr wichtig waren. Während sie hastig von einer Ecke in die andere eilte, wurde ihr plötzlich die Bedeutung der Situation klar, und ein Stich ging ihr durchs Herz. *Ich muss tatsächlich meine Heimat verlassen, mein Zuhause – alles, was mir lieb und vertraut geworden ist. Woher weiß ich, dass ich einer sicheren Zukunft entgegengehe? Werde ich versorgt sein? Wie werde ich ohne den Schutz meines Vaters zurechtkommen – und ohne seine Götter?*

---

2 Nehmen Sie sich Zeit für die Geschichte von Jakob, Rahel, Lea und Laban, falls Sie nicht mit ihr vertraut sein sollten. Beginnen Sie die Lektüre mit 1. Mose 29.

Als ihr Vater das Haus verlassen hatte, um auf dem Feld zu arbeiten, schlich sie sich hinein und stahl seine Hausgötzen. Zu diesem Zeitpunkt war ihr noch nicht klar, dass sie ihre Familie durch diese Aktion in Gefahr bringen und weitere Täuschungsmanöver auslösen würde. Statt ihr die ersehnte Sicherheit zu bringen, gefährdeten die Götzen ihre ganze Familie. Sie entpuppten sich als Fluch statt wie erhofft als Segen.

Eine vertraute Geschichte

Wir alle kennen die Geschichte von Rahels Diebstahl in 1. Mose 31. Obwohl es das erste Mal ist, dass in der Bibel explizit von Götzen die Rede ist, liest man über diese Stelle leicht etwas beiläufig hinweg, ohne die Unerhörtheit dieser Handlung und deren Folgen zu erfassen: Rahel bestahl ihren Vater. Sie entwendete seine Götzen. Sie täuschte ihren Ehemann und gefährdete ihre Familie. Und später, als Laban sie zum Verschwinden seiner Götzen befragte, belog sie auch ihn.

Ich habe mich oft schon gefragt, wie sie auf den Gedanken kam, auf diese Götter angewiesen zu sein. Was bedeuteten sie ihr? Warum war sie zu dieser Tat bereit? Wie kam es, dass diese Götzen in ihrem Leben so viel Einfluss hatten?

Um diese Fragen beantworten zu können, müssen wir einen Blick auf Rahels Leben werfen. Wir kennen die Aussage der Bibel über Rahels äußere Erscheinung (1. Mose 29,17): „Rahel aber war schön von Gestalt und schön von Aussehen." Heute würden wir sage, dass Rahel ein echter Hingucker war. Zweifellos wusste Rahel, dass sie ihre Schwester Lea in puncto weiblichem Charme in den Schatten stellte, und genoss ihre diesbezügliche Überlegenheit bestimmt. Rahel wuchs in dem Wissen auf, dass sie sich auf die Wirkung ihrer Schönheit verlassen konnte. Ihre Schönheit war ihr Pfund. Sie ruhte in dem, was sie in den Augen anderer und vor sich selbst annehmbar machte. Ihre Schönheit war die Quelle ihrer Macht über andere und ihre Versicherung gegen

Enttäuschung. Sie war so schön, dass Jakob sie auf den ersten Blick als seine zukünftige Frau auserkor. Schon beim ersten Zusammentreffen eroberte sie sein Herz, und er war um ihrer Hand willen bereit, ihrem Vater vierzehn Jahre lang zu dienen.[3] Er liebte sie so sehr, dass ihm die Jahre, die er dienen musste, um sie zu gewinnen, „wie einige wenige Tage" vorkamen. Das ist wahre Hingabe! Was so begann, musste doch rosarot weitergehen, oder? Rahel war schön und hatte einen Mann, der sie liebte. Was konnte sie sich Besseres wünschen?

„Gib mir Kinder!"

Mit der Zeit zeichnete sich die Antwort auf diese Frage immer deutlicher ab. Was konnte sie sich Besseres wünschen? Kinder! Rahel musste mit ansehen, wie ihre ältere (und unansehnliche) Schwester Lea sechs Söhne zur Welt brachte, während sie selbst unfruchtbar blieb. Immer wenn einer der Jungen weinte oder Jakob mit einem von ihnen spielte, muss die Eifersucht in ihr ein Stück mehr gewachsen sein. Zweifel, Zorn und Selbstmitleid werden an ihr genagt haben, während sie ihre Alpha-Position bröckeln sah. Der Gott, den sie angebetet hatte – ihre Schönheit –, hatte seine rettende Macht verloren. Voller Verzweiflung trachtete sie nach der Rolle und Position, die sie für ihr gutes Recht hielt. Ihre schönen Augen waren nicht in der Lage, die Leere ihres Mutterschoßes zu kompensieren.

„Gib mir Kinder! Und wenn nicht, dann sterbe ich." In diesen Worten gipfelte ihre Verzweiflung. „Bin ich an Gottes Stelle?", entgegnete Jakob zornig (1. Mose 30,1-2). Rahels Kinderwunsch war so übermächtig, dass er ihr gesamtes Denken verdreht hatte. Mittlerweile glaubte sie, dass es nicht Gott, sondern Jakob war, der ihre Fruchtbarkeit, ihre Stellung und ihr Leben in der

---

3 Ein plastisches Beispiel für das Prinzip von Saat und Ernte, denn Jakob, der einst seinen Vater täuschte, wurde selbst von seinem Schwiegervater betrogen.

Hand hatte. Sie fühlte sich nackt und wertlos. Ihre Unfruchtbarkeit glich einer Hässlichkeit, die sie nicht länger ertragen konnte.

Zu gegebener Zeit schenkte Gott Rahel in seiner Gnade einen Sohn. Wir sollten Gottes Handeln hier als das sehen, was es in Wahrheit war – nämlich ein Akt der Gnade. Gott belohnte hier weder ein reines Herz noch einen heiligen Wunsch. Er segnete Rahel trotz ihres Unglaubens. Trotz kurzfristiger Freude anlässlich der Geburt ihres Sohnes war Rahel immer noch unzufrieden. Ihr Herz offenbarte sich bereits in der Namensgebung: „Der HERR füge mir einen anderen Sohn hinzu!" (1. Mose 30,24). Rahel genügte der Segen nicht, den Gott ihr mit der Geburt ihres Sohnes Josef geschenkt hatte. Sie wollte mehr. Und genau das ist das Ergebnis des Götzendienstes: Zielsicher führt er zu Unzufriedenheit.

Rahel wurde in der Tat noch einmal schwanger. Während ihres Todeskampfes im Kindbett gab sie ihrem Sohn den Namen Ben-Oni, was „Sohn meiner Trauer" bedeutet. Das, was sie angebetet und von dem sie Segen erwartet hatte, brachte ihr am Ende den Tod. Das, von dem sie Freude und Befriedigung erwartet hatte, brachte ihr Kummer. Bemerkenswert ist, dass dieselbe Frau, die zuvor noch gerufen hatte: „Gib mir Kinder! Und wenn nicht, dann sterbe ich", ausgerechnet im Kindbett starb. Ihr Leben illustriert die Tatsache, dass Götzendienst niemals Leben hervorbringt, sondern zum Tod führt.

Man kann sehr gut beobachten, dass Rahel bereits eine Götzendienerin war, bevor sie die Hausgötzen ihres Vaters stahl. Ihr Wunsch, wie ihre Schwester Lea Kinder zu gebären, wurde zum Hauptziel ihres Lebens. Es handelte sich um etwas, das sie um jeden Preis haben wollte und das somit zu ihrem Gott wurde. Rahel glaubte an die Mutterschaft als Allheilmittel und an die Notwendigkeit, sich ihre Daseinsberechtigung vor Gott, vor anderen und vor sich selbst verdienen zu müssen. Sie hatte niemals erfahren, was es heißt, sich nicht beweisen zu können. Und jetzt ertrank sie regelrecht in Kummer und Scham.

Rahels Götter

Man kann sich Rahel unschwer als Mittelpunkt des Interesses vorstellen. Das Leben war immer gut zu ihr gewesen. So war sie es sicher auch nicht gewohnt, dass Lea ihr überlegen war. Ihre Unfruchtbarkeit (und das, was sie für Rahel bedeutete) konfrontierte sie nun mit einem schier unüberwindbaren Problem – etwas, was sie noch nie zuvor hatte bewältigen müssen. Durch Angst motiviert ergriff sie selbst Maßnahmen, um ihre Stellung zu verteidigen. Sie war der Ansicht, die Götter ihres Vaters könnten sie irgendwie begünstigen. Also nahm sie sie an sich. Vielleicht glaubte sie irgendwie auch an einen Gott, der die Welt in seiner Hand hielt, doch er war zu weit weg und schien für ihre Zwecke nicht wirklich brauchbar. Sie konnte ihm nicht vertrauen, dass er ihr Leben zu ihrem Besten führen würde. Sie wollte einen zahmeren, einen willigeren Gott – einen, den sie selbst kontrollieren konnte. Einen, der ihr das gab, was sie ihrer Ansicht nach brauchte. Einen Gott, den sie stehlen und danach verstecken konnte![4] Sie wollte einen Gott im Handtaschenformat.

Meine Hausgötzen

Als ich Rahels Geschichte noch einmal rekapitulierte, fragte ich mich, ob auch ich so etwas wie Hausgötter habe – Hausgötzen, die für mein Glück, meine Sicherheit und mein Selbstwertgefühl zuständig sind. Wonach sehne ich mich so stark, dass mein Herz schreit: „Gib mir das! Und wenn nicht, dann sterbe ich"? Was brauche ich, damit mein Leben Sinn und Erfüllung bekommt?

---

4 „Rahel aber hatte den Terafim genommen und ihn in den Kamelsattel gelegt und sich daraufgesetzt. Und Laban tastete das ganze Zelt ab und fand nichts. Da sagte sie zu ihrem Vater: Mein Herr, zürne nicht, dass ich nicht vor dir aufstehen kann; denn es geht mir nach der Weise der Frauen. Und er durchsuchte alles und fand den Terafim nicht" (1. Mose 31,34-35).

Was muss geschehen, damit ich mich abends zur Ruhe begeben kann mit der sicheren Gewissheit im Herzen, dass alles in Ordnung ist? Wenn in meiner Antwort etwas anderes auftaucht als Gott selbst, dann fungiert genau das für mich als Gott. Wir verbeugen uns vielleicht nicht unbedingt vor kunstvoll gemeißelten Statuen und versorgen unsere Götter nicht mit Reis in kleinen Schälchen, aber wir haben andere Wege, unseren Göttern zu dienen. Johannes Calvin schrieb einmal Folgendes dazu: „Wenn Mose berichtet, dass Rahel die Götzen ihres Vaters stahl, spricht er von einem seinerzeit üblichen Laster. Vor diesem Hintergrund gelangen wir zu der Erkenntnis, dass die Natur des Menschen (...) *eine endlose Brutstätte der Götzen ist.*"[5]

Götzen sind nicht bloß Statuen aus Stein. Nein, Götzen sind die Vorlieben, Gedanken, Wünsche, Sehnsüchte und Erwartungen, denen wir anstelle des wahren Gottes den Platz eins auf der Prioritätenliste unseres Lebens einräumen. Es gibt Dinge, in die wir all unser Sein investieren. Sie sind es, auf die wir uns letztendlich verlassen. Götzen bewirken, dass wir unseren himmlischen Vater in Bezug auf unsere Bedürfnisse völlig außen vor lassen. Unsere Götzen sind lebendige Beweise unserer fehlgeleiteten Liebe – es sind Dinge, die wir in Wahrheit mehr lieben als ihn, und von denen wir unsere Daseinsberechtigung und unseren Selbstwert ableiten.

Unsere Bundesgötter

In gewisser Hinsicht gleicht die Beziehung, die wir zu diesen falschen Göttern pflegen, unserer Beziehung zum lebendigen Gott. Wir wollen Segen von diesen Göttern empfangen. Wir schließen einen Bund mit ihnen. Wir trauen ihnen zu, dass sie uns segnen, wenn wir nur hart genug für sie arbeiten. Rahel beispielsweise dachte: „Wenn ich Kinder hätte wie meine Schwester Lea, wäre

---

5 Übersetzt nach: John Calvin, *Institutes of the Christian Religion,* ed. John T. McNeill, 2 Bd., Library of Christian Classics (Philadelphia: Westminster, 1960), 1:108. Hervorhebungen durch die Autorin.

ich glücklich." Wir denken vielleicht: „Wenn ich einen gläubigen Ehepartner hätte/Wenn meine Kinder schulisch erfolgreich wären, dann wäre ich glücklich." Natürlich ist eine geistlich geführte Ehe ein Segen und eine Quelle des Glücks, und der Wunsch danach ist an sich nichts Falsches. Doch wenn darin das Fundament unserer Zufriedenheit liegt und es die erste Priorität unseres Lebens ist, dann handelt es sich dabei um unseren Gott.

Jesus sagt in Matthäus 6,33: „Trachtet aber zuerst nach dem Reich Gottes und nach seiner Gerechtigkeit!" Wenn der Bau seines Reiches (und nicht unseres Reiches) die erste Priorität unseres Lebens ist, werden wir Ruhe finden in dem Wissen, dass er uns in seiner unendlichen Liebe alles geben wird, was wir brauchen. Und durch diese innere Haltung verlieren potenzielle Götzen ihre Macht in uns. Beispielsweise wird der Götze gehorsamer und wohlgeratener Kinder, der uns zum ständigen Gängeln unseres Nachwuchses antreibt, an Einfluss verlieren, wenn wir nicht mehr unser eigenes Reich der perfekten Familie bauen. Oder aber wir setzen unsere Familie nicht mehr unter Perfektions-Druck, damit wir uns gut fühlen und unseren Selbstwert aus unserem Ruf als „tadelloses Elternteil" ziehen können, weil wir unsere Gerechtigkeit von Gott allein statt von uns selbst ableiten (Römer 10,3-4).

Wir wollen nun einmal die Auswirkungen betrachten, die falsche Götter auf unser Leben haben.

„Gib mir einen geistlich reifen Ehemann! Und wenn nicht, dann sterbe ich."

Nach Jennys Überzeugung war ein geistlich gesinnter Ehemann der einzige Weg zu einem erfüllten Leben. Sie war zwar mit einem Christen verheiratet, der mit ihr zusammen den Gottesdienst besuchte, aber sie wollte einen Mann, der regelmäßig mit ihr betete und Familienandachten hielt. Ich gab ihr insofern recht, als dass es sicherlich ein Segen für ihren Mann wäre, wenn er seiner Familie in geistlicher Hinsicht konsequenter vorstehen würde. Ich wollte ihn ermutigen, Gemeinschaft mit anderen Männern zu suchen, damit er geistlich wachsen konnte.

Als ich Jenny jedoch näher kennenlernte, merkte ich, dass ihr Wunsch nach einem geistlich reifen Ehemann zu einem Götzen in ihrem Leben mutiert war. Der Gedanke „Gib mir einen geistlich reifen Ehemann. Und wenn nicht, dann sterbe ich." regierte ihr Denken. Manchmal glaubte sie, dass er sich genötigt fühlen würde, ihre Wünsche zu erfüllen, wenn sie besonders nett zu ihm war und ihm sein Lieblingsessen kochte. Dann wiederum gab es Tage, an denen sie in Frust und Wut versank und sich ihm schmollend entzog. Wie Rahel war auch sie überzeugt davon, dass ihr Glück von der Erfüllung ihrer Erwartungen abhing. Ihren Selbstwert und ihr Selbstbild knüpfte sie an das geistliche Wachstum ihres Ehemannes. Deshalb war ich auch nicht sonderlich überrascht, als sie mir eines Tages verkündete, ihren Mann verlassen zu wollen. Sie verließ sowohl ihn als auch die Gemeinde, und das Letzte, was ich von ihr hörte, war, dass sie nicht mehr mit Gott leben wollte. Ihr war es ähnlich wie Rahel ergangen: Ihre Wünsche machten sie am Ende kaputt.

Auf den Thron gehobene Segnungen

Ein grundlegendes Muster falscher Anbetung ist die Betonung eigener Anstrengung, durch die wir die falschen Götter dazu bringen wollen, unsere Wünsche zu erfüllen. Wir binden uns an sie und erwarten von ihnen, dass sie uns infolge unseres vermeintlich korrekten Handelns segnen.

Wenn beispielsweise Gesundheit unser Gott ist, denken wir vielleicht: „Wenn ich jeden Tag Sport mache und mich gesund ernähre, werde ich nicht krank." Oder falls ein guter Job Ihr Gott ist, handeln Sie nach dem Motto: „Wenn ich morgens die Erste im Büro bin und immer mehr leiste, als man von mir verlangt, wird mein Arbeitgeber das zu würdigen wissen und mir meinen Arbeitsplatz sichern." Bitte verstehen Sie mich nicht falsch. Ich will damit nicht sagen, dass es falsch ist, Sport zu treiben oder fleißig zu arbeiten. Wir sollen nicht nur mit dem Gottesgeschenk eines gesunden Körpers verantwortungsvoll umgehen, sondern Gott hat uns auch gesagt, dass wir nicht töten sollen. Dazu gehört auch die willentliche Schädigung des eigenen Körpers durch verantwortungslosen Umgang mit Nahrung und Bewegung. Diese Dinge sind gut, wenn wir sie motiviert durch die Liebe zu Gott und zu unseren Mitmenschen angehen. Doch sie sind falsch und letztendlich auch sündig, wenn wir uns durch Angst, den Wunsch nach Selbstbestätigung oder Manipulation der Umstände dazu motivieren lassen statt durch ein dankbares, auf Gott gerichtetes Herz. Der einzig heilige Beweggrund für unser Handeln ist die Liebe zu Gott und zu unserem Nächsten. Machen wir aber unseren Selbstwert von einem guten Arbeitsergebnis oder einem durchtrainierten Körper abhängig, werden wir irgendwann merken, dass wir niemals die eigene Zufriedenheit oder die unseres Arbeitgebers erreichen können, egal, wie verzweifelt wir uns auch darum bemühen. Denn Götzendienst ist ein Sklaventreiber.

Ich könnte mir vorstellen, dass jetzt der eine oder andere denkt: „Alles schön und gut, Elyse, aber wie soll ich unterscheiden, ob ich Gott auf den Thron setze oder die Segnungen, die ich gerne hätte?" Obwohl wir uns dieser Frage im Zuge der folgenden Kapitel noch etwas genauer zuwenden wollen, möchte ich es vorab einmal folgendermaßen auf den Punkt bringen: Wenn wir Sünde in Kauf nehmen, um unser Ziel zu erreichen, oder wenn wir zur Sünde neigen, sobald wir das Angestrebte nicht bekommen, sind wir zum Götzendiener geworden, weil unser Wunsch Gottes Platz eingenommen hat.

Erinnern Sie sich an die Sünde Rahels? Ihre Wut auf ihren Ehemann war sündig. Darüber hinaus bestahl sie ihren Vater und täuschte ihre Familie. Später war sie nicht zufrieden mit Josefs Geburt, sondern sie wollte noch mehr Kinder haben. Der Kinderwunsch Rahels war als solcher noch kein Götzendienst. Vielmehr war sie eine Götzendienerin, weil der Kinderwunsch die vordringliche Sehnsucht ihres Herzens war. „Gib mir Kinder! Und wenn nicht, dann sterbe ich." ist der Schrei eines götzendienerischen Herzens.

Lassen Sie uns gemeinsam über das Gebot nachdenken, das Jesus als das Höchste aller Gebote bezeichnet. Er macht deutlich, dass die erste Liebe unseres Herzens Gott gehören soll. Alles andere ist Götzendienst. Wenn Sie fleißig in Ihrem Job sind und bei der Beförderung trotzdem benachteiligt werden, wird Ihre Reaktion Aufschluss darüber geben, ob Sie Gott dienen oder einem Götzen hinterherlaufen. Sind Ihnen Gott und die Liebe zu ihm wichtiger als Ihr Job? Oder mal angenommen, Sie machen Ihrem Mann ein besonderes Abendessen, doch er ignoriert Sie, setzt sich vor den Fernseher und geht zu Bett. Wie reagieren Sie? Werden Sie sauer, poltern los und suchen nach der nächsten besten Gelegenheit, um es ihm heimzuzahlen? Wenn ja, dann können Sie sicher sein, dass die Liebe zu Gott nicht die höchste Autorität Ihres Lebens ist.

Der Fluch der Götzen

Die Vorstellung, dass Gott uns entweder segnen oder verfluchen kann, war dem Bundesverständnis von Anbetung immanent. Rahel glaubte daher, dass Unfruchtbarkeit ein nicht hinnehmbarer Fluch war. Das ergibt sich daraus, dass sie bereit war, alles zu tun, um diesen Zustand zu beenden. Genau das ist die Auswirkung, die Götzen auf unser Innerstes haben. Wir verschreiben uns ihnen und gehen davon aus, dass ihr Verlust eine nicht hinnehmbare Notlage nach sich zieht – einen Fluch. Genau deshalb haben Götzen so viel Macht über unser Leben.

Es gibt tatsächlich einen mit Götzendienst verbundenen Fluch, doch er besteht nicht darin, dass wir nicht das bekommen, was wir wollen. Der Fluch liegt darin, dass wir unsere Zufriedenheit von etwas anderem abhängig machen als von Gott. Sehen wir uns einmal Jeremia 17,5-6 an:

So spricht der Herr:
Verflucht ist der Mann, der auf Menschen vertraut
und Fleisch zu seinem Arm macht

und dessen Herz vom HERRN weicht!
Er wird sein wie ein kahler Strauch in der Steppe
und nicht sehen, dass Gutes kommt.
Und an dürren Stätten in der Wüste wird er wohnen,
in einem salzigen Land, wo sonst niemand wohnt.

Was sagt der Text über den Menschen, der auf etwas anderes vertraut als auf Gott? Er ist wie ein kahler Strauch in der Steppe, wie Dornengestrüpp in der Wüste. Kann man sich etwas Trostloseres vorstellen?

Ich habe einmal an einer Geländewagentour durch die Sonora-Wüste teilgenommen. Obwohl es Frühling war und kurz zuvor geregnet hatte, war die Wüste trocken. Unser Führer warnte uns wiederholt vor den vielen ungastlichen Pflanzen und Tieren, die man dort antreffen konnte. Eigentlich war es so, dass man keiner Pflanze, die dort wuchs, zu nahe treten durfte. Ein Kaktus war übersät mit Stacheln, an deren Enden sich tückische Widerhaken befanden, die Wunden reißen konnten, wenn man sie nur leicht streifte. Eine andere Kaktuspflanze hatte zehn Zentimeter lange Dornen, die so spitz und stark waren, dass sie selbst vier Jeanslagen mühelos durchstoßen konnten. Es war eine unbewohnte Wüstenlandschaft. Obwohl die Tour sehr interessant war, muss ich zugeben, dass ich froh war, als wieder die ersten Anzeichen der Zivilisation vor uns auftauchten. Mit Sicherheit war das kein Ort, an dem ich dauerhaft hätte leben wollen. Doch mit genauso einem wüsten, leblosen Ort vergleicht die Bibel das Leben eines Menschen, der sein Vertrauen und seine Hingabe in sich selbst, seine Wünsche und seine Selbstheilungskräfte investiert.

In einer Wüste leben zu müssen wäre tatsächlich wie ein Fluch, oder? Wer etwas anderes mehr liebt und ihm mehr vertraut als dem lebendigen Gott, macht sich selbst zunichte, weil er so sehr auf seine eigenen Wünsche und Vorstellungen fixiert ist, dass er gar nicht bemerkt, wenn sich etwas wirklich Gutes ereignet. Alles, was er wahrnimmt, ist der Mangel in seinem Leben. Und zwar weil sich die Liebe zum Herrn aus seinem Herzen verabschiedet und sich an etwas anderes gehängt hat. Er liebt seine Selbstgerechtigkeit, seine Selbstgenügsamkeit und seine Selbstbestätigung. Daher rührte auch Rahels Schrei „Ich will mehr", obwohl sie schön war, die ungeteilte Liebe ihres Mannes genoss und einen gesunden Jungen zur Welt gebracht hatte. In mehrerlei Hinsicht lebte Rahel in einem wüstenähnlichen Zustand. Ihre eigenen Wünsche hatten sie in die Wüste geführt. Ihr Leben war elend, trostlos, sinnlos und hoffnungslos, weil sie erkannt hatte, dass sie keine perfekte Frau war. Die Anbetung anderer Götter macht uns nicht nur unzufrieden, sondern ungehorsam gegenüber Gott. Und Calvin sagt, dass unsere Herzen die Brutstätten dieser Götter sind.

Begraben wir unsere Götzen

Wie verfuhr Rahel am Ende mit ihren Götzen? Vermutlich endeten sie in einem Grab unter einem Baum. Jakob forderte seine Familie auf, zu Gott zurückzukehren. „Schafft die fremden Götter weg, die in eurer Mitte sind", befahl er ihnen. „Und sie gaben Jakob alle fremden Götter, die in ihrer Hand waren (...) und Jakob vergrub sie unter der Terebinthe, die bei Sichem ist" (1. Mose 35,2.4). Wir können nur hoffen, dass auch Rahel der Aufforderung ihres Mannes gehorsam war, ihm die falschen Götter auszuliefern. Auch wenn sie bald darauf starb, haben wir keinen Grund zu der Annahme, dass sie sich Jakobs Befehl widersetzte und die Götzen für sich behielt. Vielleicht konnte sich Rahel mit Gottes Hilfe noch von ihrem Glauben lösen, etwas anderes zu benötigen als die Zuwendung des lebendigen Gottes. Vielleicht konnte Gott ihr Herz noch dahingehend verändern.

Auch wir dürfen wissen, dass unser himmlischer Vater unsere Götzen gnädigerweise unter dem nächsten Baum vergraben wird, wenn wir seinem Befehl gehorsam sind, ihm unsere falschen Götter auszuliefern. Die Macht Jesu kann unsere Götzen unter dem herrlichsten und wunderbarsten Baum aller Zeiten begraben – unter dem Baum auf dem Hügel Golgatha. Wir dürfen ihm all unsere Ängste, Sehnsüchte und unsere Sünde bringen, weil Jesus als Einziger sagen konnte: „Es ist vollbracht."

Hat Rahels Geschichte auch mir und uns etwas zu sagen? Ja, natürlich. Sie ist auch für uns relevant, weil das Thema Götzendienst mit Rahel nicht zu Ende war, sondern bis in unsere heutigen Gemeinden hineinreicht. Rufen wir uns noch einmal die Worte des 1. Johannesbriefes in Erinnerung: „Kinder, hütet euch vor den Götzen" (1. Johannes 5,21). Seine Warnung, uns vor falschen Göttern zu hüten, wird fruchtlos sein, wenn wir nicht verstanden haben, dass unsere Herzen eine Brutstätte für Götzen sind.

Gott ruft uns dazu auf, unsere Götzen vor dem Kreuz niederzulegen und zu begraben. Es ist die innige Gemeinschaft mit Jesus Christus – dem Einen, der am Stamm auf Golgatha hing –, die uns dazu befähigt, dem Götzendienst zu trotzen, ihn siegreich zu bekämpfen und die falschen Götter in die blutgetränkte Erde vor seinem Kreuz zu legen.

Nur der Gott, der unsere Herzen kennt, kann sie auch verändern. Der Gott, der uns vollkommen kennt und liebt – mehr, als wir es überhaupt fassen können –, kennt auch all unsere Sehnsüchte und den Platz, den die Götzen in unserem Herzen besetzen. Und nur er ist der wahre Herzensveränderer. Der Schreiber des Hebräerbriefes formulierte es so:

Und kein Geschöpf ist vor ihm unsichtbar, sondern alles bloß und aufgedeckt vor den Augen dessen, mit dem wir es zu tun haben. (...) Denn wir haben nicht einen Hohenpriester, der nicht Mitleid haben könnte mit unseren Schwachheiten, sondern der in allem in gleicher Weise wie wir versucht worden ist, doch ohne Sünde. Lasst uns nun mit Freimütigkeit hinzutreten zum Thron der Gnade, damit wir Barmherzigkeit empfangen und Gnade finden zur rechtzeitigen Hilfe!" (Hebräer 4,13.15-16)

Unser himmlischer Vater kennt jeden unsere Wünsche – sei er nun götzendienerisch an sich oder aufgrund der unangemessenen

Ausschließlichkeit, mit der wir uns an ihn gebunden haben. Alles liegt „bloß und aufgedeckt" vor ihm, und er kennt uns durch und durch. Er nimmt es wahr, wenn wir ihm etwas anderes überordnen und dieser Sache unser Herz schenken. Doch wenn die Geschichte schon hier zu Ende wäre, stünden wir auf absolut verlorenem Posten, oder? Doch Gott sei Dank geht der Text noch weiter. Er besagt, dass unser geliebter Erlöser, unser Hohepriester, Mitleid mit unseren Schwachheiten hat. Er nimmt unsere zaghafte Anbetung an und fordert uns auf, uns ihm zu nahen, damit wir „Barmherzigkeit empfangen und Gnade finden zur rechtzeitigen Hilfe". Im Kampf gegen den Götzendienst sind wir so dringend auf seine Gnade und seine Hilfe angewiesen – doch er hat uns versprochen, sie uns zu gewähren. Deshalb sollten wir all unsere Hoffnung und all unser Vertrauen auf ihn setzen. Ich bin gewiss, dass er sich als treuer Hoherpriester erweisen wird, und er hat uns die Hilfe versprochen, die wir brauchen, um unser Herz und unser Leben ganz auf ihn auszurichten und uns seiner Anbetung zu verschreiben.

Überkommen uns Ängste und Sorgen, dürfen wir sicher sein, dass wir nicht nach einem falschen Gott greifen oder uns einer anderen eigenen Methode der Problembewältigung bedienen müssen. Gottes Gnade und Barmherzigkeit sind jederzeit für uns da. Die Zusage seiner Hilfe ist so sicher und beständig wie sein göttliches Wesen. Wir dürfen ihm freimütig entgegengehen. Er kennt uns und weiß, wer auf dem Thron unseres Herzens sitzt. Und er ist mächtig genug, um uns in der Stunde tiefster Bedürftigkeit zu stützen. Deshalb sollten wir uns aufmachen und uns ihm in aller Freimütigkeit nähern, denn dann werden wir erfahren, dass er mitfühlend mit uns umgeht und seine helfende und verändernde Kraft an uns wirken lässt. Denken wir daran, dass er uns in Christus schon gerecht gesprochen hat. Was brauchen wir mehr?

Weiterführende Gedankenanstöße

1. Gehen Sie noch einmal in Gedanken die Geschichte von Rahel und Lea durch. Wenn sie Ihnen nicht ganz so geläufig ist, können Sie sie auch komplett durchlesen. Beginnen Sie mit 1. Mose 29. Mit welcher der beiden Frauen können Sie sich besser identifizieren? Inwieweit tröstet oder ermutigt Sie Gottes Umgang mit jeder der beiden?

2. Denken Sie über die Bereiche Ihres Lebens nach, in denen Sie mit Sünde zu kämpfen haben. Gibt es einen Zusammenhang zwischen Ihren gewohnheitsmäßigen Sünden und eventuellem Götzendienst? Wenn dem so ist, schreiben Sie es einmal nieder. Falls nicht, sollte Sie das nicht beunruhigen, denn Gott wird Ihnen helfen, mögliche andere Götzen Ihres Herzens zu identifizieren.

3. Gibt es etwas, das Sie unbedingt haben möchten?

4. Wie würden Sie folgenden Satz ergänzen? „Gib mir _____, oder ich sterbe." Sind Sie auf der Suche nach einem irdischen Jakob, der Ihnen Ihre Wünsche erfüllt? Welche Gedanken beruhigen oder trösten Sie im Umgang mit Versagen oder Enttäuschungen?

5. Schreiben Sie ein Gebet nieder, in dem Sie Ihren Wunsch zum Ausdruck bringen, dass die falschen Götter Ihres Herzens entlarvt werden.

2
Ungeteilte Anbetung

„Liebst du mich mehr als diese?" (Johannes 21,15)

Ich habe den Eindruck, dass mein Leben nur aus Arbeit besteht. Ich vermute mal, dass es meiner Schwester nicht einmal ansatzweise in den Sinn kommt, dass auch ich gerne zu den Füßen des Meisters sitzen würde, um seinen Worten zu lauschen. Warum bekommt sie noch nicht einmal mit, dass ich ihre Hilfe gebrauchen könnte? Manchmal ist sie einfach egoistisch! Ich habe alle Hände voll zu tun, um das Abendessen vorzubereiten und es unseren Gästen so angenehm wie möglich zu machen. Ich glaube, ich gehe einfach mal zu ihr hin und sage ihr, was ich denke.

Als Marta aus der Küche ins Wohnzimmer kam, machte sie allein der Anblick ihrer zu den Füßen Jesu sitzenden Schwester wütend. *Warum sagt Jesus ihr nicht, dass sie mir helfen soll? Warum gestattet er ihr, einfach dort sitzen zu bleiben? Kümmere ich ihn denn gar nicht?*

„Herr", hob Marta an, „kümmert es dich nicht, dass meine Schwester mich allein gelassen hat zu dienen? Sage ihr doch, dass sie mir helfe!"

Der Herr blickte liebevoll in das aufgelöste Gesicht seiner Dienerin und entgegnete: „Marta, Marta, du bist besorgt und beunruhigt um viele Dinge; eins aber ist nötig. Maria aber hat das gute Teil erwählt, das nicht von ihr genommen werden wird" (Lukas 10,41-42).

Ich glaube, ich habe noch nie eine gläubige Frau getroffen, die diese Worte Jesu nicht als durchdringend und entlarvend empfunden hat. Offensichtlich geht uns der rein materielle Dienst aus irgendeinem Grund leichter von der Hand und ist höher angesehen, als wenn wir einfach zu den Füßen Jesu sitzen und auf sein Wort hören. Woher kommt das? Was sagt das über unser Verhältnis zur Anbetung aus? Und über unsere Liebe? Und was ist mit dem „guten Teil" gemeint, das Maria im Gegensatz zu Marta und den meisten von uns erwählt hat?

Kann man Gott zu sehr lieben?

Sind Sie einmal einem Menschen begegnet, der dem Herrn zu sehr hingegeben und zu stark darauf bedacht war, ihn zu lieben? Ich nicht. Vielmehr glaube ich gar nicht, dass das möglich ist. Richard Baxter hat es einmal so formuliert: „Unendliche Heiligkeit und Güte kann man gar nicht genug wertschätzen und lieben."[6] Ich meine nicht eine Art von mystischer Hingabe, die an der Realität und verantwortungsbewusster Lebensführung vorbeizielt. Ich spreche von der Herausforderung, jeden Moment unseres Alltags bewusst auf die Liebe, die Anbetung und den Dienst für den Herrn auszurichten – eben zu seinen Füßen zu sitzen.

Ich bin fest und regelmäßig in geistliche Aufgaben und Dienste eingebunden. Doch die Fragen, die ich mir dabei immer wieder bewusst stelle, lauten: *Wie viel Zeit verbringe ich tatsächlich zu den Füßen Jesu? Wie viel Zeit widme ich dieser einzig wirklich notwendigen Beschäftigung?* Und damit meine ich nicht die Vorbereitungszeit für meine Vorträge. Ich meine die Zeit, die ich wirklich nur vor seinem Angesicht verbringe, indem ich ihn anbete. Und ich stelle fest – ich bin eine Marta. In meinem Herzen streiten zwei Interessen. Ja, ich liebe Gott, natürlich, aber momentan bin ich sehr beschäftigt mit den Diensten, die ich für ihn tue. Der Platz zu seinen Füßen muss noch ein bisschen warten.

---

6 Übersetzt nach: Richard Baxter, *A Christian Directory* (Morgan, PA: Soli Deo Gloria Publications 1996), S. 123.

Selbst wenn ich hauptamtlich für den Herrn unterwegs bin, kann ich den falschen Göttern der eigenen Machbarkeit huldigen. Den Göttern meines guten Rufes, meiner eigenen Pläne für den jeweiligen Tag, meiner eigenen Vorstellungen. Sehr leicht verstricken wir uns so intensiv in unser Tun für den Herrn, dass wir vor lauter Aktivismus vergessen, ihn zu lieben und anzubeten. Und genau in solchen Phasen habe ich wie Marta den Eindruck, dass Gott sich nicht um mich kümmert. Die Wahrheit, dass er mich aufopferungsvoll liebt, wird dann auf tragische Weise von meinen Vorstellungen und Wünschen umwölkt. Hinzu kommt noch, dass unser „Dienst" für den Herrn oftmals nichts anderes ist als unser Trachten nach Selbsterlösung, Selbstrechtfertigung und Anerkennung.

Martas Problem ist also nichts Außergewöhnliches. Deswegen klingen die an Marta gerichteten Worte unseres Herrn auch in Ratschlägen oder Befehlen mit, die er an anderer Stelle erteilt: „Wirkt nicht für die Speise, die vergeht, sondern für die Speise, die da bleibt ins ewige Leben, die der Sohn des Menschen euch geben wird!" (Johannes 6,27). „Hütet euch aber, dass eure Herzen nicht etwa beschwert werden durch (...) Lebenssorgen" (Lukas 21,34). Warum lassen wir uns so leicht verstricken und in die Tiefe ziehen? Es liegt daran, dass unser Herz eine Brutstätte für Götzen ist, wie Johannes Calvin treffend feststellte – Götzen, von denen wir Rettung und Fürsorge erwarten.

In 2. Mose 20,3 heißt es: „Du sollst keine anderen Götter haben neben mir." Diese unmissverständliche Ansage des Herrn, des Schöpfers des Himmels und der Erde, legt unseren Fokus und unsere Bestimmung fest. Unsere Antwort auf diese acht kurzen, fast ein wenig harmlos anmutenden Worte bestimmt jede Faser unseres Seins – jetzt und in Ewigkeit. Enthält dieser kurze Befehl am Ende das eine, was nötig ist und was Maria im Gegensatz zu Marta beherzigte? Hat Marta den Schöpfergott zu Lasten eines falschen Gottes entthront?

Einsichten der Puritaner

Um die von Gott im ersten Gebot geforderte ungeteilte Hingabe besser zu verstehen, ist der Große Westminster Katechismus eine gute Hilfe. Der Katechismus stellt unter anderem folgende Frage: „Welche Pflichten folgen aus dem ersten Gebot?" Die Antwort der Autoren ist aufschlussreich in Bezug auf die Intention des Gebots, sodass ich sie hier einmal trotz gelegentlicher Längen im Ganzen zitieren möchte:

> Die im ersten Gebot geforderten Pflichten sind folgende: Wir sollen Gott erkennen und anerkennen als den allein wahren Gott und als unseren persönlichen Gott. Dementsprechend sollen wir ihn allein anbeten und verherrlichen, indem wir an ihn denken, über ihn nachsinnen, uns an ihn erinnern, ihn wertschätzen, ehren, anbeten, erwählen, lieben, uns nach ihm ausstrecken, ihn fürchten, an ihn glauben, ihm vertrauen, auf ihn hoffen, unsere Freude an ihm haben, für ihn eifern, ihn anrufen, ihn loben, ihm Dank sagen und allen Gehorsam leisten. Wir sollen uns ihm unterordnen mit all unserem Sein und dafür sorgen, dass wir ihm wohlgefällig leben, mitbetroffen sein, wenn er verunglimpft wird, und stets demütig vor ihm wandeln.[7]

Liest man die Worte aufmerksam, so fällt auf, dass jedes der verwendeten Verben eine tiefe und eigenständige Bedeutung hat. Mir wird dann jedes Mal bewusst, wie wenig ich Gott kenne, begreife, anbete und als den einzig wahren Gott verherrliche. Lassen Sie mich den Inhalt des Textes noch einmal in vier Kategorien zusammenfassen:

---

7 Übersetzt nach: *The Larger Catechism*, Q. 104 (Carlisle, PA: Banner of Truth Trust, 1998).

- *An Gott denken:* Denke ich stets an Gott oder nur hin und wieder einmal, wenn ich etwas brauche oder haben möchte?

- *Über Gott nachsinnen:* Sinne ich über Gottes Wesen nach – über seine Heiligkeit, seine Güte und seine Liebe?

- *Gott stets vor Augen haben:* Rufe ich mir Gott ins Bewusstsein bei allem, was ich sage und tue, oder denke ich nur selten an ihn?

- *Gott vertrauen:* Habe ich tiefes Vertrauen in Gott oder vertraue ich eher auf andere Dinge wie eigenes Tun oder eigene Möglichkeiten?

Können wir uns ein wenig in die Ausführungen der Puritaner hineindenken? Während das erste Gebot von manchen zu Unrecht als zu vage und unkonkret abgestempelt wird, haben die Puritaner es hier meines Erachtens sehr handfest und alltagstauglich umschrieben. Im Folgenden wollen wir zwei Aspekte besonders ins Visier nehmen: *Ehrerbietung* und *Vertrauen*.

Ein Priester, der Gott nicht ehrte

Vor der Zeit der Könige Israels war ein Priester namens Eli im Amt. Eli hatte ein entscheidendes Problem: Er gab Gott nicht die Ehre. Zwar stand er im Dienst Jahwes und bekleidete das höchste geistliche Amt im Tempel, doch mehr als um Gottes Ehre war er darum bemüht, seine beiden rebellischen Söhne zufriedenzustellen. Das geht aus der Tatsache hervor, dass er dem widergöttlichen Treiben seiner Söhne keinerlei Einhalt gebot.[8] Gott

---

8 „Und die Söhne Elis waren ruchlose Männer, sie hatten den HERRN nicht erkannt. (…) Und die Sünde der jungen Männer war sehr groß vor dem HERRN, denn die Männer verachteten die Opfergabe des HERRN" (1. Samuel 2,12.17). Siehe auch 1. Samuel 2,22-25.29. „Denn

stellte Eli im Hinblick auf seine Sünde zur Rede: „Warum (...) ehrst du deine Söhne mehr als mich?" (1. Samuel 2,29). Weil Eli seine Söhne mehr ehrte als Gott, war das Ende seines Priesterdienstes unvermeidlich. Obwohl Eli im Dienst des Herrn stand, waren ihm seine Söhne wichtiger als Gott. Vielleicht formulierte er es niemals so ausdrücklich, aber seine Taten sprachen lauter als seine Worte. Für Eli spielte der Haussegen eine größere Rolle als der Segen Gottes. Deshalb vernachlässigte er seine priesterlichen Pflichten und nahm die Verunglimpfung Gottes in Kauf. Die Bequemlichkeit einer scheinbar konfliktfreien Beziehung zu seinen Söhnen war sein wahrer Gott. Diesem Ansinnen frönte er, statt Gottes Aufforderung zur Zurechtweisung seiner Söhne Folge zu leisten. Trotz seines Priesteramtes war Eli ein Götzendiener. Zwar betete er keine Steinfiguren an, doch er beugte sich unter das Regiment seiner Kinder – und das sogar trotz ihres widergöttlichen Handelns.

Als Nachfolger Gottes sollten wir so sehr um Gottes Ehre bemüht sein, dass die natürliche Liebe für die Menschen, die uns nahestehen, gegenüber Gottes Liebe verblasst. In Lukas 14,26 macht Jesus deutlich: „Wenn jemand zu mir kommt und hasst nicht seinen Vater und die Mutter und die Frau und die Kinder und die Brüder und die Schwestern, dazu aber auch sein eigenes Leben, so kann er nicht mein Jünger sein."

Wenn ich über mein bisheriges Leben als Mutter nachdenke, muss ich bekennen, dass ich mich ganz oft eher den Wünschen meiner Kinder gebeugt habe als den Vorstellungen Gottes. Ich kann mich an Situationen erinnern, in denen ich ihren Wünschen nachgegeben und ihnen ihren Willen gelassen habe, weil ich sie verwöhnen oder zufrieden sehen wollte. Manchmal wünschte ich mir so sehr, ihre Freundin zu sein, dass mein Wunsch nach einer Freundschaft mit Gott plötzlich hintenan stand. Bisweilen lehnte ich mich sogar gegen die Meinung meines Mannes auf und

---

ich habe ihm mitgeteilt, dass ich sein Haus für ewig richten will um der Schuld willen, denn er hat erkannt, dass seine Söhne sich den Fluch zuzogen, aber er hat ihnen nicht gewehrt" (1. Samuel 3,13).

untergrub seine Führungsrolle, weil ich nichts so sehr fürchtete wie die Unbill meiner Kinder. In meinem Herzen bin ich wie Eli. Es gab Zeiten, in denen ich die Zuneigung meiner Kinder zum Götzen erhob. Und genau wie Marta verpasse ich dann das eine, das nötig ist: die wahre Anbetung Gottes.

Gott zu ehren bedeutet, die Ehre und den Wohlgefallen des Herrn an erster Stelle rangieren zu lassen. Es heißt, ihm Respekt entgegenzubringen und ihn höher wertzuschätzen als die Meinung der Menschen, die wir lieben. Es heißt auch, Unverständnis und sogar Verfolgung auf sich zu nehmen, wenn alles andere bedeuten würde, ihm die Achtung zu verweigern. Gibt es etwas, was unser Herz mehr ehrt als Gott, haben wir einen Götzen in unserem Innersten entlarvt.

Ein Vater, der Gott vertraute

Eine weitere Facette der Anbetung Gottes ist das Vertrauen. Gott zu vertrauen bedeutet, sich auf ihn zu verlassen und seine Gebote zu befolgen, egal, was es kostet. Es heißt, überzeugt zu sein, dass ich durch das, was mir in Christus gegeben ist, in Ewigkeit und vollkommen geliebt und versorgt bin.

Vertrauen ist eine der elementaren Lektionen, an denen ich immer wieder arbeiten muss. Obwohl ich sicher bin, dass Christus mein ewiges Heil erwirkt hat, entdecke ich immer wieder Bereiche meines Lebens, in denen es mir an Vertrauen mangelt. Zum Beispiel ertappe ich mich immer wieder dabei, dass ich Angst davor habe, eines Tages meine Rechnungen nicht mehr bezahlen zu können. Statt dem Herrn auch diesbezüglich zu vertrauen, nerve ich meinen Mann mit meinen Zweifeln, sorge und ängstige mich oder gebe frustriert auf und kaufe etwas, um mich zu befriedigen und mein Herz zu beruhigen. Doch in Wahrheit belegt mein Handeln mein mangelndes Vertrauen in Gottes Fürsorge. Das sind Gedanken und Taten eines Götzendieners.

Jahrzehntelang hatte Abraham auf Gottes verheißenes Geschenk gewartet – einen Sohn, durch den Gott seinen Erlöser in diese Welt bringen würde. Nachdem Isaak dann endlich geboren worden war, verlangte Gott von Abraham einen Gehorsamsschritt jenseits unserer Vorstellungskraft. „Nimm deinen Sohn, deinen einzigen", befahl er ihm, „den du lieb hast, den Isaak, und ziehe hin in das Land Morija, und opfere ihn dort als Brandopfer" (1. Mose 22,2). Die Tatsache, dass Abraham dieser Aufforderung Gottes Folge leistete, ist ein erstaunliches Beispiel dafür, wie Gott uns durch seine Kraft und seine Gnade zum Gehorsam befähigt.

Abraham liebte Isaak, und Gott wusste das. In seiner Aufforderung, Isaak zu opfern, wies Gott extra auf diesen Punkt hin. Der Herr wollte Abraham deutlich machen, dass er genau wusste, was er von ihm verlangte. Es ging nicht etwa um die Opferung Ismaels.[9] Es ging um Isaak, den geliebten Sohn, den Sohn der Verheißung, aus dessen Linie einmal der Messias kommen sollte. Abraham hätte leicht annehmen können, dass das Kommen des Messias einzig und allein von seiner Fähigkeit abhängen würde, Isaak zu beschützen. Immerhin konnte sich Gottes Verheißung nur erfüllen, wenn Isaak das Erwachsenenalter erreichte. Wie nachvollziehbar wäre es gewesen, wenn Abraham hier auf sich selbst und seine Verantwortung als Vater vertraut hätte. Es hatte durchaus Situationen in Abrahams Leben gegeben, in denen er aus eigener Kraft handelte, um Umstände zu seinen Gunsten zu wenden und sogar Gottes Verheißungen „zur Erfüllung zu verhelfen".[10] Er hätte also im Stillen überlegen können: *Gott würde*

---

9 Siehe 1. Mose 16–17,21 für die gesamte Geschichte von Abraham, Saras Magd Hagar und ihrem gemeinsamen Sohn Ismael.

10 Auch wenn Abraham diese Prüfung mit Bravour meisterte, war das in seinem Leben längst nicht immer der Fall. In 1. Mose 12,13 und 20,2 lesen wir, dass er Sara – die zukünftige Mutter des verheißenen Sohnes – zweimal in Gefahr brachte, indem er den Königen des jeweiligen Landes sagte, sie sei nur seine Schwester. Nur der Gnade Gottes war es zu verdanken, dass es zu keinen sexuellen Kontakten zwischen Sara und einem Mitglied des Königshauses kam und die göttliche Abstammungslinie aufrechterhalten bleiben konnte. Diese Handlungen belegen die natürliche Neigung Abrahams, auf seine eigenen Fähigkeiten und Schutzmaßnahmen zu

nicht von mir verlangen, Isaak zu töten – nein, und deshalb ist es nötig, dass ich Isaak schütze, damit Gottes Verheißungen in Bezug auf den Messias zum Zuge kommen. Ich muss also tun, was in meinen Augen richtig ist.

Durch Gottes Gnade war es Abraham möglich, Gottes Macht und seinem Plan zu vertrauen. Hebräer 11 gibt uns einen Einblick in Abrahams Gedanken: „Indem er dachte, dass Gott auch aus den Toten erwecken könne" (Hebräer 11,19). Abraham konnte sich keinesfalls sicher sein, dass Gott einen Widder schicken würde, den er stattdessen opfern konnte. Das Einzige, was er in der Hand hatte, war die Zusage Gottes: „In dir sollen gesegnet werden alle Geschlechter der Erde" (1. Mose 12,3). Gott könnte ihm noch einen Sohn schenken, er könnte Isaak von den Toten auferwecken oder seine Verheißung auf ganz andere Weise erfüllen. Tatsache war jedoch, dass Abraham gelernt hatte, ihm zu vertrauen. Also stand er in der Frühe auf, nahm Holz, Feuer und ein Messer und machte sich auf den Weg, um seine Verabredung mit dem Gott einzuhalten, dem er vertraute. Was war es, das ihn auf dem Drei-Tages-Marsch nach Morija aufrecht hielt? Vielleicht einfach nur das sichere Wissen, dass Gott nicht lügt. Er vertraute der Weisheit, Macht und Wahrhaftigkeit Gottes. Vielleicht rief er sich auch immer wieder die Verheißungen Gottes ins Gedächtnis:

Ich will dich zu einer großen Nation machen. (1. Mose 12,2)

Ich will deine Nachkommen machen wie den Staub der Erde. (1. Mose 13,16)

Blicke doch auf zum Himmel und zähle die Sterne. (...) So zahlreich wird deine Nachkommenschaft sein. (1. Mose 15,5)

---

vertrauen. In 1. Mose 16 gibt er dem Drängen Saras nach und geht eine sexuelle Beziehung zu Hagar ein, um aus eigener Kraft einen Sohn zu zeugen, wodurch er wiederum Gottes Fähigkeit infrage stellt, seine Verheißungen zu erfüllen.

Ich bin Gott, der Allmächtige. (...) Ich (...) will dich sehr, sehr mehren. (1. Mose 17,1-2)

Und ich werde dich sehr, sehr fruchtbar machen, und ich werde dich zu Nationen machen, und Könige werden aus dir hervorgehen. (1. Mose 17,6)

Dank Gottes Gnade und Macht konnte Abraham diesen göttlichen Verheißungen Glauben schenken und ihnen gehorchen. Betrachten wir einmal die Unterschiede in der jeweiligen Beziehung von Abraham und Eli zu Gott. Abraham liebte seinen Sohn, aber Gott liebte er noch mehr. Er betete Gott an und war auch dann dazu bereit, wenn es ihn den Menschen kosten würde, der ihm am meisten am Herzen lag. Natürlich liebte Abraham seinen Sohn, aber gemessen an seiner Liebe zu Gott war seine Liebe zu Isaak nichts. Eli hätte wahrscheinlich gesagt, dass er Gott und seine Söhne gleichermaßen liebte. Doch in Situationen, in denen er sich entscheiden musste, bewies sein Handeln, dass es in Wahrheit seine Söhne waren, die sein Herz regierten.

Gott anbeten und ihm vertrauen

Wenn sich ein Unglück ans andere reiht und sich alles, wofür wir gekämpft haben, in Luft aufzulösen scheint – die Kinder sind krank, im Beruf läuft alles schief, die Gemeinde ist heillos zerstritten –, ist die alles entscheidende Frage die: Vertrauen wir Gott? Glauben wir wirklich, dass er weise, gut und allmächtig ist, um seinen Willen durchzusetzen und uns und unsere Lieben ins Ziel zu führen? Nehmen wir wahr, dass er zu uns sagt: „Ich bin Gott, der Allmächtige"?

Wie gerne würde ich behaupten, dass ich Gott in jeder Situation vollstes Vertrauen entgegenbringe – doch so ist es leider nicht. Vielmehr ertappe ich mich häufig dabei, wie ich mir eigene Sicherheiten schaffe, weil ich Gottes Güte und Treue infrage stelle. Natürlich glaube ich, dass Gott gut und sein Wort vertrauenswürdig ist, doch dieser Glaube steht in ständigem Widerstreit mit anderen Überzeugungen und Ängsten meines Herzens:

- Man kann Gott in puncto Erlösung und anderer religiöser Fragen vertrauen, aber wenn es um praktische Dinge wie unsere Ehe geht, sollten wir nach unseren eigenen Überzeugungen handeln.

- Wir brauchen es gar nicht zu versuchen, ein Leben in dankbarem Gehorsam gegenüber Gott zu führen. Ungehorsam ist kein Götzendienst, sondern manchmal als Reaktion auf ungewöhnliche Umstände erforderlich.

Genau in diesen Situationen weicht man so leicht vom Weg des ersten Gebots ab und gibt anderen Göttern den Vorzug – den Göttern unserer Vernunft, den Göttern der Selbstüberschätzung, der Selbsterlösung und Selbstliebe, statt auf dem Pfad des ungeteilten Vertrauens und der Hingabe zu bleiben. Lassen Sie mich noch auf ein weiteres Beispiel zu sprechen kommen, das deutlich macht, wie leicht sich der Fixpunkt unserer Liebe verschiebt.

„Liebst du mich mehr als diese?"

Vor der Nacht, als Petrus Jesus verleugnete, hätte er sicherlich von sich selbst behauptet, den Herrn aus vollem, ungeteiltem Herzen zu lieben. Ganz im Trend der 76 % aller US-Amerikaner, die von sich glauben, das erste Gebot zu befolgen. Zu Unrecht ging er davon aus, dass diese Bindung seines Herzens stärker war als jede andere. „Wenn ich mit dir sterben müsste, werde ich dich nicht verleugnen", versicherte er Jesus (Markus 14,31). „Wahrlich, ich sage dir", hatte Jesus ihm vorgehalten, „dass du heute, in dieser Nacht (...) mich dreimal verleugnen wirst" (Markus 14,30).

Was für ein Schock müssen diese Worte für Petrus gewesen sein, diesen stolzen und selbstsicheren Jünger! Doch wahrscheinlich noch eindrücklicher und die Grundfesten seiner Seele erschütternd war der Blick voller Liebe und Verständnis, mit dem Jesus ihn nach seiner Verleugnung ansah (Lukas 22,61). In dem Moment, als sich ihre Blicke trafen, wurde Petrus das ganze Ausmaß der Wankelmütigkeit seines Herzens bewusst – die Schwachheit und der wahre Ankerpunkt seiner Liebe. Er hatte andere Götter. Petrus hatte gedacht, er sei stark genug, um sich selbst erlösen zu können. „Und Petrus ging hinaus und weinte bitterlich" (Lukas 22,62).

Zweimal sah Petrus den Herrn nach dessen Auferstehung,[11] doch immer noch machten ihm seine Sünde und sein geteiltes Herz zu schaffen. In seiner Gnade half Jesus ihm, seine Schwachheit besser einordnen zu können. Als Jesus mit seinen Jüngern am Strand frühstückte, suchte er behutsam das Gespräch mit Petrus. Dreimal fragte er ihn: „Simon, Sohn des Johannes, liebst du mich mehr als diese?" (Johannes 21,15). Im griechischen Original heißt es: „Liebst du mich mit einer alles verzehrenden und alle anderen Vorlieben verdrängenden Hingabe?" Zweimal gab Petrus eine ausweichende Antwort und versicherte, den Herrn sehr gern zu haben. Beim dritten Mal veränderte Jesus die Formulierung und fragte: „Hast du mich gern?" Bekümmert und zerknirscht räumte Petrus ein: „Herr, du weißt alles; du erkennst, dass ich dich lieb habe" (Johannes 21,17). Sinngemäß bekannte er damit schließlich: „Herr, du kennst mein Herz. Und du kennst meine geheimen Wünsche, die dort miteinander um meine Aufmerksamkeit streiten. Natürlich habe ich dich lieb, aber du weißt, dass meine Liebe zu dir versagt hat, weil die Liebe zu anderen Dingen stärker war – zum Beispiel mein Wunsch, vor anderen gut dazustehen und von ihnen respektiert zu werden. Ob ich dich mehr liebe als diese? Ob

---

11 Der Herr hatte mit Petrus wenigstens einmal unter vier Augen gesprochen, bevor er sich den anderen Jüngern zeigte. Obwohl wir nicht genau wissen, worüber sie sprachen, können wir vermuten, dass es dabei auch um die Verleugnung des Petrus und die gnädige Reaktion Jesu darauf ging (siehe Lukas 24,34, 1. Korinther 15,5).

meine Liebe stärker ist als ihre? Herr, du allein weißt es." Die Aussage der an Petrus gerichteten Worte Jesu war folgende: „Ja, Petrus, ich weiß es. Und jetzt weißt du es auch. Und nun möchte ich, dass du mir dienst, indem du dich um Menschen kümmerst. Doch während du das tust, vergiss niemals, für wen du es tust. Denk an den korrekten Fokus deiner Anbetung. Denk daran, dass ich der Einzige bin, der zu retten vermag. Und denk daran, dass du nicht besser bist als die, denen du dienst."

Der Herr wusste, dass Petrus schwach werden würde, dass er versagen würde – so wie wir alle. Nie sind wir mit Haut und Haaren und so vollkommen für den Herrn da, wie wir es eigentlich sollten. Der Grund dafür sind die Wünsche unseres Herzens, die nach Aufmerksamkeit und Erfüllung schreien – so wie es auch bei Petrus war. Wir haben Angst, dass andere uns kritisieren, bloßstellen oder gar verfolgen könnten. Und wir schämen uns, dass wir von uns aus nicht imstande sind, andere zu retten. Im Grunde sind wir genau wie Petrus.

Doch trotz dieser traurigen Erkenntnis gibt es eine freudige Nachricht, die alles andere überstrahlt: Weil Petrus zu Jesus gehörte, versagte sein Glaube nicht auf ganzer Linie, und er konnte überwinden. Und ganz offensichtlich lag das nicht an Petrus' eigener Kraft oder seinem unerschütterlichen Glauben. Sein Glaube hielt stand und wuchs auch angesichts seines Versagens, weil der Herr für ihn betete (Lukas 22,32). Auch wir können im Innersten getrost sein, weil wir wissen, dass er auch für uns im Gebet einsteht.

Daher kann er die auch völlig retten, die sich durch ihn Gott nahen, weil er immer lebt, um sich für sie zu verwenden. (Hebräer 7,25)

Ein Puritaner schrieb einmal: „Das Wissen darum, dass Christus für uns betet, sollte uns zum Gebet und zur Gewissheit ermutigen, dass Gott uns nicht verwirft."[12] Auch wenn wir versagen

---

12 Übersetzt nach: Baxter, *A Christian Directory*, S. 68.

und anderen Göttern nachlaufen, können wir in der ewigen Sicherheit unserer Errettung Ruhe finden. Denn Jesus steht im Gebet für uns ein, und wir wissen, dass seine Gebete erhört werden, weil sie in vollkommenem Einklang mit Gottes Willen stehen (Johannes 11,41-42). Und obwohl wir nicht so standhaft und so treu in der Nachfolge sind, wie wir es sein sollten, wird uns niemand aus Gottes liebender Hand reißen, weil Jesus für uns bittet.

In unserem Kampf gegen die Macht anderer Götter sollten wir also lernen, uns auf die Kraft seines Gebets zu verlassen. Auch wenn wir in den folgenden Kapiteln dem Einfluss der falschen Götter weiter auf den Grund gehen, dürfen wir niemals aus dem Blick verlieren, dass Gott seine Kinder trotz ihrer Schwäche und Verletzbarkeit stärkt und bewahrt. Die Tatsache, dass wir zuweilen buhlenden Sehnsüchten auf den Leim gehen, erschüttert den Herrn nicht mehr und nicht weniger als die Verleugnung des Petrus. Trotz dessen Versagens erhielt Gott den Glauben des Petrus – und so wird er auch mit uns verfahren. Und letztendlich ist unser Kampf ein Beweis dafür, dass wir Gottes Eigentum sind.

Wen bete *ich* an?

In diesem Kapitel habe ich versucht, das Gebot „Du sollst keine anderen Götter haben neben mir" ein wenig genauer zu beleuchten. Auf den ersten Blick mag es so scheinen, als hätten wir diesen Bereich unseres Glaubenslebens ganz gut im Griff. Doch die Beschäftigung mit Marta, Eli, Abraham und Petrus hat vielleicht dazu beigetragen, dass wir auf Bereiche unseres Herzens aufmerksam geworden sind, die von anderen Göttern regiert werden. Haben wir gemerkt, dass wir anderen Dingen mehr vertrauen, sie mehr achten und lieben als Gott, sollten wir nicht daran verzweifeln. Denken wir daran, dass Jesus die Verleugnung des Petrus bereits vorausgesehen hatte und durch seine Fürbitte dafür sorgte, dass Petrus' Glaube weiterbestand, zunahm und anderen zum Segen werden konnte. Die Geschichte der Verleugnung des Petrus tröstet mich ungemein, weil ich weiß, dass der Herr trotz meiner Neigung zur Untreue immer wieder für mich betet und mich herausfordert, ihm ungeteilten Herzens nachzufolgen.

Im nächsten Kapitel werden wir dem ersten Gebot noch tiefer nachspüren und die Frage beleuchten, welche Rolle das Gesetz im Leben der Jünger Jesu spielt. Doch an dieser Stelle wollen wir noch einmal innehalten und Gott bitten, durch seinen Geist die Bereiche unseres Lebens aufzuzeigen, in denen falsche Götter und Wünsche eine Rolle spielen.

Weiterführende Gedankenanstöße

1. Schlagen Sie noch einmal das Zitat aus dem Großen Westminster Katechismus auf (Seite 39) und notieren Sie sich die Verben, die die ungeteilte Anbetung Gottes beschreiben. Unterstreichen Sie die Verben, die eine besondere Bedeutung für Sie haben.

2. Rufen Sie sich noch einmal in Erinnerung, was wir über das Leben von Marta, Eli, Abraham und Petrus herausgearbeitet haben. Was lernen wir daraus im Hinblick auf eine zielgerichtete und ungeteilte Anbetung?

3. Mit welcher dieser Personen würden Sie sich am ehesten vergleichen? In welchen Situationen versagen Sie?

4. Was bedeutet Ihnen die Tatsache, dass Jesus für Sie betet?

5. In ihrem Buch *No God but God* schreiben Os Guiness und John Seel Folgendes: „Für die Nachfolger Jesu sind der radikale

Bruch mit falschen Göttern und ein Leben in der Wahrheit kein Zeichen von Glaubensstrenge, sondern von ungeteilter Liebe."[13] Was ist Ihrer Meinung nach damit gemeint?

6. Welche Dinge sind es, die immer wieder versuchen, das Regiment Ihres Herzens an sich zu reißen? Gehen Sie in Gedanken einmal Ihre Beziehungen zu Eltern, dem Ehepartner, zu Kindern, Arbeitgebern und Freunden durch.

---

13 Übersetzt nach: Os Guinness und John Seel (Hg.), *No God But God* (Chicago: Moody Press, 1992), 216.

3
Oberste Priorität

So ist also das Gesetz heilig und
das Gebot heilig und gerecht und gut. (Römer 7,12)

„Sie müssen diesen Ort umgehend verlassen! Suchen Sie nicht erst Ihre Habseligkeiten zusammen, sondern machen Sie, dass Sie wegkommen, bevor sich Gottes Zorn über dieser Stadt entlädt!"

Wer waren diese Fremden, die ihr Mann in dieser Nacht beherbergt hatte? Und wovon redeten sie überhaupt?, fragte sich Lots Frau. Warum sollten sie auf sie hören? Für wen hielten die sich eigentlich, dass sie sie auffordern, ihre Heimat zu verlassen? Vielleicht war dies wieder einmal ein Ausdruck des speziellen Humors ihres Mannes.

„Können wir nicht noch ein bisschen bleiben, Lot?", bat sie ihren Mann. „Wie du weißt, sind die Verlobten unserer Töchter keineswegs so überzeugt davon, dass wir unsere Zelte hier abbrechen sollten. Wäre es nicht klug, noch ein wenig abzuwarten und zu sehen, was passiert? Vielleicht müssen wir gar nicht fortgehen. Ich weiß, dass es Probleme in der Stadt gibt, aber wo bitte schön gibt es die nicht? Außerdem genießt du hier nicht unerhebliches Ansehen, sodass du die Leute dazu bringen könntest, sich zu ändern. Lass uns also bitte nichts überstürzen."

Als die Sonne aufging, ereignete sich jedoch etwas noch Dramatischeres. Die beiden Fremden zwangen sie, ihr Haus zu verlassen, und befahlen, ihnen zu fliehen.

„Lauft um euer Leben!", warnten sie sie. „Und blickt nicht zurück. Macht keine Rast, während ihr euch noch in der Nähe der Stadt aufhaltet! Gott wird diesen Ort sehr bald heimsuchen, doch euch möchte er retten. Lauft! Und vergesst nicht: Blickt unter keinen Umständen zurück!"

Wie kann ich allen Ernstes alles verlassen – mein schönes Zuhause, meine Freunde, die mondäne Stadt und meinen Einflussbereich? Noch nicht einmal mein wunderschönes Geschirr kann ich mitnehmen. Und die Verlobten meiner Töchter? Ich will diese Stadt einfach nicht verlassen! Ich hänge an ihr und vermisse sie jetzt schon. Allein der Gedanke daran macht mir das Herz schwer, und außerdem weiß Gott doch, dass ich ein Zuhause brauche – mein wunderbares Zuhause. Vielleicht wird Gott es ja verschonen. ... Ich frage mich, was wohl geschehen wird. Lot rennt schon voraus. Er wird es bestimmt nicht mitbekommen, wenn ich noch einmal einen letzten Blick zurückwerfe. Ich brauche noch ein letztes Bild, das ich als Erinnerung in meinem Herzen tragen kann. Eine letzte, kostbare Erinnerung.

Als Lots Frau sich umdrehte, war sie überwältigt von dem Anblick der sich ihr bot: Es regnete Feuer und Schwefel auf ihre Stadt, auf ihr Zuhause. In demselben Moment, bevor sie wusste, wie ihr geschah, erstarrte sie zur Salzsäule. Das Letzte, was sie von ihrer geliebten Welt gesehen hatte, war Gottes Gericht gewesen.

Manchmal spricht ein Detail im Handeln eines Menschen Bände über seinen Charakter. In diesem Fall offenbarte ein kleiner Blick eine komplette Herzenshaltung. Sodom war der Ort, an dem Lots Frau nicht nur äußerlich, sondern auch innerlich zu Hause war. Sie hing an dieser Stadt. Ihr götzendienerisches Herz klammerte sich daran, weil dort ihr Schatz war. Wir erinnern uns an die Worte Jesu aus Matthäus 6,21: „Denn wo dein Schatz ist, da wird auch dein Herz sein." Und da gab es Dinge in Sodom, die sie schätzte, nicht missen wollte und mehr liebte als Gott.

Ich lebe in einer ländlichen Region nördlich von San Diego. Wenn ich in meinen Garten hinausschaue, kann ich aus vollem Herzen sagen: „Ich liebe es, hier zu wohnen." Gott hat unsere Familie so reich gesegnet, indem er uns ein Zuhause an einem der schönsten Orte dieser Erde geschenkt hat. Das dankbare Genießen dieses von Gott gegebenen Umstandes ist keine Sünde. Vielmehr wäre es falsch, Gottes Segnungen nicht zu genießen. Problematisch wird es erst, wenn ich mein Zuhause mehr liebe als Gott. Bringe ich meinem Heim mehr Wertschätzung entgegen als meinem Gott, habe ich die Grenze zum Götzendienst überschritten. Es ist nichts Verkehrtes daran, Gott für seine Segnungen zu danken, doch wenn seine Segnungen zu unserem Gott werden, sind wir in die Fänge des Götzendienstes geraten. Und genau das war das Problem bei Lots Frau: Sie schätzte Sodom höher als Gott. Jesus warnt uns mit den Worten: „Gedenkt an Lots Frau!" (Lukas 17,32).

Erkennen Sie den Zusammenhang zwischen unserem Handeln – wie beispielsweise dem Handeln der biblischen Vorbilder – und dem, was es uns über den Fokus unserer Liebe und Anbetung verrät? Bei Lots Frau liegt es ziemlich klar auf der Hand, dass sie sich anderen Göttern zugewandt hatte. Ganz offensichtlich hing sie innerlich an der Stadt, die eine Brutstätte der Unmoral war. Ihre wahre Einstellung trat zutage, als sie sich bewusst Gottes Befehl widersetzte, um einen letzten Blick auf Sodom zu erhaschen.

Am besten lässt sich das Verständnis der biblischen Lehre vom Götzendienst vertiefen, indem wir uns Gottes explizit geäußerten Verboten diesbezüglich widmen. Das kann zusätzlich zur Identifizierung falscher Götter in unserem eigenen Leben und zu der Erkenntnis beitragen, dass Ungehorsam stets eine Folge von Götzenanbetung ist.

Das wichtigste Gebot

Als Mose von seiner Unterredung mit Gott zurückkehrte, hatte er Gottes Anweisungen für ein gelingendes Leben und die rechte Anbetung in Form der Zehn Gebote im Gepäck. Gott gab seinen Kindern seine Gebote, um sie „zu lehren, den HERRN zu fürchten, auf allen seinen Wegen zu gehen und ihn zu lieben." Er gebot ihnen, „dem HERRN zu dienen mit deinem ganzen Herzen und mit deiner ganzen Seele, indem du die Gebote des HERRN (...) hältst, dir zum Guten" (5. Mose 10,12-13). Es ist gut, Gottes Gesetzen zu gehorchen. In erster Linie deshalb, weil dadurch Gott verherrlicht und geehrt wird. Jakobus schreibt darüber hinaus, dass derjenige, der das vollkommene Gesetz Gottes beachtet, „in seinem Tun glückselig sein" wird (Jakobus 1,25). Uns zum Guten hat Gott uns Gebote gegeben, in denen es um Götzendienst geht, damit wir ihn verherrlichen und unser Leben seine guten Absichten für uns widerspiegelt. Jetzt wollen wir uns mit der Bibelstelle befassen, in der dieses erste Gebot niedergeschrieben ist, und uns dabei daran erinnern, dass unser Gehorsam uns zum Guten dient.

Ich bin der HERR, dein Gott.

Ich bin der HERR, dein Gott, der ich dich aus dem Land Ägypten, aus dem Sklavenhaus, herausgeführt habe. Du sollst keine anderen Götter haben neben mir. (2. Mose 20,2-3)

Ganz offensichtlich enthält das erste Gebot die explizite Ansage: „Du sollst keine anderen Götter haben neben mir", und es gibt genau zwei Gründe, weshalb wir dieses Gebot unbedingt beachten sollten. Der erste Grund, den Gott uns nennt, ist dieser: „Ich bin der HERR, dein Gott." Gott befiehlt uns, ihn anzubeten, weil er Gott ist. Und im Grunde genommen braucht es keine weitere Begründung. Er verdient unsere Anbetung, weil er Gott ist. Punkt. Es ist also vernünftig, dieser Anweisung Folge zu leisten und ihn als Gott anzubeten, weil er Gott ist und es keinen anderen gibt, der so ist wie er. „So spricht der HERR (...) Ich bin der Erste und bin der Letzte, und außer mir gibt es keinen Gott. Und wer ist wie ich?" (Jesaja 44,6-7).

Doch jetzt kommt das eigentlich Erstaunliche! Er ist nicht nur *ein* Gott, noch nicht einmal lediglich *der* Gott, sondern er ist *unser* Gott. Er ist nicht nur über uns, er, der Ewige und Unwandelbare, der allmächtige und souveräne König. Er ist uns nah – er ist unser Gott. Er hat sich zur Gemeinschaft mit uns herabgelassen und ist eine Bundesbeziehung mit uns eingegangen. Er ist nicht nur ein König. Er ist auch ein Vater, wie Jesaja es ausdrückt: „Denn so spricht der Hohe und Erhabene, der in Ewigkeit wohnt und dessen Name der Heilige ist: In der Höhe und im Heiligen wohne ich und bei dem, der zerschlagenen und gebeugten Geistes ist" (Jesaja 57,15).

Er führte uns aus dem Land Ägypten

Und als wäre das noch nicht genug, gibt Gott uns einen weiteren Grund dafür, ihn allein anzubeten. Der gnädige und vollkommen heilige Gott hat selbst dafür gesorgt, dass wir zu ihm kommen können. Allein aufgrund seiner Gottheit hätte er das Recht, uns die ihm gebührende Anbetung abzuverlangen. Doch er hat etwas ganz anderes getan. Er hat uns „aus dem Land Ägypten, aus dem Sklavenhaus herausgeführt". Bevor er die Anbetung einfordert, die ihm rechtmäßig zusteht, lässt er uns seine Liebe und Güte spüren. Sofern wir seine Kinder sind, dürfen wir wissen, dass er uns von der schrecklichen Macht der Sünde, Satans und des Todes befreit hat. Er hat es für uns getan! Und jetzt ist es an uns, uns immer wieder daran zu erinnern, dass er uns geliebt und erlöst und eine Beziehung mit uns begonnen hat. Das meinte Zacharias, der Vater Johannes des Täufers, als er sagte, „dass wir, gerettet aus der Hand unserer Feinde, ohne Furcht ihm dienen sollen" (Lukas 1,74).

Wir sind aus der Hand der Feinde errettet worden, damit wir ihm dienen können. Wir sind aus dem Land der Götzen herausgeführt worden, damit wir ihn anbeten können. Jedes Mal, wenn Mose den Pharao bat, sein Volk ziehen zu lassen, hatte er dabei die eigentliche Bestimmung des Volkes vor Augen, dem Herrn zu dienen. Gott führte die Israeliten nicht aus Ägypten heraus, damit sie ein bequemes Leben führen konnten – auch wenn es manchmal den Anschein hatte, als gingen sie irrigerweise davon aus. Er befreite sie, damit sie ihn lobten, anbeteten und ihm dienten. Seine gnädige Befreiung sollte ihnen verdeutlichen, dass er vertrauenswürdig war und sie über die Maßen liebte. Er hatte ihnen bereits Gutes getan, als sie zum größten Teil noch ungläubig waren und sich dauernd beschwerten, und auf dieser Grundlage schenkte er ihnen den Glauben daran, dass sie tatsächlich geliebt waren und er ihr Vertrauen verdiente.

In geistlicher Hinsicht sind auch wir aus Ägypten hinausgeführt worden, damit wir ihn loben, lieben und anbeten können. Haben Sie konkret vor Augen, dass Gott Sie persönlich liebt, wenn Sie das erste Gebot lesen? Ist Ihnen bewusst, dass er seinen Sohn für Sie gesandt hat, als Sie noch sein Feind waren, um stellvertretend für Sie zu sterben und Sie aus der Sklaverei zu befreien? Wenn wir uns diese Wahrheiten vor Augen führen, wird Gehorsam vergleichsweise einleuchtend und leicht.

Das erste Gebot

Gottes erstes Gebot lautet: „Du sollst keine anderen Götter haben neben mir" (2. Mose 20,3). Wie bemerkenswert! Durch dieses Gebot fordert Gott unsere absolute und eindeutige Hingabe an ihn allein. Nur der „Hohe und Erhabene, der in Ewigkeit wohnt und dessen Name der Heilige ist", hat das Recht, ein solch hohes Maß an Loyalität und Treue zu verlangen.

Dieses Gebot besitzt höchste Priorität, weil es andernfalls unmöglich ist, die anderen neun Gebote zu befolgen. Jeder Akt der Hingabe, des Gehorsams oder Ungehorsams, jeder Gedanke, jede Tat und jedes Wort steht und fällt mit der Einhaltung dieses Gebots. Nun mag man denken: „Das klingt aber ein wenig pauschal." Deshalb wollen wir uns für einen Moment ein paar anderen Geboten widmen:

- *„Ehre deinen Vater und deine Mutter."* Nicht selten kommt es vor, dass Kinder dieses Gebot nicht beachten, weil sie es vorziehen, sich an ihren Freunden oder an der Welt zu orientieren, und sie ihr Herz somit anderen Göttern zugewandt haben.

- *„Du sollst nicht töten."* „Indem ein Mensch einem anderen Menschen das Leben nimmt, impliziert er damit: „Ich bin Gott. Ich kann entscheiden, wer leben darf und wer nicht."

- *„Du sollst nicht ehebrechen."* Huldigt jemand, der eine Beziehung zu dem Partner eines anderen eingeht, nicht fremden Göttern wie der Suche nach Romantik, dem ultimativen „Kick", Macht oder dem puren Vergnügen?

- *„Du sollst nicht begehren."* Das Eigentum oder den Besitz eines anderen zu begehren ist Götzendienst, weil der Begehrende sein Herz an etwas anderes hängt als an Gott und seinen Willen.

Die Entscheidung, „keine anderen Götter zu haben", ist der Dreh- und Angelpunkt unserer grundsätzlichen Bereitschaft zum Gehorsam. Denn bei dem Verbot des Götzendienstes handelt es sich im Grunde genommen um ein Gebot der Liebe – das Gebot, „unsere Herzen allein an Gott zu binden".[14] „Das Bekenntnis, dass es nur einen Gott gibt und außer ihm keinen anderen, ist mehr als eine Ziffer im Glaubensbekenntnis. Vielmehr ist es eine überwältigende, Herz und Verstand in Brand setzende Tatsache, aus der das Gebot folgt, den einen zu lieben, der unsere ungeteilte und kompromisslose Ergebenheit verdient."[15] Die Essenz dieses Gebotes ist die Notwendigkeit, Gott den ersten Platz in unserem Herzen zu überlassen und ihn allem anderen überzuordnen. Das heißt, wir müssen im Glauben die Wahrheit ergreifen, dass Gott

---

14 Übersetzt nach: Albrecht Peters, *Ten Commandments: Commentary on Luther's Catechisms* (St. Louis, MO: Concordia Publishing House, 2009), S. 106.

15 Übersetzt nach: Guiness und Seel, *No Got But God,* S. 206.

die Quelle alles Guten und aller Freude und wirklich so gütig und liebevoll ist, wie er es von sich behauptet.

Vielleicht fragen Sie sich aber nun, welche Rolle die alttestamentlichen Gesetze generell in unserem heutigen Leben spielen.

Die zehn WAS? [16]

Lange Zeit fragte ich mich ernsthaft, welche Bedeutung den im Alten Testament enthaltenen Gesetzen für mein eigenes geistliches Leben zukommt. Die Zehn Gebote standen halt irgendwo zwischen den alttestamentlichen Geschichten. Ja, es gab sie. Und sicherlich hatten sie auch eine gewisse Relevanz. Und ja, natürlich sollte man versuchen, sich an sie zu halten. Doch ich muss gestehen, dass ich nie wirklich intensiv über sie nachdachte. Waren sie wirklich so wichtig? Als Christ hatte ich gelernt, dass ich nicht mehr „unter dem Gesetz" lebte – was auch immer das heißen mochte. Warum sollte ich mich also mit den Zehn Geboten auseinandersetzen? Immerhin wusste ich, dass ich allein aus Gnade errettet war. Ich musste keine Gebote einhalten, um vor Gott bestehen zu können, und so ließ ich mich zu Lippenbekenntnissen im Hinblick auf die Gebote hinreißen in der heimlichen Hoffnung, sie würden im alttestamentlichen Geschichtsregal bleiben und mir nicht zu Leibe rücken.

Der Nutzen des moralischen Gesetzes für unser geistliches Leben

Ich bin sehr dankbar dafür, dass Gott mir mit der Zeit die Augen dafür geöffnet hat, welche Rolle das in den Zehn Geboten zusammengefasste Gesetz im Leben eines Christen spielt. Das Gesetz entlarvt unsere Selbstgerechtigkeit und zeigt uns den einzigen Weg zum Himmel. Die genaue Betrachtung der göttlichen Moralvorstellungen, die ihren Ausdruck in den Zehn Geboten finden, führt uns zu der Erkenntnis, dass kein menschliches Wesen

---

16 Siehe auch die Ausführungen zum Thema Gesetzlichkeit in Anhang B.

sie jemals vollkommen einhalten kann. In Römer 3,23 heißt es: „Denn alle haben gesündigt und erlangen nicht die Herrlichkeit Gottes." Das ist eine elementare Erkenntnis, denn viele Menschen gehen davon aus, dass sie in den Himmel kommen, wenn sie ein einigermaßen gutes Leben führen. Der moderne Mensch schafft sich seine eigenen Standards und denkt: Eigentlich bin ich doch ein guter Mensch. Ich tue niemandem weh. Ich erfüllte meine Verpflichtungen und bin meinem Partner treu. Wenn jemand ein Anrecht auf den Himmel haben sollte, dann sicherlich so nette Typen wie ich.

Ernsthafte Christen wissen es besser und teilen diese Vorstellung von Erlösung nicht. Wir glauben, dass es bei der Errettung um etwas ganz anderes geht. Wir glauben, dass der Mensch unfähig ist, ein Leben nach Gottes moralischem Standard zu führen. Gottes Heiligkeit und Vollkommenheit ist es geschuldet, dass uns schon die kleinste Gesetzesübertretung zum Gesetzesbrecher auf ganzer Linie macht. Das meint Jakobus, wenn er schreibt: „Denn wer das ganze Gesetz hält, aber in einem strauchelt, ist aller Gebote schuldig geworden" (Jakobus 2,10). Es gab nur einen Menschen, der es schaffte, das Gesetz zu halten: der Herr Jesus Christus. Erlösung ist also nur durch den Glauben möglich, dass Jesus Christus das Gesetz stellvertretend für uns vollkommen befolgt hat.[17]

Das Gesetz fungiert als eine Art Tutor[18] – als ein persönlicher Coach, der mir im Klassenzimmer meines Herzens gegenüber sitzt und mir klarmacht, dass ich nicht von Natur aus gut bin. Es ist immer leicht, Gottes Gesetz außen vor zu lassen und mich mit anderen zu vergleichen – so wie ich es während meiner Asienreise tat! In solchen Situationen werde ich immer wieder zu dem Schluss kommen, dass ich ja eigentlich ganz in Ordnung bin. Doch im

---

17 Falls Sie nicht sicher wissen, ob Sie bereits Christ sind, schlagen Sie Anhang C auf („Wie kann ich wissen, ob ich wirklich Christ bin?").

18 „Also ist da Gesetz unser Zuchtmeister auf Christus hin geworden, damit wir aus Glauben gerechtfertigt würden" (Galater 3,24).

Lichte des vollkommenen göttlichen Gesetzes[19] muss ich erkennen, dass ich in jeder erdenklichen Hinsicht versage.

Das Gesetz führt mich zur Demut und zur Aufgabe meiner Selbstgerechtigkeit – wie Paulus in Römer 7,7 schreibt: „Aber die Sünde hätte ich nicht erkannt als nur durchs Gesetz." Schonungslos macht es deutlich, dass ich als Gesetzesübertreter keine Erlösung verdiene. Natürlich habe ich während meiner Ehe mit Phil noch nie tatsächlichen Ehebruch begangen, doch das Gesetz spricht nicht nur vom vollzogenen Ehebruch. Denn nach der Bergpredigt Jesu muss das Gesetz auch innerlich befolgt werden. Und wenn man diesen Maßstab anlegt, habe ich jedes einzelne der Gesetze immer und immer wieder gebrochen. Es gibt nichts, was ich vor dem Richterstuhl eines vollkommen heiligen Gottes zu meiner Verteidigung vorzubringen hätte. Auch wenn das unserer Intuition widerspricht, kann unsere Seele keine bessere Haltung einnehmen, denn durch Christus treibt sie uns in die Arme eines gnädigen Gottes. Sie nimmt mir auch die letzte Illusion einer eingebildeten Gerechtigkeit und führt mir mein Bedürfnis nach göttlicher Vergebung vor Augen.[20]

---

19 „Denn wenn jemand ein Hörer des Wortes ist und nicht ein Täter, der gleicht einem Mann, der sein natürliches Gesicht in einem Spiegel betrachtet. Denn er hat sich selbst betrachtet und ist weggegangen, und er hat sogleich vergessen, wie er beschaffen war. Wer aber in das vollkommene Gesetz der Freiheit hineingeschaut hat und dabei geblieben ist, indem er nicht ein vergesslicher Hörer, sondern ein Täter des Werkes ist, der wird in seinem Tun glückselig sein" (Jakobus 1,23-25).

20 Obwohl das Gesetz mir die Augen für meine Sündhaftigkeit öffnet, sehen wir uns dank Gottes Gnade niemals vollständig aus seiner Perspektive. Ich werde es niemals wirklich in aller Konsequenz erfassen, wie sündhaft mein Herz in Wahrheit ist, obwohl das Gesetz mir eine Ahnung davon verleiht, damit Gott mit mir zum Ziel kommen kann. „Denn wir sehen jetzt mittels eines Spiegels undeutlich, dann aber von Angesicht zu Angesicht. Jetzt erkenne ich stückweise, dann aber werde ich erkennen, wie auch

Das Gesetz macht deutlich, wie nötig ich es habe, die Gerechtigkeit Jesu zugerechnet zu bekommen. Sein Werk des vollkommenen Gehorsams, das Gott auf mein Leben anwendet, diese vollkommene Gerechtigkeit, die wir Rechtfertigung nennen – das ist die einzige Hoffnung, die wir haben, aber auch die einzige Hoffnung, die wir brauchen.

Das Gesetz lehrt mich, dankbar zu sein dafür, dass Christus es auf vollkommene Weise erfüllt hat.[21] Ich bin mit Christus verbunden, weil er das Gesetz erfüllt und im Anschluss daran die Strafe für meine Gesetzesübertretungen am eigenen Leibe erduldet hat. Mache ich mir das bewusst, fließt mein Herz über vor Liebe und dem Willen zum Gehorsam. Betrachte ich meinen gesetzlosen Wandel vor dem Hintergrund seiner Vollkommenheit, überkommt mich Dankbarkeit. Ich erkenne, dass Christus meiner

---

ich erkannt worden bin" (1. Korinther 13,12). Wir können Gott dafür danken, dass wir jetzt noch nicht von Angesicht zu Angesicht sehen und das gesamte Ausmaß unserer Sündhaftigkeit wahrnehmen. Denn vermutlich würde unser Herz diese Erkenntnis nicht verkraften.

21 Übersetzt nach: *Westminster Larger Catechism,*
Frage 97: „Welchen Nutzen hat das moralische Gesetz für den wiedergeborenen Christen?"
Antwort: „Obwohl die, die wiedergeboren sind und an Christus glauben, von dem moralischen Gesetz als einem Bund der Werke befreit werden, (1) sodass sie weder rechtfertigt (2) noch verdammt werden (3), so ist es abgesehen vom allgemeinen Nutzen für alle Menschen insofern von besonderem Nutzen für sie, (4) als dass es deutlich macht, wie sehr sie Christus Dank dafür schulden (5) und diesen auch zum Ausdruck zu bringen haben, indem sie sich nach ihm mit größtmöglicher Sorgfalt als der Regel ihres Gehorsams richten (6). (1) Römer 6,14; 7,4.6; Galater 4,4-5; (2) Römer 3,20; (3) Galater 5,23; Römer 8,1; (4) Römer 7,24-25; 8,3-4; Galater 3,13-14; (5) Lukas 1,68-69, 74-75; Kolosser 1,12-14; (6) Römer 7,22; 12,2; Titus 2,11-14.

Verpflichtung zur Erfüllung des Gesetzes nachgekommen ist,[22] weil ich durch sein Werk Anteil an seiner Gerechtigkeit habe. Das ist einfach unglaublich. Für uns Christen ist die Frage, ob wir das Gesetz erfüllt haben oder nicht, längst erledigt!

Das Gesetz wird zum Maßstab der Gerechtigkeit, an dem ich mein Leben aus Dankbarkeit ausrichte. Ähnlich wie ein dankbares Kind, das dem geliebten Elternteil gehorsam sein möchte, trachtet mein Herz nach Heiligung, weil es voller Dankbarkeit ist. Das Gesetz verdammt mich nicht mehr, weil mir das vollkommene Werk Christi angerechnet wird. Stattdessen führt es mir meine Sünde vor Augen und erzeugt in mir den Wunsch, ihm ähnlicher zu werden, indem es mir die Abhängigkeit von der Gnade Gottes bewusst macht. Ich möchte gerne heilig sein, weil ich ihn liebe und so sein möchte wie er. Meine Gerechtigkeit ist mir dank des vollkommenen Gehorsams Christi sicher, und seine Gnade macht mich „eifrig in guten Werken" (Titus 2,14).

Das erste Gebot appelliert in erster Linie an meine innere Haltung und fordert mich auf, „ihn über alles zu lieben, zu fürchten und unser (mein) Vertrauen auf ihn zu setzen."[23] Jede Sünde und jede götzendienerische Regung meines Herzens wird verursacht durch Lieblosigkeit, Undankbarkeit und mangelndes Vertrauen. Immer wenn ich etwas anderes oder jemand anderen anbete als Gott, habe ich nicht vor Augen, dass er ein guter Vater und ein herrlicher König ist, der mich aus meinem persönlichen Ägypten herausgeführt hat. Dagegen entspringt jedes geistliche Handeln

---

22 „Denn das dem Gesetz Unmögliche, weil es durch das Fleisch kraftlos war, tat Gott, indem er seinen eigenen Sohn in Gestalt des Fleisches der Sünde und für die Sünde sandte und die Sünde im Fleisch verurteilte, damit die Rechtsforderung des Gesetzes erfüllt wird in uns, die wir nicht nach dem Fleisch, sondern nach dem Geist wandeln" (Römer 8,3-4).

23 Übersetzt nach: Martin Luther, „The Small Catechism", *The Book of Concord: The Confessions of the Lutheran Church,* abgerufen am 15. September 2015, http://bookofconcord.org/smallcatechism.php.

einschließlich des inneren Wunsches nach Heiligung der Liebe[24] und der anbetenden Haltung, die er in mein Herz hineingelegt hat. Bedingt durch seine Gnade ist mein Herz erfüllt von Freude an seinem Gesetz, weil ich darin den Leitfaden für mein geistliches Wachstum erkenne. Vor diesem Hintergrund konnte Paulus bekennen: „Denn ich habe (...) Wohlgefallen am Gesetz Gottes" (Römer 7,22). Weil mich das Gesetz nun nicht mehr verdammen kann, muss ich mich nicht mehr fürchten – weder vor seiner Anklage noch vor meiner Neigung zum Gesetzesbruch.

In jeder Hinsicht sind die Zehn Gebote als Zusammenfassung des Moralgesetzes ein wunderbares Geschenk.[25] Betrachten wir sie als „zehn Freunde, die über den Weg unseres Lebens wachen"[26]. Sie halten uns demütig und dankbar im Hinblick auf den willigen Gehorsam unseres Erlösers und ermutigen uns zu einem Lebenswandel, der ihm gefällt:

„... dass ihr mit der Erkenntnis seines Willens erfüllt werdet in aller Weisheit und geistlichem Verständnis, um des Herrn würdig zu wandeln zu allem Wohlgefallen, fruchtbringend in jedem guten Werk und wachsend durch die Erkenntnis Gottes, gekräftigt mit aller Kraft nach der Macht seiner Herrlichkeit, zu allem Ausharren und aller Langmut, mit Freuden dem Vater danksagend, der euch fähig gemacht hat zum Anteil am Erbe der Heiligen im Licht; er hat uns gerettet aus der Macht der Finsternis und versetzt in das Reich des Sohnes seiner Liebe. In ihm haben wir die Erlösung, die Vergebung der Sünden." (Kolosser 1,9-14)

---

24 „Denn die Liebe Gottes ist ausgegossen in unsere Herzen durch den Heiligen Geist, der uns gegeben worden ist" (Römer 5,5).

25 Man muss zwischen dem Moralgesetz (wie es in den Zehn Geboten enthalten ist) dem kultischen/rituellen Gesetz (wie es für den Gottesdienst im Tempel galt) und dem Zivilgesetz (das dem Volk Israel gegeben worden war) unterscheiden.

26 Übersetzt nach: Ernest C. Reisinger, *Whatever Happened to the Ten Commandments?* (Carlisle, PA: Banner of Truth).

Der Finger Gottes

Schauen wir uns einmal die Worte an, die den ursprünglichen Erlass des Gesetzes beschreiben: „Und als er auf dem Berg Sinai mit Mose zu Ende geredet hatte, gab er ihm die zwei Tafeln des Zeugnisses, steinerne Tafeln, beschrieben mit dem Finger Gottes" (2. Mose 31,18).[27] Der Herr der ganzen Schöpfung, der König des Himmels und der Erden, schrieb dieses Gesetz eigenhändig auf![28] Einfach unglaublich! So verblüffend diese Tatsache bereits sein mag, so ist seine ewig währende Barmherzigkeit hier gleichwohl noch nicht am Ende. Hesekiel und Jeremia sagen sogar noch größere Gnadentaten voraus:

Und ich werde euch ein neues Herz geben und einen neuen Geist in euer Inneres geben; und ich werde das steinerne Herz aus eurem Fleisch wegnehmen und euch ein fleischernes Herz geben. (Hesekiel 36,26)

Ich werde mein Gesetz in ihr Inneres legen und werde es auf ihr Herz schreiben. (Jeremia 31,33)[29]

---

27 Im Zuge der Bundeserneuerung schrieb Mose: „Und der HERR gab mir die beiden steinernen Tafeln, beschrieben mit dem Finger Gottes. Auf ihnen standen all die Worte, die der HERR auf dem Berg mitten aus dem Feuer mit euch geredet hatte am Tag der Versammlung" (5. Mose 9,10).

28 Die Tatsache, dass Gott das Gesetz eigenhändig verfasste, sollte uns Motivation genug sein, ihm zu gehorchen.

29 Bemerkenswert ist: Gott schreibt sein Gesetz in unsere Herzen, was dazu führt, dass wir ausschließlich ihn anbeten: „Ich werde mein Gesetz in ihr Inneres legen und werde es auf ihr Herz schreiben. Und ich werde ihr Gott sein, und sie werden mein Volk sein (Jeremia 31,33); „Und ich werde reines Wasser auf euch sprengen, und ihr werdet rein sein; von all euren Unreinheiten und von all euren Götzen werde ich euch reinigen. Und ich werde euch ein neues Herz geben und einen neuen Geist in euer Inneres geben; und ich werde das steinerne Herz aus eurem Fleisch wegnehmen und euch ein fleischernes Herz geben" (Hesekiel 36,25-26).

Was für eine großartige und tiefe Liebe! Zuvor stand das Gesetz Gottes auf steinernen Tafeln und damit außerhalb unserer selbst, von wo aus es uns zur Heiligkeit anspornte und die Macht hatte, uns zu verdammen. Jetzt dagegen wohnt es in unseren Herzen und trägt die persönliche Handschrift Gottes! Jetzt treibt uns eine tiefe, innere Sehnsucht zum Gehorsam an, ohne jegliche Furcht vor Verdammnis für unser Versagen.

Dank seiner verändernden Kraft schafft Gott in uns Freude über seinen geoffenbarten Willen. Die Veränderung unseres Herzens folgt aus dem bereitwilligen Gehorsam gegenüber Jesus Christus, der ja ebenfalls den Willen Gottes folgsam erfüllte, weil er das Gesetz Gottes in seinem Herzen trug. Und durch ihn ist es nun auch in unsere Herzen geschrieben, sodass wir uns ebenso darüber freuen können (siehe auch Hebräer 10,5-10).

Diese Gnadenerweise sollten den Wunsch in uns wecken, die Gebote zu halten, indem wir uns bewusst machen, wie sehr er uns bereits liebte und veränderte, als wir noch seine Feinde waren.[30] Im Grunde genommen ist die Bereitschaft zum Gehorsam der einzig verlässliche Hinweis darauf, dass wir ihn lieben – wie es in Johannes 14,15 heißt: „Wenn ihr mich liebt, so werdet ihr meine Gebote halten" (siehe auch Johannes 14,21.23-24; 1. Johannes 5,2-3).[31]

Diese Demonstration liebevollen Gehorsams ist weit entfernt von der lethargischen Haltung und den schwülstigen,

---

30 „Denn wenn wir, als wir Feinde waren, mit Gott versöhnt wurden durch den Tod seines Sohnes, so werden wir viel mehr, da wir versöhnt sind, durch sein Leben gerettet werden" (Römer 5,10).

31 Die Formulierung „die ihn lieben und seine Gebote halten" taucht ebenso auf in 5. Mose 7,9 und Daniel 9,4 (siehe auch 5. Mose 10,12-13 und 2. Johannes 1,6). Der Herr machte deutlich, dass seine wahren Familienmitglieder diejenigen sind, die den Willen seines Vaters tun: „Denn wer den Willen meines Vaters tut, der in den Himmeln ist, der ist mein Bruder und meine Schwester und meine Mutter" (Matthäus 12,50). Darüber hinaus sagte er: „Ihr seid meine Freunde, wenn ihr tut, was ich euch gebiete" (Johannes 15,14).

ich-zentrierten Gefühlen, die ich in meinem eigenen Leben be-
obachte und als Liebe zu Gott ausgebe. Wir werden immer mit
unserer sündigen Natur zu kämpfen haben, und unsere Bereitschaft zum Gehorsam wird niemals vollkommen und rein sein,
bis wir im Himmel sind. Doch das Hauptaugenmerk unseres
geistlichen Lebens sollte auf die wachsende Freude am Gehorsam und an der Hingabe gerichtet sein. Und manchmal zeigen
sich Gehorsam und Hingabe in Form von äußerlichen Veränderungen. Manchmal wiederum betreffen sie ausschließlich unser
Inneres: Verlasse ich mich auf mich selbst, meine eigene moralische Integrität und Selbsterlösungskraft, oder vertraue ich ihm
allein? Nach meiner Erfahrung ist es wesentlich einfacher, sich
den äußerlichen Schein von Gehorsam zu geben oder etwas aufzugeben, das ich nicht tun sollte. Viel schwieriger ist es dagegen, alle meine Sehnsüchte, Hoffnungen und Erwartungen des
Herzens auf sein Versprechen zu setzen, dass er mich liebt und
nichts tun wird, was nicht gut für mich ist.

Gebote in Bezug auf Götzendienst

Gegen Götzendienst gerichtete Gebote spielen eine dermaßen
wichtige Rolle in der Bibel, dass es zu weit führen würde, alle
einschlägigen Stellen zu nennen. Ich möchte allerdings einige
davon herausgreifen, um deutlich zu machen, dass es sich keinesfalls um ein unbedeutendes Thema handelt.

Gebote im Alten Testament

Ihr sollt euch nicht zu den Götzen wenden, und gegossene
Götter sollt ihr euch nicht machen. Ich bin der HERR, euer
Gott. (3. Mose 19,4)

Ihr sollt nicht anderen Göttern, von den Göttern der Völker, die rings um euch her sind, nachlaufen. (5. Mose 6,14)

Es soll kein fremder Gott bei dir sein, und du sollst nicht anbeten einen Gott des Auslands. (Psalm 81,10)

Schämen müssen sich alle Verehrer eines Götterbildes, die sich der Götzen rühmen. Fallt vor ihm nieder, alle Götter! (Psalm 97,7)

Ich aber bin der HERR, dein Gott, vom Land Ägypten her. Einen Gott außer mir kennst du nicht, und es gibt keinen anderen Retter als mich. (Hosea 13,4)

Gebote im Neuen Testament

Da spricht Jesus zu ihm: Geh hinweg, Satan! Denn es steht geschrieben: „Du sollst den HERRN, deinen Gott, anbeten und ihm allein dienen." (Matthäus 4,10)

Nun aber habe ich euch geschrieben, keinen Umgang zu haben, wenn jemand, der Bruder genannt wird, ein (...) Götzendiener (...) ist. (1. Korinther 5,11)

Irrt euch nicht! Weder Unzüchtige noch Götzendiener (...) werden das Reich Gottes erben. (1. Korinther 6,9-10)

Werdet auch nicht Götzendiener wie einige von ihnen! (1. Korinther 10,7)

Darum, meine Geliebten, flieht den Götzendienst! (1. Korinther 10,14)

Offenbar sind die Werke des Fleisches; es sind: (...) Götzendienst. (Galater 5,19-20)

Tötet nun eure Glieder, die auf der Erde sind: Unzucht, Unreinheit, Leidenschaft, böse Begierde und Habsucht, die Götzendienst ist! (Kolosser 3,5).

Kinder, hütet euch vor den Götzen! (1. Johannes 5,21)

Jetzt haben wir einen kleinen Einblick in die Bedeutung bekommen, die die Thematik des Götzendienstes in der Heiligen Schrift hat. Vor diesem Hintergrund ist es erstaunlich, wie wenig man im evangelikalen Lager darüber hört. Natürlich kommt das ganz auf die gemeindlichen Kreise an, in denen man sich bewegt. Insbesondere bei den Reformierten ist es häufig Gesprächsthema. Doch bedenkt man, dass es die Form von Sünde ist, die die Bibel am häufigsten erwähnt, sollten wir uns angewöhnen, sie häufiger zum Gegenstand unseres Diskurses zu machen. Beten wir darum, dass Gott uns die Augen für die Bedeutsamkeit unserer Anbetung öffnet und uns lehrt, unsere Liebe und Hingabe ganz auf ihn zu richten.

Handeln auf der Grundlage der Gebote

Nachdem wir uns nun ein wenig mit dem Gesetz beschäftigt haben, wollen wir drei Aspekte festhalten: Das Gesetz hält uns demütig und zwingt uns, zu Jesus zu laufen. Es macht uns dankbar dafür, dass Jesus es so vollkommen und bereitwillig erfüllt hat. Und es zeigt uns, was echte Dankbarkeit ist. In seiner unfassbaren Gnade hat Gott uns mit neuen, weichen Herzen ausgestattet, auf die er eigenhändig die lebendige Wahrheit geschrieben hat. Wir wissen zwar, dass wir das Gesetz niemals in einem Ausmaß halten könnten, das zu unserer Erlösung ausreichen würde, doch müssen wir andererseits erkennen, dass der Wunsch nach Gehorsam ganz natürlich zum Leben eines Gotteskindes dazugehört.

Lots Frau war eine Götzendienerin, doch ihr Götzendienst begann nicht erst in dem Moment, als sie sich nach der Stadt umdrehte, an die sie ihr Herz verloren hatte. Ihr Götzendienst begann an dem Punkt, als ihr Herz Sodom über Gott stellte, weil es sich an ihr früheres Leben hängte, das sie gewohnt war und liebte. Ihr Götzendienst besiegelte ihr Schicksal. Wieder und wieder ermahnt uns die Bibel ganz deutlich, all unsere Liebe und Hingabe auf den Herrn zu konzentrieren – auch um unserer selbst willen. Im weiteren Fortgang der Lektionen dürfen wir ganz sicher wissen, dass der Heilige Geist in uns arbeitet, uns verändert und den Wunsch in uns wachruft, als liebende und gehorsame Kinder zu leben. Dabei können wir ihn bitten, dass er uns hilft, ihn zu lieben und sein Gesetz wie einen lieben und willkommenen Freund in uns aufzunehmen.

Weiterführende Gedankenanstöße

1. Notieren Sie sich die Zehn Gebote.

2. Was war bisher Ihre Einstellung zu den Zehn Geboten? Wie sieht es jetzt aus?

3. Gehen Sie noch einmal die Bibelstellen über Götzendienst auf den Seiten 67 bis 68 durch. Was haben Sie aus diesen Versen gelernt? Inwieweit helfen sie Ihnen, in diesem Bereich zu wachsen?

4. In Römer 8,4 schreibt Paulus Folgendes: „... damit die Rechtsforderung des Gesetzes erfüllt wird in uns, die wir nicht nach dem Fleisch, sondern nach dem Geist wandeln." Wie wird die Forderung des Gesetzes in Ihnen erfüllt? Inwiefern macht dieser Vers Ihr Herz still und fest?

5. Wenn Sie über das Schicksal von Lots Frau nachdenken, entdecken Sie Ähnlichkeiten zwischen ihrer Sünde und Ihrer eigenen Liebe zur Welt? Halten Sie ihre Sünde für Götzendienst? Warum?

6. Verbringen Sie nun Zeit im Gebet. Bitten Sie Gott um Hilfe, seine Gebote, insbesondere das erste, mehr wertzuschätzen und besser zu verstehen.

4
Der Herzensveränderer

Gäbe Gott mir kein Herz, das ihn lieben kann,
wäre mir lieber, ich hätte gar keines.[32]

Das Leben auf Nains Straßen war hart. Der Weg in die Prostitution, den sie damals aus Wut, Rebellion und Hoffnungslosigkeit eingeschlagen hatte, hatte sie bitter gemacht und fatale Bindungen erzeugt. Ihr Leben war so leer und sinnlos, der Blick in die Zukunft schambehaftet und hasserfüllt. Obwohl sie sich inzwischen mit allerlei Praktiken auskannte, hatte sie noch niemals echte Liebe erfahren – eine reine Liebe, die Besitz von ihrem Herzen nahm.

Neben dem Gefühl genereller Hoffnungslosigkeit wuchs in ihr die quälende Erkenntnis, dass ihr Leben gar keinen Sinn hatte. Langsam wurde ihr klar, dass die Entscheidung, die sie damals getroffen hatte, sie nicht wie erhofft frei und glücklich gemacht, sondern geradewegs in Schuld und Verderben geführt hatte. Stück für Stück ging sie daran kaputt. Niemand musste ihr sagen, dass sie verdammt war ... Satan sorgte schon dafür, dass sie diesen Zustand ständig vor Augen hatte. All das, was ihr anfänglich Spaß gemacht hatte – die Macht über Männer, der Stolz, anders zu sein als andere Frauen, das Klingeln von Münzen in ihrer Tasche –, klang wie ein Hohnlachen und schien so bedeutungslos und sinnlos. Doch tief in ihrem Herzen bemerkte sie eine wundersame, veränderte Regung ihres Herzens. In ihr keimte Hoffnung auf, dass es selbst für sie noch einen Ausweg gab. Vielleicht gab es einen Gott, der ihr vergeben würde. Sie verspürte mehr und mehr den Wunsch, diesen Gott, von dem sie ihr

---

32 Übersetzt nach: Baxter, *A Christian Directory*, S. 125.

Leben lang gehört hatte – den Gott Israels –, kennenzulernen und zu lieben.

Während ihr Blick über die Ebene von Karmel bis hin zu den Hügeln von Nazareth am Horizont streifte, dachte sie an die Berichte, die sie über diesen Nazarener gehört hatte – Jesus. Er war es gewesen, der den Sohn der Witwe wieder zum Leben erweckt und zu ihr gesagt hatte: „Weine nicht" (Lukas 7,13). Weine nicht. Würde er diese Worte auch zu ihr sagen? Könnte er auch ihrem Leben eine Wendung geben? Oder war sie schon zu tief gesunken, um noch auf Vergebung hoffen zu dürfen?

Sie beobachtete seinen Umgang mit den normalen Leuten aus den untersten Gesellschaftsschichten und bemerkte, wie wertschätzend er sich ihnen gegenüber verhielt und wie behutsam und weise er sie unterwies. Und an seinem Verhalten gegenüber den religiösen Führern des Landes konnte man sehen, dass er nicht so war wie sie. Fakt war, dass er zwar das Gesetz liebte und einhielt, dabei aber immer noch demütig und sanftmütig war. Noch nie war ihr ein Mann begegnet, der so war wie er. Plötzlich war sie von dem Wunsch beseelt, ihn kennenzulernen. Manche behaupteten, er sei der Messias. Sie selbst hatte ihn mit Sündern zu Tisch sitzen sehen ... Würde der Messias so etwas tun? Könnte es sein, dass sie ihr ganzes Leben lang ein falsches Bild von Gott gehabt hatte? Allem Anschein nach hatte er ein Herz für die Außenseiter und die Verstoßenen. Doch würde er sich auch mit ihr abgeben? Was würde er zu einer Frau wie ihr sagen, die ihr Leben in einem Sumpf von Sünde und Schande zerstört hatte?

Die immer stärker werdende Sehnsucht danach, diesen Menschen kennenzulernen und zu lieben, wurde zu einer Art reißendem Strudel in ihrem Herzen. „Wie gelange ich am besten in seine Nähe?", fragte sie sich. „Was könnte ich ihm schenken, um ihm zu zeigen, dass es mir ernst ist?" Die Vorstellung, mit leeren Händen zu ihm zu kommen, fühlte sich irgendwie falsch an, und so nahm sie kurzentschlossen

das Kostbarste, das sie besaß – ein Alabastergefäß mit Salböl –, und machte sich auf den Weg.

Sie hatte gehört, dass er im Haus des Simon zu Abend
aß. Sie wusste genau, dass die Pharisäer sie verachteten und
verdammten, aber das kümmerte sie nicht. Der Wunsch, zu
Jesus zu gehen, war stärker. Sie musste einen Weg finden,
um ihm ihre Liebe zu erweisen – die Liebe zu dem Menschen, der gesagt hatte: „Weine nicht." Ungeachtet ihrer
Angst und ihrer Scham trieb ihre Verzweiflung sie in seine
Gegenwart.

Lukas beschreibt das Zusammentreffen sehr eindrücklich:

> (Sie) trat von hinten an seine Füße heran, weinte und fing
> an, seine Füße mit Tränen zu benetzen, und trocknete sie
> mit den Haaren ihres Hauptes. Dann küsste sie seine Füße
> und salbte sie mit dem Salböl. (Lukas 7,38)

Die Frau hatte Jesus vielleicht zu einer um ihren toten Sohn
trauernden Witwe sagen hören: „Weine nicht". Nun begegnete
sie ihm mit einem Herzen, das mit Tränen der Liebe und Reue
erfüllt war, die sich über seine Füße ergossen. Doch statt ihr die-
selben Worte zu sagen, ließ Jesus es in seiner Gnade zu, dass sie
über ihre Sünde weinte und ihm ihre Liebe erwies. Er gab ihr
ein weiches, fleischernes Herz. Ein Herz, das ihn und sein Gesetz annehmen und in sich aufnehmen konnte. Er befreite sie
von ihrem Leben in Schande und Schuld, und während sie seine
Füße mit ihren Tränen wusch, erlebte sie, dass auch ihre Seele
reingewaschen wurde. Er pflanzte ihr die Sehnsucht nach Heiligung ins Herz, sodass sie sich demütigte vor einem vollkommen
reinen Mann, der Gott selbst war, und anbetend ihr kostbares
Parfümöl für ihn hingab.

Unbeeindruckt von der Reaktion der Pharisäer war sie nun
voller Freude über die Gewissheit, dass ihre Sünden ans Licht
gekommen und vergeben worden waren – sie, deren Leben einst
nur aus Unmoral bestanden hatte. Es machte ihr nichts mehr

aus, was die anderen Leute dachten. Sie liebte den Herrn und warf sich demütig vor ihm nieder. Jesus wusste, dass die Triebfeder ihres Handelns die Liebe zu ihm war – eine Liebe, die über jegliche Verachtung erhaben und bereit war, ihn um jeden Preis anzubeten. Jesus erkannte diese Liebe und sagte: „Ihre vielen Sünden sind vergeben, denn sie hat viel geliebt" (Lukas 7,47).

Diese namenlose Frau mit ihrer unrühmlichen Vergangenheit fand Vergebung zu den Füßen des Einen, der sich selbst für ihre vielen Sünden dahingegeben hat. Den Göttern ihres alten Lebens hatte sie den Rücken gekehrt und legte nun alle Selbstanklage, stolzes Unabhängigkeitsstreben, Sicherheitsbedürfnis und letzten Endes auch ihr Kostbarstes vor Jesus nieder: das Alabastergefäß mit Salböl. Der Heilige Geist hatte schon so stark an ihrem Herzen gearbeitet, dass sie die stolze Verachtung und den Hass der Pharisäer getrost ignorieren konnte. Denn endlich konnte sie ihre Schuld und ihre Scham loswerden, die sie so viele Jahre gefangen gehalten hatten. Niemand würde sie jetzt noch davon abhalten können, ihren Befreier zu lieben.

In gewisser Weise sind wir Christen wie diese Frau. Wenn wir uns der Bedeutung bewusst sind, die Christus für uns hat, fließen auch unsere Herzen vor Liebe über. Und auch unsere Seelen werden durch ein Tränenmeer hindurch bis zum Himmel schwimmen.[33] In dem Maße, wie wir seine vergebende Liebe erkennen, wird alles andere dagegen verblassen. Wen kümmert die Missgunst oder die Anklage der anderen? Und was bedeutet es schon, wenn wir unsere irdischen Schätze aufgeben? Diese Frau vergoss ihr kostbares Salböl, weil Jesus ihr einen neuen Schatz gab: ein reines Herz und eine lebendige Beziehung zu ihm. Einst hatte sie bitterlich über ihren irdischen Kummer geweint; jetzt vergoss sie Freudentränen, weil ihre Sünden vergeben waren. Ob sie wohl ahnte, dass Jesus diese kostbaren Tränen in himmlischen Gefäßen sammelt (Psalm 56,9)?

---

33 Übersetzt nach: Thomas Watson, *The Doctrine of Repentance* (Carlisle, PA: Banner of Truth Trust, 1994), S 28.

Die unfassbare Kraft des Heiligen Geistes

Welche Macht könnte eine unmoralische Frau wie diese dazu bringen, aufrichtigen und bußfertigen Herzens im Hause ihres Feindes vor einem Mann niederzufallen? Es gibt nur eine Instanz, die die Macht besitzt, Herzen zu verändern. Es ist der Heilige Geist. Er wirkt auf geheimnisvolle und doch kraftvolle Weise und hilft uns, geistlich zu wachsen und nach Heiligung zu streben. Daher heißt er auch der Heilige Geist, und sein Werk wird im Herzen der Kinder Gottes stets die Sehnsucht nach Heiligkeit bewirken.

Auf dieser Erde gibt es absolut nichts, was dem Wirken des Heiligen Geistes gleichkäme. Es gibt jede Menge Selbsthilfeprogramme, mit deren Hilfe wir bessere Verkäufer, Tennisspieler und Rhetoriker werden sollen. Doch nur einer lässt in uns den Wunsch wachsen, dem Vater zu gehorchen, und entfacht unsere Liebe zu Gott: der Heilige Geist. Seiner dynamischen Kraft in unserem Leben wollen wir im Laufe dieses Kapitels auf die Spur kommen.

Während Sie dieses Buch durcharbeiten und der Herr Ihr Herz für das Thema Götzendienst sensibilisiert, können Sie immer einmal wieder zu diesem Kapitel zurückblättern. Denn um dem Gefühl der Überforderung oder des Verdammt-Seins vorzubeugen, müssen wir uns immer wieder deutlich machen, dass wir den Herrn niemals aus eigener Kraft von ganzem Herzen lieben können. Sollten wir also am Rande der Verzweiflung stehen, erinnern wir uns daran, dass unser Verdienst im Himmel unter Verschluss liegt: Wir sind gerechtfertigt. Darüber hinaus muss uns bewusst sein, dass unsere Veränderung ganz oben auf Gottes Agenda steht. Und er ist derjenige, der jedes Herz verändern kann (der einst so ängstliche Petrus starb am Ende als Märtyrer)!

Die heiligende Kraft des Geistes

Die Unterweisung in der Herrlichkeit Christi

Am letzten Abend mit seinen Jüngern unterwies Jesus sie sehr intensiv hinsichtlich des Wirkens des Heiligen Geistes. Er lehrte sie vor allem, dass es Aufgabe des Heiligen Geistes ist, Christus zu verherrlichen. „Er wird mich verherrlichen, denn von dem Meinen wird er nehmen und euch verkündigen" (Johannes 16,14). Die Hauptaufgabe des Heiligen Geistes ist es, die Botschaft unseres wunderbaren Erlösers zu verkündigen.

Auf welche Weise der Geist an unseren Herzen arbeitet und uns erleuchtet, ist ein Geheimnis für sich, doch fest steht, dass er uns das Wesen unseres Herrn Jesus Christus erschließt. Wie ein Künstler malt der Geist ein passgenaues Porträt der Vollkommenheit Christi auf die Leinwand unserer Seele, das seine Liebe, Gnade, Weisheit, Güte, Demut, Heiligkeit und Freundlichkeit widerspiegelt. Immer wenn Ihr Herz erfüllt ist von unbeschreiblicher Freude über unseren Herrn Jesus Christus und sein Wesen, ist das auf das Wirken des Heiligen Geistes zurückzuführen. Sein Werk ist es auch, wenn wir durch eine Predigt oder das Lesen in der Bibel von der Schönheit seines Charakters überwältigt werden.

Es ist so wesentlich, die Schönheit und Herrlichkeit Christi zu verinnerlichen, weil Anbetung ihren Ursprung in der Liebe hat. Und unsere Liebe wird in dem Maße zunehmen, in dem der Heilige Geist unsere Herzen für die Schönheit Jesu aufschließt. Gleichzeitig und automatisch verlieren die falschen Götter an Einfluss und Macht. Der Geist bringt uns dazu, Gott zu lieben, und lehrt uns, dass die herrlichste Person des Universums nicht nur weise, sondern auch vernünftig ist. C. S Lewis beschreibt die blassen Freuden, die uns falsche Götter bescheren, als „Dreck".

Wir sind halbherzige Geschöpfe, weil wir mit Alkohol, Sex und Ehrgeiz herumspielen, während uns unendliche Freude angeboten wird. Dabei gleichen wir einem unwissenden Kind in einem Elendsviertel, das weiter im Dreck spielt, weil es sich nicht vorstellen kann, was es bedeutet,

Ferien am Meer angeboten zu bekommen. Wir sind viel zu leicht zufrieden zu stellen.[34]

Ich befinde mich in der gleichen Situation wie dieses unwissende Kind, das Gefallen an den vertrauten, wenngleich vergänglichen Umständen und Dingen findet, die problemlos greifbar sind und mich zufrieden machen. Wie würden diese Kleinigkeiten wohl wirken, wenn wir, wie einst Johannes, einen Blick in die himmlische Welt und auf das Antlitz unseres Erlösers erhaschen könnten, ja, wenn wir ihm einst in der Stadt dienen werden, die keines Sonnenlichts mehr bedarf?[35]

Der Anblick des Kreuzes
Der Heilige Geist wurde gesandt, um die Welt über drei Dinge in Kenntnis zu setzen: Sünde, Gerechtigkeit und Gericht (siehe Johannes 16,8-11).

Überführung von der Sünde. Mit Vollmacht überführt der Geist die Welt von der Sünde des Unglaubens. Selbst Christen, die bereits glauben, dass Jesus Christus Gott ist, spüren diese überführende Wirkung. Der Heilige Geist überzeugt unser Herz und macht es fest, wenn wir die Bedeutung Jesu und seines Erlösungswerkes in unserem täglichen Leben anzweifeln. Ja, sicher, in unserem zur Skepsis neigenden Verstand malen wir uns aus, dass Christus vielleicht wirklich Gott war, und vielleicht stimmt es ja auch, dass er für die Sünde gestorben ist. Doch was hat das mit Gottes Fähigkeit zu tun, unsere Bedürfnisse zu stillen und uns Frieden zu bringen? Sollte er mir wirklich alle meine

---

34 C. S. Lewis: *The Weight of Glory and Other Addresses* (Grand Rapids 1965), S. 1-2, zitiert in John Piper, *Sehnsucht nach Gott,* (3 L Verlag Friedberg 2005), S. 99

35 „Und keinerlei Fluch wird mehr sein; und der Thron Gottes und des Lammes wird in ihr sein; und seine Knechte werden ihm dienen, und sie werden sein Angesicht sehen; und sein Name wird an ihren Stirnen sein" (Offenbarung 22,3-4).

Sünden vergeben? Und kann es wahr sein, dass er mich trotzdem noch liebt?

Die Sünde des Unglaubens ist die Wurzel, die alle anderen Sünden hervorbringt und insbesondere am Anfang jeder götzendienerischen Haltung steht. „Götzendienst ist die umfassendste Illustration des Unglaubens, derer die Bibel sich bedient."[36] Der Grund dafür liegt auf der Hand. Wenn man ein falsches Gottesbild hat und nicht wirklich glaubt, dass Jesus ein sündloses Leben gelebt hat und für uns gelitten und für unsere Schuld gestorben ist, gibt es keinen Grund, den Angeboten der Götter dieser Welt und ihren eingeflüsterten Versprechungen zu widerstehen.

Der verinnerlichte Glaube an den Erlösungstod Christi und die Vergebung unserer Schuld ist der Schlüssel zur Absage an alle irdischen Götter. Sind Sie wirklich davon überzeugt, dass Jesus für Ihre Sünde gestorben ist? Wenn dem so ist, ist es doch nur logisch und folgerichtig anzunehmen, dass er uns auch alles andere geben wird, was wir brauchen, oder? „Er, der doch seinen eigenen Sohn nicht verschont, sondern ihn für uns alle hingegeben hat – wie wird er uns mit ihm nicht auch alles schenken?" (Römer 8,32).

Wie verlockend wird wohl der Dreck des Elendsviertels erscheinen, wenn wir vor dem Kreuz stehen und auf die Hände und Füße blicken, die um unseretwillen durchbohrt wurden? Diese Erkenntnis verdanken wir dem Wirken des Heiligen Geistes, der uns die Schönheit des Kreuzes vor Augen stellt.

Überzeugtsein von der Gerechtigkeit. Der Heilige Geist überzeugt uns darüber hinaus davon, dass Jesus vollkommen gerecht ist und uns diese Gerechtigkeit Jesu unverdienterweise angerechnet wird. Die religiösen Führer des jüdischen Volkes bezichtigten Jesus der Ketzerei und sahen ihre Einschätzung bestätigt, als Jesus tatsächlich wie ein Verbrecher hingerichtet wurde. Doch dank der Auferstehung und Himmelfahrt Jesu macht der Heilige Geist unsere Herzen gewiss, dass Jesus, ungeachtet der

---

36 Übersetzt nach: Guinness und Seel, *No God But God*, S. 30.

abfälligen Meinung der Welt, vollkommen gerecht war. Diese Gerechtigkeit wird all denen zugerechnet, die an ihn glauben.

Es ist ungemein wichtig, dass wir Christen uns immer wieder über das vollkommene Wesen Christi klar werden, weil Götzendienst im Grunde genommen nichts anderes ist als ein Angriff auf das Wesen Gottes. Jedes Mal, wenn sich unser Herz einem Götzen zuwendet, könnten wir genauso gut sagen: „Gott ist nicht wirklich gut. Er ist nicht gerecht. Er ist weder ein liebender noch ein heiliger Gott. Ich muss nach anderen Göttern suchen, die meine Bedürfnisse stillen können, weil Jesus es entweder nicht kann oder nicht will."

Wenn wir davon überzeugt sind, dass Jesus der vollkommen gerechte Sohn Gottes ist, der zur Rechten des Vaters sitzt und regiert, ist das einzig und allein dem Wirken des Heiligen Geistes zuzuschreiben. Er ist es, der unser Herz gegen die Lüge immun machen kann, dass Gerechtigkeit auch noch woanders als in Christus zu finden sei. Er wird uns vor der Annahme bewahren, unsere Gerechtigkeit selbst aufpolieren zu müssen, um am Ende als passabel und annehmbar durchzugehen. Als der auferstandene Herr hat Jesus uns alles gegeben, was wir zu unserer Gerechtigkeit und ewigen Freude benötigen, und darüber hinaus regiert er in unseren Herzen, um uns dieses Erbe zu erhalten (1. Petrus 1,3-4). Wie vielversprechend würden wohl die Götzen erscheinen, wenn wir wie Stephanus kurz vor seinem Tod einen Blick in die himmlische Welt auf den auferstandenen König erhaschen könnten, der uns schon voller Freude erwartet (Apostelgeschichte 7,55-56)?

Gewissheit über das göttliche Gericht. Schließlich ist es ebenfalls der Heilige Geist, der uns das göttliche Gericht über die Sünde und den Sieg über Sünde und Tod bewusst macht. Gott hat den Tod bereits am Kreuz auf Golgatha gerichtet, indem er das Gesetz an unserer statt erfüllte und den schändlichen Tod erlitt, den eigentlich wir verdient hätten.

Der Herr Jesus Christus hat den „Fürsten dieser Welt" – Satan – bereits gerichtet, indem er seinen Versuchungen widerstand, ein sündloses Leben führte und durch seinen Tod die Kinder seines Vaters aus den Fängen Satans entriss. Am Ende der Tage wird Gottes Strafe für den Teufel allumfassend und erschöpfend sein, und er wird endgültig vernichtet. Doch während wir in der Zwischenzeit mit den tragischen Auswirkungen der Sünde zu kämpfen haben, können wir gewiss sein, dass Gott den Sieg über den Feind unserer Seelen davontragen wird. „Hierzu ist der Sohn Gottes offenbart worden, damit er die Werke des Teufels vernichte" (1. Johannes 3,8; siehe auch Johannes 12,31; Römer 16,20; Kolosser 2,15; Hebräer 2,14). Die Macht Satans, die Kinder Gottes anzuklagen und ihnen das bevorstehende Gericht und die Verdammnis in Aussicht zu stellen, wurde vom Tod des gehorsamen Sohnes Gottes überwunden. Das Gericht über sämtliche Sünden der Gläubigen wurde in den Kelch ausgegossen, den er aus Liebe zu uns trank, als er an unserer Stelle starb.

Sollten Sie in der Gefahr stehen zu glauben, der Kampf sei verloren und es sei an der Zeit, die Waffen zu strecken und sich anderen Göttern zuzuwenden, dann beten Sie. Bitte Sie um das Wissen, dass der Feind bereits verurteilt wurde und nur noch auf seine Hinrichtung wartet (Offenbarung 20,10). Eine Begnadigung in letzter Minute ist ausgeschlossen. Das Einzige, was ihm sicher ist, ist der Zorn Gottes und die ewige Verdammnis. Wie überzeugend werden wohl seine Lügen über Gottes Unvollkommenheit, die Verlockungen der Sünde oder das In-Aussicht-Stellen unserer endgültigen Verdammnis erscheinen, wenn wir ihn so sehen, wie er tatsächlich ist: gebunden, verdammt und machtlos außerhalb des souveränen Willens unseres Gottes?

Sein Wort, eingraviert in unsere Herzen

Wie bereits in Kapitel 3 erwähnt, schreibt der Heilige Geist das Gesetz Gottes in unsere Herzen. Gottes Gesetz ist daher die Instanz, die unseren Alltag von unseren Herzen aus regiert, indem der Geist uns hilft, es der Bedeutung nach zu erfassen und entsprechend anzuwenden. Er zeigt uns, was es praktisch heißt, dass er unser Gott ist und wir das Volk seines neuen Bundes (Jeremia 31,33-34; 1. Johannes 2,27).

Die Salbung durch den Heiligen Geist leitet uns in alle Wahrheit (Johannes 16,13). Er unterweist uns, damit wir verstehen, wer und wie Gott wirklich ist, statt unseren selbst gemachten Vorstellungen von ihm aufzusitzen. Er möchte nicht nur, dass wir ihn kennenlernen. Vielmehr möchte er innig mit uns verbunden sein. Da unser Verstand begrenzt ist, werden wir in diesem Leben sein Wesen niemals komplett erfassen können, doch der Heilige Geist ermöglicht uns eine täglich wachsende Erkenntnis seines göttlichen Charakters. Je mehr wir ihn, seine Liebe und Vertrauenswürdigkeit erkennen, desto weniger sind wir geneigt, uns auf andere Götter zu verlassen. Deshalb konnte Paulus sagen, dass alles andere gegenüber dem kostbaren Vorrecht verblasst, den Herrn zu kennen, zu ergründen und zu verstehen:

> Ja wirklich, ich halte auch alles für Verlust um der unübertrefflichen Größe der Erkenntnis Christi Jesu, meines Herrn, willen, um dessentwillen ich alles eingebüßt habe und es für Dreck halte, damit ich Christus gewinne.
> (Philipper 3,8)

Wie konnte Paulus alles, was er hatte – seine Stellung, seinen Einfluss, seine Macht und seinen Ruf –, für Dreck erachten oder, wie man dieses Wort eigentlich übersetzen müsste, für Kot? Weil der Heilige Geist ihm das Wesen Christi erschlossen und ihm gezeigt hatte, dass verglichen damit alles, was er selbst an selbst gemachten guten Werken, und alles, was die Götter dieser Welt zu bieten hatten, reif für den Misthaufen ist.

Wird Jesus die unermesslich wertvolle Perle sein, für die wir alles einzutauschen bereit sind? Ist er es uns wert, dass wir unseren allergrößten Schatz über seinen Füßen ausgießen? Genau das bewirkt der Heilige Geist in unserem Herzen. Die Schönheit Jesu und die seines herrlichen Vaters können die, die zu ihm gehören, nur durch das Wirken des Heiligen Geistes erkennen. „Er wird mich verherrlichen, denn von dem Meinen wird er nehmen und euch verkündigen" (Johannes 16,14).

Ein zur Anbetung neigendes Herz

Gäbe es das Wirken des Heiligen Geistes nicht, würden wir alles anbeten. Ja, wirklich alles – außer Gott. Ist er am Werk, kann er den Wunsch in unser Herz legen, ihn anzubeten. Bei der Einweihung des Tempels betete Salomo:

> Der HERR, unser Gott, sei mit uns (...), um so unser Herz zu ihm zu neigen, damit wir auf all seinen Wegen gehen und seine Gebote und seine Ordnungen und seine Rechtsbestimmungen einhalten. (1. Könige 8,57-58)

Salomo hatte verstanden, dass der Heilige Geist das Herz der Menschen anrühren musste, damit sie zu echter Anbetung gelangen konnten. Denn von Natur aus neigen wir eher dazu, die Schöpfung anzubeten als den Schöpfer. Ohne Einschreiten des Heiligen Geistes sind wir hoffnungslos dazu verdammt, uns falsche Götter zu erschaffen, die wir an seiner statt verehren können. Johannes Calvin schrieb dazu: „Unsere tägliche Erfahrung lehrt uns, dass das Fleisch nicht eher ruht, bis es ein ihm gleich gestaltetes Hirngespinst gefunden hat, in dem es an Gottes statt Trost finden kann."[37]

Genau das hatte Salomo durchblickt und betete dafür, dass Gott die Herzen des Volkes auf seine Person richten möge.[38] Gott wirkt durch seinen Geist, um uns zu lehren, was uns einst wie eine große Dummheit erschien, nämlich einzig und allein ihn zu lieben und ihm zu vertrauen. Nur das soll die maßgebliche Leidenschaft unseres Lebens sein. Nur wenn wir ihn in seiner Güte und Liebe kennenlernen, werden wir die Freiheit erleben, die uns zur Heiligung führt. Und das geschieht, indem er zur

---

37 Übersetzt nach: Calvin, *Institutes of the Christian Religion*, S. 108.

38 Obwohl Salomo wusste, dass Gott uns zu wahren Anbetern machen muss, wurde er in seinem späteren Leben selbst zu einem schrecklichen Götzendiener. Eine Quelle seines Götzendienstes waren seine ausländischen Frauen, die die Praxis seiner Anbetung maßgeblich beeinflussten (siehe 1. Könige 11,5-10).

Triebfeder unseres Denkens und Handelns wird. Unter seiner Anleitung lernen wir, dass unbeschränkte Güte und Freude nur im Gehorsam und ungeteilter Hingabe gegenüber Jahwe zu finden sind. Salomo war nicht der einzige Schreiber, der die uns zur Heiligung befähigende Kraft des Geistes thematisierte:

Dein Volk ist voller Willigkeit am Tage deiner Macht. (Psalm 110,3)

Denn Gott ist es, der in euch wirkt, sowohl das Wollen als auch das Wirken zu seinem Wohlgefallen. (Philipper 2,13, siehe auch Psalm 51,12; Psalm 119,36-37; Jeremia 32,39, 2. Thessalonicher 3,5; Hebräer 13,20-21)

Doch lassen Sie sich nicht entmutigen, selbst wenn es ungewohnt erscheinen mag, dass der Geist gegen Ihre Neigungen arbeitet. Wir werden später noch einmal darauf zu sprechen kommen. An dieser Stelle soll uns der Mut machende Gedanke genügen, dass der Heilige Geist uns zu Menschen macht, die Gott lieben. Deshalb schrieb der Puritaner Richard Baxter: „Gäbe Gott mir kein Herz, das ihn lieben kann, wäre mir lieber, ich hätte gar keines."[39] Gott ist willig und fähig, seinen Kindern ein Herz zu schenken, das ihn liebt. Wie war das mit der Sünderin aus Nain? Wenn der Geist ihr Herz verändern konnte, dann kann er es auch mit unserem Herzen tun.

Der Geist bezeugt uns, dass wir Gottes Kinder sind

Eine weitere Aufgabe des Heiligen Geistes besteht darin, uns zu bezeugen, dass wir zur Familie Gottes gehören. Er macht uns unserer Gotteskindschaft gewiss. Wer sehr sensibel auf seine eigene Sündhaftigkeit reagiert, gerät vielleicht schnell an den Punkt, an dem er diese Gotteskindschaft anzweifelt. Und wenn erst die Zweifel kommen, ist der Schritt von Gott weg hin zu den falschen Göttern oder in den Irrgarten der Werkgerechtigkeit

---

39 Übersetzt nach: Baxter, *A Christian Directory*, S. 125.

nicht mehr allzu weit. Deshalb ist es so wichtig, an der Wahrheit festzuhalten, dass wir sein Eigentum sind. Denn nur so bleiben der Wunsch, Gott anzubeten, und der richtige Fokus unseres Herzens bestehen. Paulus schreibt in Römer 8,15-16 Folgendes über die Funktion des Heiligen Geistes im Hinblick auf unsere Kindschaft:

Denn ihr habt nicht einen Geist der Knechtschaft empfangen (...), in dem wir rufen: Abba, Vater! Der Geist selbst bezeugt zusammen mit unserem Geist, dass wir Kinder Gottes sind.

Erwärmt das Wissen, ein Gotteskind zu sein, Ihr Herz für Gott? Es ist ein großer Unterschied, ob wir eine entfernte Gottheit anbeten, mit der uns keinerlei Beziehung verbindet, oder einen himmlischen Vater. Das Bewusstsein, in enger Beziehung zu Gott zu stehen, sollte uns ermutigen, all unsere Liebe und Hingabe auf ihn zu richten.

Der Geist lehrt uns zu beten

Ist es nicht ermutigend, über die vielen Methoden nachzudenken, die der Heilige Geist anwendet, um uns zu wahren Anbetern zu machen? Im Kampf gegen unsere sündhafte Neigung zum Götzendienst flehen wir oft um Weisheit, Stärke, Hass gegenüber Sünde und Liebe zur Gerechtigkeit. Selbst in unseren Gebeten sind wir auf die Führung des Geistes angewiesen. Denn aus uns selbst heraus wissen wir nicht, wie wir beten sollen. Und wir wissen auch nicht, was wir beten sollen, noch nicht einmal dann, wenn es um unsere eigenen Wünsche geht. Wir sind uns unsicher, ob unsere Wünsche götzendienerisch sind oder mit dem Willen Gottes konform gehen. In diesen Momenten tiefen, ernsthaften Gebets ist es wieder der Heilige Geist, der uns beispringt und hilft.

Ebenso aber nimmt auch der Geist sich unserer Schwachheit an; denn wir wissen nicht, was wir bitten sollen, wie es sich gebührt, aber der Geist selbst verwendet sich für uns in unaussprechlichen Seufzern. Der aber die Herzen erforscht, weiß, was der Sinn des Geistes ist, denn er verwendet sich für Heilige Gott gemäß. (Römer 8,26-27)

Was für ein kostbarer Gedanke! Der Geist unterstützt uns im Gebet. Er hilft uns in unserer Schwachheit. Statt sich von uns abzuwenden oder unser schwächliches Rufen abzutun, sendet Gott uns seinen Heiligen Geist, um uns beizustehen. Der verwendet sich für uns beim Vater, während wir beten. Denn der Geist kennt den Willen des Vaters und leitet uns dementsprechend im Gebet. Selbst wenn unsere Worte unpassend sind, hilft er uns mit „unaussprechlichen Seufzern". Unfassbar, was Gott alles in Bewegung setzt, um uns zu helfen, zu unterstützen, in seine Nähe zu bringen, vom Irrtum des Götzendienstes zu kurieren und uns zu zeigen, dass er es über alle Maßen wert ist, geliebt zu werden. Selbst wenn wir mit Sünde zu kämpfen haben, können wir sicher davon ausgehen, dass der Geist unsere Hilferufe in die richtige Form bringt. Was für ein Trost liegt im Wirken des Geistes!

Gott ist treu

In seinem Brief an die Korinther mahnte Paulus die Empfänger, nicht die Fehler der Israeliten zu wiederholen, und ermutigte sie, sich ganz auf Gottes Treue zu verlassen.

Keine Versuchung hat euch ergriffen als nur eine menschliche; Gott aber ist treu, der nicht zulassen wird, dass ihr über euer Vermögen versucht werdet, sondern mit der Versuchung auch den Ausgang schaffen wird, so dass ihr sie ertragen könnt. Darum, meine Geliebten, flieht den Götzendienst! (1. Korinther 10,13-14)

Paulus wollte ihnen Trost zusprechen, indem er sie an Gottes Treue erinnerte, auf die man sogar in Zeiten der Anfechtung zählen kann. Er wollte ihnen deutlich machen, dass die Versuchung zum Götzendienst nur allzu „menschlich" ist. Sie kämpften nicht allein auf weiter Flur. Und ihm lag daran, zu betonen, dass Gott absolut treu ist, auch wenn wir die Welt mit ihren falschen Göttern manchmal als allzu übermächtig wahrnehmen mögen. Er kehrt uns nicht den Rücken, wenn uns unser Unglaube und die Sünde zu schaffen machen. Im Gegenteil: Er wird uns behutsam leiten, sodass uns die Versuchungen, denen wir uns gegenüber sehen, niemals über unsere Kraft hinaus belasten werden. Entweder wird er die anfechtende Situation beenden, oder uns die Kraft geben, ihr zu widerstehen, oder unseren Glauben stärken, wenn wir versagen. „Es ist kein Tal zu dunkel, dass er keinen Ausweg finden würde, kein Elend zu groß, dass er es nicht verhindern, beseitigen oder uns die Kraft geben könnte, es zu ertragen und es uns am Ende sogar noch zu unserem Besten dienen lassen kann."[40]

Vor diesem Hintergrund sagt Paulus: „Darum, meine Geliebten, flieht den Götzendienst!" (1. Korinther 10,14). Gott hat uns Hilfe in unseren Versuchungen und Anfechtungen zugesagt, damit wir begreifen, wie sehr er uns liebt und wie sehr er es wert ist, von uns geliebt zu werden. Er hat sich unserer Heiligung verschrieben und möchte uns dabei helfen, ein Leben zu führen, das ihn verherrlicht.

Die Gewissheit unserer bevorstehenden Verherrlichung

Der Gedanke, eines Tages in das vollkommene Bild Christi verwandelt zu werden, ist so grandios, dass man ihn kaum fassen kann. Doch Gott hat versprochen, dass er das Werk der Heiligung, das er hier auf Erden in uns begonnen hat, einmal im Himmel vollenden wird. Wir dürfen also Mut und Vertrauen fassen und fest davon ausgehen, dass er uns verändern kann:

---

40 Ebd.

Denn die er vorher erkannt hat, die hat er auch vorherbestimmt, dem Bilde seines Sohnes gleichförmig zu sein,
damit er der Erstgeborene sei unter vielen Brüdern. Die er
aber vorherbestimmt hat, diese hat er auch berufen; und
die er berufen hat, diese hat er auch gerechtfertigt; die
er aber gerechtfertigt hat, diese hat er auch verherrlicht.
(Römer 8,29-30)

Sind Sie von Gott berufen? Dann sind Sie auch von ihm gerechtfertigt worden. Und dann werden Sie auch ganz sicher durch
seine Kraft von ihm verherrlicht und in das Bild seines Sohnes
umgestaltet werden. Ist das nicht unglaublich? Weil der Heilige
Geist treu ist und sein Werk vollenden wird, können wir gewiss
sein, dass Gott uns durch seine grenzenlose Macht und seinen
Einfluss irgendwie in die Lage versetzen wird, sein Wesen widerzuspiegeln. Dieses Werk hat er bereits hier auf der Erde begonnen und wird es vollenden, wenn die neue Erde kommt. In
dieser Gewissheit können wir innerlich Frieden finden, weil wir
uns seiner endlosen Liebe und seiner Führung gewiss sein können. Joel Nederhood hat einmal Folgendes geschrieben:

Eines Tages wird die Herrlichkeit unseres vollkommen reinen Gottes auf eine Art mit Gottes Volk verschmelzen, dass
es sein wird wie Jesus – vollkommene menschliche Wesen,
so wie Gott sie haben möchte.[41]

Ist der Einfluss des Geistes nicht etwas Kostbares? Ermutigt seine
gehorsame Hingabe an den Vater durch sein tröstendes, veränderndes, erleuchtendes und anleitendes Wirken uns nicht, Gott
wertzuschätzen, ihm zu vertrauen und im Einklang mit ihm zu
handeln? Weckt die Gewissheit seiner grenzenlosen Liebe nicht
den Wunsch in uns, ihn wiederzulieben? So sollte es sein. Denn
Gott hat uns nicht als Waisen in dieser Welt zurückgelassen. Er

---

41 Übersetzt nach: Joel Nederhood, *This Splendid Journey* (Philips-
burg, NJ: P&P, 1998), S. 9.

hat uns seinen Geist gesandt, damit er bei uns und in uns ist, solange unsere Reise hier auf Erden noch andauert.

Im nächsten Kapitel werden wir uns etwas näher mit unserem Streben nach Glück befassen sowie mit dem Einfluss, den dieses Streben auf die Entscheidung hat, welchen Göttern wir dienen. Doch jetzt wollen wir es zunächst dabei belassen, uns etwas Zeit zum Nachdenken zu nehmen und uns vor Augen zu führen, wie uns der Heilige Geist in unserem Kampf beisteht.

Weiterführende Gedankenanstöße

1. Zählen Sie die verschiedenen Maßnahmen auf, die der Heilige Geist anwendet, um uns im Kampf gegen Sünde und Götzendienst zu unterstützen. Notieren Sie sie.

2. Welche sind für Sie besonders wichtig und warum?

3. Können Sie nachvollziehen, warum sich die Sünderin, von der Lukas berichtet, Jesus zuwandte? Wie konnte es zu einer solch drastischen Kehrtwende kommen?

4. Wie hat der Heilige Geist Sie persönlich zu Jesus gezogen? Wie kam es, dass Ihnen die Schönheit Christi und seines Kreuzes plötzlich vor Augen stand?

5. Inwiefern ist Götzendienst ein Angriff auf das Wesen Gottes?

6. Calvin schrieb: „Das Wort ist das Werkzeug, durch das der Herr den Seinen die Erleuchtung des Geistes schenkt."[42] Inwieweit gebrauchte er sein Wort, um Ihr Herz durch die Lektüre dieser Kapitel zu erleuchten? Gibt es Passagen, die Sie besonders zum Nachdenken gebracht haben?

7. Schreiben Sie ein Gebet nieder, in dem Sie Gott darum bitten, Ihnen durch seinen Geist in Ihrer Schwachheit beizustehen. Beten Sie, dass Sie die Rolle verstehen, die er bei Ihrer Heiligung spielt.

---

42 Übersetzt nach Calvin, *Institutes of the Christian Religion*, 1:96.

5
Besser als Leben

Denn seine Gnade ist besser als Leben;
meine Lippen werden dich rühmen. (Psalm 63,4)

Einige Zeit nachdem der Herr sein Volk wegen dessen Götzendienstes in die Sklaverei geführt hatte, ließ König Nebukadnezar in Babylon ein goldenes Standbild errichten. Er befahl dem gesamten Volk, es anzubeten, sobald ein bestimmtes akustisches Signal erklang. Für diejenigen, die ohnehin dem Götzendienst frönten, war dieses Standbild nur eine Ergänzung ihrer bisherigen Sammlung – nichts also, über das man sich hätte ereifern müssen. Doch für die drei jungen Hebräer, die man wegen des Götzendienstes ihrer Eltern aus ihrer Heimat weggeführt hatte, war allein die Vorstellung schrecklich, vor dem falschen Gott dieses Königs niederfallen zu müssen. Offensichtlich hatten Schadrach, Meschach und Abed-Nego ihre Lektion „Du sollst keine anderen Götter haben neben mir" gründlich gelernt.

„Ist es Absicht", wollte der König wissen, „dass ihr meinen Göttern nicht dient und euch vor dem goldenen Bild, das ich aufgestellt habe, nicht niederwerft? (...) Wenn ihr euch aber nicht niederwerft, dann werdet ihr sofort in den brennenden Feuerofen geworfen. Und wer ist der Gott, der euch aus meiner Hand retten könnte?" (Daniel 3,14-15). In dieser scheinbar ausweglosen Situation offenbarte sich die Herzenshaltung dieser jungen Männer. Statt ängstlich einzulenken oder anderen die Schuld zu geben, antworteten sie schlicht:

Nebukadnezar, wir haben es nicht nötig, dir ein Wort darauf zu erwidern. Ob unser Gott, dem wir dienen, uns retten kann – sowohl aus dem brennenden Feuerofen als auch aus deiner Hand, König, wird er uns retten – oder ob nicht:

Es sei dir jedenfalls kund, König, dass wir deinen Göttern nicht dienen und uns vor dem goldenen Bild, das du aufgestellt hast, nicht niederwerfen werden. (Daniel 3,16-18)

Diese jungen Männer machten ihr Glück nicht davon abhängig, dass sie auf die Forderungen eines mächtigen Königs eingingen, selbst wenn ihr Leben von dessen Gutdünken abzuhängen schien. Denn sie wussten genau, dass das wahre Glück allein darin lag, den lebendigen Gott anzubeten. Um des Gehorsams und der Freuden dieses Gottes willen waren sie bereit, ihr Leben aufs Spiel zu setzen.

Wie kam es, dass diesen jungen Männern der Gehorsam ihrem Herrn gegenüber so viel bedeutete, dass sie bereit waren, den Weg in den Feuerofen zu wagen? Immerhin wussten sie nicht, ob Gott sie tatsächlich vor dem Tod bewahren würde. Lieber wollten sie jedoch sterben, als falsche Götter anbeten zu müssen. Es ist erstaunlich, dass der Heilige Geist die innere Festigkeit hatte wirken können, um den Tod im Glauben einem Leben als Götzendiener vorzuziehen.

Der Wert der göttlichen Liebe

Denken Sie noch einmal an Davids Worte: „Denn seine Gnade ist besser als Leben; meine Lippen werden dich rühmen" (Psalm 63,4). Wie oft singen wir das Lied „Allein deine Gnade genügt", ohne wirklich darüber nachzudenken. Aber sind uns Gottes Liebe und Gnade wirklich mehr wert als das Leben? Um diese Frage zu beantworten, wollen wir einmal das Wort *Leben* durch konkretere Begriffe wie *Reichtum, Gesundheit, guter Ruf* oder *Frieden* ersetzen.

• *Glaube ich, dass Gottes Gnade mehr wert ist als ein schönes Auto?* Ja, natürlich! (Es sei denn, mein Auto springt nicht an, und ich bin schon spät dran.)

- *Glaube ich, dass Gottes Gnade wichtiger ist als eine stabile Gesundheit?* Wenn ich mich gerade gut fühle, kann ich dem sicher zustimmen. Aber gehe ich durch ein tiefes Tal und muss leiden, bin ich mir nicht sicher, was ich alles gegen einen erholsamen Nachtschlaf eintauschen würde.

- *Bedeutet mir seine niemals endende Liebe mehr als gehorsame Kinder?* Diese Frage ist ein bisschen missverständlich, weil ich natürlich davon ausgehe, dass sich auch Gott gehorsame Kinder wünscht. Doch man verliert Gott sicherlich leicht aus dem Blick, wenn man Probleme mit einem notorisch ungehorsamen Kind hat, das einen in der Öffentlichkeit bloßstellt.

- *Schätze ich Gottes Gnade höher als alles andere?* Während ich hier sitze und über ihn schreibe, lässt sich diese Frage sehr leicht bejahen. Anders sieht es unter Umständen schon aus, wenn ich erfahre, dass mein Mann seinen Job verloren hat, meine beste Freundin ans andere Ende des Landes zieht oder mein Computer abgestürzt ist und sämtliche Dateien verloren gegangen sind. In solchen Situationen bin ich stark geneigt, Gottes treue Liebe zu vergessen und nur daran zu denken, was ich gerne alles hätte.

Ist seine Liebe für mich die einzige Quelle der Freude, des Glücks oder des Guten? Hat die Beziehung zu Gott für mich eine derart hohe Priorität?

Das Glück des Menschen ist Gott selbst

Ist Gott unser größter Schatz, so ist dies auf das Wirken des Heiligen Geistes zurückzuführen. Er war es, der den heiligen Augustinus dazu bewegte, den folgenden Satz zu schreiben: „Das Glück des Menschen ist Gott selbst."[43] Ähnlich wie David hatte

---

43 Übersetzt nach: Watson, *The Ten Commandments*, S. 19.

Augustinus alles betrachtet, was die Welt zu bieten hatte, und war zu dem Schluss gekommen: *Nichts ist besser, als Gott zu kennen. Die größte Freude finden wir in der Anbetung Gottes. Nichts ist lieblicher als seine göttliche Liebe. Mein Glück liegt in ihm allein.*

Das Glück Jesu

Als der Satan Jesus in der Wüste versuchte, ging er genau nach diesem Muster vor. *Ist dir die Gnade Gottes wichtiger als das Leben?* Satan bot ihm „alle Reiche der Welt und ihre Herrlichkeit" an. „Dies alles will ich dir geben", versprach er, „wenn du niederfallen und mich anbeten willst" (Matthäus 4,8-9). Doch Jesus wollte kein Götzendiener sein. So hoch schätzte er die Liebe seines Vaters, dass er ablehnte, als Satan ihm alle Annehmlichkeiten dieser Welt im Tausch gegen Jesu Anbetung anbot. Man muss bedenken, dass Jesus gerade getauft worden war und die Stimme seines Vaters gehört hatte: „Dieser ist mein geliebter Sohn, an dem ich Wohlgefallen gefunden habe" (Matthäus 3,17). Weil der Herr wusste, dass echte Freude nur im Einklang mit der Liebe des Vaters zu finden ist, konnte er Satan entschieden entgegentreten: „Geh hinweg, Satan! Denn es steht geschrieben: ‚Du sollst den Herrn, deinen Gott, anbeten und ihm allein dienen'" (Matthäus 4,10). Jesus kannte das Glück, das in der Beziehung zu seinem Vater lag und alles andere in den Schatten stellte. Diese Liebe, die sie verband, war größer und herrlicher als alles, was Satan und die Welt jemals hätten bieten können.

In der Erwartung des göttlichen Wohlgefallens, „um der vor ihm liegenden Freude willen" (Hebräer 12,2), erduldete Jesus das Kreuz. Wie ertrug Jesus wohl diese schreckliche Nacht im Garten Gethsemane, als seine Freunde ihn verließen und Judas ihn verriet? Was hielt ihn innerlich, als er misshandelt und verspottet wurde? Als sich die Dornenkrone in seine Haut bohrte? Woran klammerte er sich in dem Moment, als er verzweifelt schrie: „Mein Gott, mein Gott, warum hast du mich verlassen?" (Matthäus 27,46)? Was konnte so verheißungsvoll für ihn sein, dass er dafür das Kreuz und die Trennung von seinem Vater erduldete? Nichts weniger als die Freude darüber, dass er die

Braut erlöste, die sein Vater ihm gegeben hatte, und damit den Willen seines Vaters erfüllte. Bis in alle Ewigkeit würde er zu seiner Rechten sitzen. Am Kreuz bewies Jesus, dass ihm die Gnade Gottes wichtiger war als sein eigenes Leben.

Auch Petrus wusste von dieser Freude, als er schrieb: „Du wirst mich mit Freude erfüllen vor deinem Angesicht" (Apostelgeschichte 2,28). David schrieb: „Fülle von Freuden ist vor deinem Angesicht; Lieblichkeiten in deiner Rechten immerdar" (Psalm 16,11). Ebenso wie unser Erlöser wussten auch diese Männer von einer Freude, die erstrebenswerter und kostbarer ist als das Leben selbst.

Redewendungen wie „Fülle von Freuden" und „Lieblichkeiten in deiner Rechten" faszinieren mich immer wieder. Der Geist öffnet David den Blick für etwas Unfassbares – das Glück einer ungetrübten Beziehung zu dem höchsten Wesen des ganzen Universums. Was für eine Freude wäre es, wenn wir ihn nur für einen Moment ganz ohne Sünde, ohne Zweifel und ohne Schwachheit anbeten könnten! Was für ein unbeschreiblicher Augenblick wird es sein, wenn wir ihn eines Tages von Angesicht zu Angesicht sehen werden! Wie David es bereits formulierte: „Es dürstet nach dir meine Seele (...) in einem dürren und erschöpften Land ohne Wasser (...) Denn deine Gnade ist besser als Leben; meine Lippen werden dich rühmen" (Psalm 63,2.4). Im Himmel werden alle unsere Bedürfnisse gestillt sein. Wir werden volle Genüge haben und durchgehend Freude empfinden. Doch können wir schon hier auf Erden etwas davon schmecken? Offensichtlich gibt es Menschen, die das tun. Und dank Gottes Gnade dürfen auch wir hier und da Momente erleben, in denen uns die Herrlichkeit der himmlischen Freuden fast greifbar erscheint.

Die Freude, den Willen Gottes zu tun

David sagte voraus, wonach Jesus trachtete: „Dein Wohlgefallen zu tun, mein Gott, liebe ich", schrieb er, „und dein Gesetz ist tief in meinem Innern" (Psalm 40,9). Jesu Glück, seine Freude und sein Verlangen war die Beziehung zu seinem Vater. Er kannte das Geheimnis des stillen Glücks, das automatisch mit Gehorsam und der angemessenen Anbetung Gottes einhergeht. Und er führte ein Leben in vollkommenem Gehorsam, weil er wusste, dass ihn der Vater, dem er gefallen wollte, liebte und wertschätzte.

Das höchste Glück Jesu war es, den Willen des Vaters zu tun. Dafür wurde er auch entlohnt. „Du hast Gerechtigkeit geliebt und Gesetzlosigkeit gehasst; dafür hat dich (...) dein Gott gesalbt mit Freudenöl" (Hebräer 1,9). Der Herr Jesus erlebte tiefe innere Freude und Seelenfrieden, weil er Gerechtigkeit liebte und Gesetzlosigkeit hasste. Er erfuhr das Glück göttlichen Wohlgefallens, der auf ihn herabschien. Er sagte: „Und der mich gesandt hat, ist mit mir (...), weil ich allezeit das ihm Wohlgefällige tue" (Johannes 8,29).

Wir werden nur dann wahre Freude daran haben, den Willen Gottes zu tun, wenn wir uns von der irrigen Annahme verabschieden, wir könnten unser Glück auch außerhalb einer von gehorsamer Hingabe geprägten Beziehung zu Gott finden. Unnachgiebig sollten wir alles hinterfragen, was verheißungsvoller zu sein scheint als die Gnade Gottes. Das setzt jedoch die Überzeugung voraus, dass es keinen kostbareren Schatz gibt als die Gegenwart Gottes. Wir müssen darauf vertrauen, dass er unser Leben mit überfließender Freude segnen will. „Bieten uns der Himmel und das Glück eines Lebens mit Gott nicht genug, um uns ein Leben im Gehorsam erstrebenswert erscheinen zu lassen?"[44] Nur der Heilige Geist kann unseren Blick dafür schärfen.

Können wir mit Jesus sagen: „Mein Glück ist es, deinen Willen zu tun, O Gott!"?[45] Wenn ja, dann ist das dem Wirken des

---

44 Übersetzt nach: Baxter, *A Christian Directory*, S. 77.

45 Die Freude gehorsamer Jüngerschaft ist in der Heiligen Schrift ein ständig wiederkehrendes Thema: Hiob 23,12; Psalm 40,9; Psalm 112,1; Psalm 119,11.47-48.72.92. Jeremia 15,16; Römer 7,22.

Heiligen Geistes zu verdanken. Und in den Bereichen, in denen wir immer noch mit falschen Göttern und ihren Täuschungsmanövern zu kämpfen haben, sollten wir Gott darum bitten, dass er unser Herz verändert. Er kann bewirken, dass wir ihm von Herzen dienen wollen. Und falls sich diese Veränderung nicht so schnell einstellen sollte, wie wir es gerne hätten, können wir trotzdem in seiner mächtigen Hand ruhen.

Evas folgenschwere Entscheidung

Lassen Sie uns einen kurzen Blick darauf werfen, wie die Sünde in die Welt kam. „Und die Frau sah, dass der Baum gut zur Speise und dass er eine Lust für die Augen und dass der Baum begehrenswert war, Einsicht zu geben; und sie nahm von seiner Frucht und aß, und sie gab auch ihrem Mann bei ihr, und er aß" (1. Mose 3,6).

Warum entschloss sich Eva zum Ungehorsam gegen Gott? Drei Begriffe in diesem Vers sind insofern bedeutsam, als dass sie die Motivation ihres Handels erahnen lassen: *gut, Lust, begehrenswert.* Unsere Entscheidungen werden davon beeinflusst, was uns „gut", „lustvoll" und „begehrenswert" erscheint. In Wahrheit entscheiden wir uns immer für das, was uns nach unserem Dafürhalten am meisten nutzt und unseren Bedürfnissen am ehesten entgegenkommt. Wenn wir sündigen, glauben wir, das Recht zu haben, so zu handeln: Wir spielen Gott, strecken unsere Hand aus und nehmen uns das Beste, was sich uns bietet. Sünde erklärt sich nie selbst zur Sünde. Sie kommt immer als Gerechtigkeit getarnt daher.

Ich behaupte nicht, dass wir immer automatisch das moralisch Gute wählen, denn dann gäbe es ja keine Sünde. Dass dem nicht so ist, liegt auf der Hand. Ich meine vielmehr, dass wir im Laufe eines Tages Entscheidungen treffen, die wir für die beste Wahl halten, weil wir meinen, dass sie uns glücklich machen. „Die Wahl unseres Herzens fällt immer auf das, was uns zum fraglichen Zeitpunkt (...), nachdem wir alle Umstände gegeneinander abgewogen haben, als das Angenehmste und Beglückendste erscheint."[46]

Selbst wenn ich Gott absichtlich ungehorsam bin (so wie Eva), tue ich es immer, weil ich es in dem Moment für die beste Entscheidung halte. Eva war davon überzeugt, dass das Essen dieser Frucht für sie gut, lustvoll und begehrenswert sei. Sie war der Meinung, Ungehorsam sei besser als das Leben. Gottes Gnade hatte sie dabei ganz vergessen. Sünde hat immer dann eine Chance bei uns, wenn wir meinen, etwas Gutes an ihr zu entdecken.

Für diejenigen, die sich bisher noch keine genauen Gedanken zu den Motiven ihrer Entscheidungen gemacht haben, klingt das jetzt vielleicht ein wenig verwirrend. Deshalb möchte ich das Gesagte durch zwei Analogien verdeutlichen.

Steigere deine Fitness!

Nehmen wir einmal an, mein Arzt legte mir ein spezielles Fitnessprogramm ans Herz, damit meine Knochen belastbar bleiben und ich nachts gut und erholsam durchschlafen kann. Ich nehme ihm seine Zusage ab, dass ich mich schnell besser fühle und gesünder werde, sobald ich mit dem Programm starte. Ich sehe ein, dass Gesundheit etwas Gutes und Erstrebenswertes ist, und weiß ja außerdem, dass Gott möchte, dass ich meinen Körper nicht vernachlässige. So komme ich also zu dem Schluss, dass es gut ist, fit zu sein, und stelle mir vor, wie schön es wäre, sich gesund zu fühlen und stark genug zu sein, um das Joggingprogramm ohne Seitenstechen zu überstehen. Ja, fit zu sein ist etwas Gutes. Also entschließe ich mich für das empfohlene Fitnessprogramm.

Der Kampf beginnt mit dem morgendlichen Gang ins Fitnessstudio. Ich stelle mir den Wecker auf 6 Uhr. Mein Tagesplan ist

---

46 Übersetzt nach: Jonathan Edwards, *Freedom of the Will* (Morgan, PA, Soli Deo Gloria Publications, 1996), S. 13. John Owens schreibt dazu: „Bei jeder Entscheidung, die wir treffen, redet unser Gefühl ein wenig mit." Übersetzt nach: James M. Houston, Hg., *Sin and Temptation: The Challenge of Personal Godliness* (Minneapolis: Bethany House, 1996), XIX.

eng getaktet, sodass ich so früh aufstehen muss. Doch beim Klingeln des Weckers um 6 Uhr habe ich spontan eine Alternative vor Augen, die mir ebenso gut und erstrebenswert erscheint: ein warmes, gemütliches Bett, eine weiche Decke und ein ruhiges Haus. Und plötzlich erscheint mir etwas ganz anderes begehrenswert, nämlich die Annehmlichkeit, mein warmes Bett und die Ruhe zu genießen. Trainieren kann ich ja morgen immer noch.

Was mir morgens gut und erstrebenswert erschien – nämlich im Bett zu bleiben –, war in Wahrheit nicht gut, hatte aber zu dem fraglichen Zeitpunkt diesen Anschein. Ich blieb also liegen, weil sich die Entscheidung in dem Moment genau richtig anfühlte. Als ich mir die Decke über den Kopf zog, entschied ich mich für die Option, die mir in dem Augenblick den größten Nutzen versprach. Ich besänftigte mich sogar mit dem Gedanken, dass mir ein wenig mehr Ruhe durchaus guttun würde. War es die richtige Entscheidung? Wahrscheinlich nicht. In diesem Moment war ich zwar glücklich, im Bett liegen bleiben zu können, doch wenn ich das zur Gewohnheit hätte werden lassen, hätte ich unter den Konsequenzen zu leiden gehabt. Was gut zu sein schien, war es in Wirklichkeit gar nicht, sondern fühlte sich in dem fraglichen Moment nur so an.

Gib auf!

Stets fällt unsere Wahl auf das, was uns gut und nützlich erscheint, selbst wenn es ganz offensichtlich verwerflich ist. Angenommen, ich bin der Meinung, ich wäre besser gar nicht auf der Welt. Meine Gedanken beginnen, sich um Suizid zu drehen. Obwohl es sicherlich schwierig ist, mir den Nutzen meiner Nichtexistenz praktisch vorzustellen, wird mir der Gedanke daran immer sympathischer. Die Vorstellung, dass andere über meinen Tod trauern, verschafft mir eine gewisse Genugtuung. Ihr Leben wäre sicherlich leichter, wenn es mich gar nicht gäbe. Ich stelle mir vor, wie schön es wäre, endlich sämtliche Probleme los zu sein und Frieden zu finden. Je mehr ich mich in die scheinbaren Vorteile meines Ablebens hineindenke, desto mehr sehne ich mich danach. Einzig der Selbsterhaltungstrieb ist es, der mich noch davon abhält, meinen Plan in die Tat umzusetzen. Alles in mir schreit danach, dass es nicht gut wäre, wenn mein Sein hier und jetzt ein Ende hätte, aber trotzdem beginne ich, mich mit dem Gedanken anzufreunden. Wenn ich nun Selbstmord beginge, dann nicht, weil ich absichtlich etwas tue, was falsch ist – selbst wenn mir bewusst ist, dass Selbsttötung Sünde ist. Ich entscheide mich vielmehr für etwas, was mir in dem Moment als das Nützlichste und Beste erscheint: das definitive Ende aller Probleme und grenzenlose Freiheit. Für denjenigen, der sich selbst umbringt, erscheint der Tod erstrebenswerter als das Leben.

Jetzt mag man sich die Frage stellen: Was hat das Ganze mit der Anbetung falscher Götter zu tun. Wie würden Sie reagieren, wenn ich Folgendes antworten würde: „Alles"? Wir erwählen uns falsche Götter, weil wir sie für die Vermittler des Glücks halten.

„G"-Wort verboten!

In diesem Buch soll es darum gehen, den ultimativen Weg zum Glück zu beschreiben. Wenn Sie so veranlagt sind wie ich, dann macht Sie diese Formulierung leicht nervös. Viele Christen haben offenbar ein Problem mit dem Wort *Glück*. Ich kann das gut verstehen. Als Christen, die wir uns Gottes Ruf zur Selbstverleugnung bewusst sind, stellen wir uns oft der allzu leichten, ich-zentrierten Religion entgegen, die unsere Kultur oftmals unter den Begriff „Christentum" subsumiert. An dieser Stelle möchte ich betonen, dass ich diese Bedenken nachvollziehen kann.

Ich wehre mich gegen die Einstellung, dass Gott mich errettet hat, um mich mit einem neuen Porsche zu beschenken. Ich bin nicht der Mittelpunkt des Universums, in dem Gott nur existiert, um mir meine Wünsche zu erfüllen, sobald ich sie verspüre.[47] Ich erkenne Gott als die sinngebende Quelle allen Seins: die Sonne

---

47 Bob Dylan bringt diese Gedanken in seinem Lied „When You Gonna Wake Up" zum Ausdruck.

meiner Umlaufbahn. Ich weiß, dass ich geschaffen wurde, um ein Wohlgeruch für ihn zu sein. Er ist, wie Paulus schreibt, „Gott, der Vater, von dem alle Dinge sind" (1. Korinther 8,6; siehe auch Römer 11,36; Kolosser 1,16). In meinem Büro hängt ein Bild von Mary Englebreit, es heißt *The Queen* (Die Königin). Es zeigt ein Mädchen mit Krone, Zepter und Sonnenbrille, das selbstgefällig über die Mauer ihres Schlosses hinweg auf ihr Königreich blickt. Unter dem Bild steht: „The Queen of Everything" (Die Königin von allem). Eine Freundin schenkte mir dieses Poster, weil ich einmal im Scherz gesagt hatte, dass wir ja alle „Königinnen" seien. Ich mag das Bild, weil es den Kern unseres Alltags trifft. Wenn Gott mich nicht eines Besseren belehrt, halte ich mich für den Mittelpunkt des Universums – die „Königin von allem". Bevor wir uns thematisch der Suche nach dem Glück nähern, möchte ich vorausschicken, dass ich nichts von menschenzentrierter Philosophie halte. Trotzdem muss ich gestehen, dass ich immer wieder gegen mein inneres Bedürfnis ankämpfe, die „Königin von allem" zu sein – oder wenigstens Königin meiner eigenen kleinen Welt.

Die Suche nach dem Glück

Erstaunlicherweise waren es die Schriften der Puritaner, die mir zum freimütigen Umgang mit der „Suche nach Glück" verhalfen. Im Rahmen der Lektüre fiel mir auf, wie oft sie den Begriff „Glück" in einem positiven Kontext verwenden. Es war irritierend, etwas über das Thema „Glück" aus der Feder von Menschen zu lesen, die von der Welt als sauertöpfische Spaßverderber abgestempelt wurden. Zum Beispiel lesen wir bei Thomas Watson: „Wer sollte glücklich sein, wenn nicht die Kinder Gottes?" Und William Gurnall schrieb: „Ein fröhlicher Gottloser oder ein trauriger Christ – beides gleich unerträglich."[48]

---

48 Übersetzt nach: I. D. E. Thomas, comp., *The Golden Treasury of Puritan Quotations* (Carlisle, PA: Banner of Truth Trust, 1997), 158-159.

Dabei meinten die Puritaner natürlich nicht das oberflächliche Glück aus vorübergehenden Vergnügungen. Sie kannten das tiefe Glück, das nur in der vertrauten Beziehung zu Gott zu finden und nur denen zugänglich ist, die nach einem heiligen Leben trachten. „Diejenigen, die glücklich sein möchten", schrieb Richard Sibbes, „müssen zuerst danach trachten, heilig zu leben."[49] Bemerkenswerterweise schreibt er eben nicht: „Trachtet nicht nach Glück", sondern vielmehr: „Sucht nach dem Glück, indem ihr nach dem trachtet, worin es wirklich zu finden ist – Heiligkeit" – einem Leben unter der Herrschaft göttlicher Liebe. Ein Puritaner betete einmal: „Ich kann nur mit dir glücklich werden, wenn du mich so heilig machst, wie du es selbst bist."[50]

Diese Schreiber wussten, dass die Suche nach dem Glück der menschlichen Natur innewohnt und es sinnlos wäre, etwas anderes zu lehren. Und sie wussten auch, dass das wahre Glück nur in Gott zu finden ist und sonst nirgendwo – insbesondere nicht in den weltlichen Vergnügungen, von denen sich so viele blenden lassen und die die „Geblendeten befriedigen".[51] „Glücklich das Volk, dessen Gott der HERR ist" – diese Aussage des Psalmisten würden die Puritaner sofort unterschreiben (Psalm 144,15).[52]

---

49 Ebd., S. 158.

50 Übersetzt nach: Arthur Bennet, *The Valley of Vision: A Collection of Puritan Prayers and Devotions* (Carlisle, PA: Banner of Truth Trust, 1975), S. 93.

51 Ebd., S. 216.

52 In der Einleitung zu seinem Buch *The Ten Commandments* schreibt Thomas Watson seitenlang über das Glück und die Segnungen der Erkenntnis Gottes und der Liebe zu ihm. Unter anderem heißt es da: „Gott ist der Leitstern alles Guten. Als solcher übertrifft er alles andere an Köstlichkeit, an Vorzüglichkeit und Lieblichkeit. Doch wo können wir all diese grundlegenden Vorzüge genießen, die uns mit Freuden überschütten, wenn nicht in Gott? Gottes Wesen wohnt eine ganz besondere Lieblichkeit inne, die unsere Seele fasziniert, ja, hinreißt." (Übersetzt nach Thomas Watson, *The Ten Commandments*, S. 22, Hervorhebungen durch die Autorin.) In seinen Büchern – allen voran *Sehnsucht nach Gott*, a. a. O –

Suchen Sie Ihr Glück in der Erkenntnis Christi und in der Erwiderung seiner fürsorglichen Liebe zu Ihnen, so wird sich das auf das Ausmaß Ihrer Heiligung und Ihrer Anbetung auswirken. Sie können sich getrost der Nachfolge Christi hingeben, ohne befürchten zu müssen, etwas Wichtiges zu verpassen, weil „er uns in seinen ehrbaren und krisenfesten Dienst nehmen wird und *dabei nichts Geringeres im Blick hat als unser niemals endendes Glück.*"[53]

Wie kommen wir zu unseren Entscheidungen?

Wir ignorieren das erste Gebot, weil wir anderslautende Sehnsüchte und Vorlieben in uns tragen. Was macht Sie Ihrer Meinung nach glücklich? Inwieweit beeinflussen Ihre Sehnsüchte Ihr Streben nach Heiligung? Was sagt Ihr sichtbares Leben darüber aus, welche Priorität Sie der Liebe Gottes einräumen? Hier sind ein paar Beispiele, die bei der Beantwortung dieser Fragen behilflich sein können.

Nehmen wir einmal an, Sie wären ständig wütend auf Ihren Ehepartner. Fragen Sie sich einmal: „Was genau fehlt mir meiner Meinung nach? Welche Annehmlichkeit oder Freude versuche ich durch mein derzeitiges Verhalten zu erreichen?" Antworten auf diese Fragen können möglicherweise sein: „Ich kann nicht glücklich sein, wenn mein Ehepartner mich nicht respektiert. Fühle ich mich nicht respektiert, reagiere ich eben mit Wut." In

widmet sich John Piper mit gewohnter Sprachgewandtheit der rechten Suche nach dem Glück. Piper stellt fest, dass die Suche nach Glück dem Menschen eigen ist, und ermutigt ihn deshalb, dem weiter nachzugehen. Dabei betont er, dass wir mit ganzem Herzen genau der Freude nachjagen sollten, die Gott im Rahmen der Dreieinigkeit erlebt. Piper bezeichnet das Streben nach Glück als die Kernaufgabe unseres Lebens und ist überzeugt, dass Gott am meisten durch ein Leben geehrt wird, das dieses höchste Glück der Erkenntnis und Liebe Gottes widerspiegelt.

53 Übersetzt nach: Baxter, *A Christian Directory*, S. 75.

diesem Fall wäre der Respekt des Ehepartners Ihr höchstes Gut, Ihre Quelle des Glücks. Und da Sie sogar Sünde in Kauf nehmen, um es zu erreichen, handelt es sich dabei auch um Ihren Gott. Natürlich ist der Wunsch, respektiert zu werden, an sich nicht sündig. Vielmehr geht es darum, ob wir diesem Aspekt (oder anderen) zu viel Raum in unserem Leben geben, wenn wir glauben, dass Respekt die Grundvoraussetzung unseres Glücks darstellt.

Oder Sie könnten sagen: „Mein Ehepartner kommuniziert nicht so, wie ich es mir wünsche. Mit einer solchen Nicht-Kommunikation kann ich aber nicht glücklich sein. Ich verhalte mich halt so, um meinen Partner zum Einlenken zu bewegen." In diesem Fall ist vernünftige Kommunikation mit Ihrem Ehepartner Ihr höchstes Gut und die Quelle Ihres Glücks. Bedenken wir: Immer wenn wir zur Sünde bereit sind, um glücklich zu sein, ist dieses Glück zu unserem Gott geworden. Gelingende Kommunikation ist ein Segen und eine wundervolle Gabe, aber sie ist nicht der Schlüssel des ewigen Glücks. Vergessen wir nicht, dass wir auch an sich gute Dinge auf den Götzensockel heben können, indem wir sie zu sehr begehren oder ihnen ein überdimensional großes Gewicht beimessen.

Ein weiteres Beispiel: Immer wenn Sie sich nicht gut fühlen und sich Sorgen machen, gehen Sie in die Stadt und geben eine Menge Geld aus. Dabei müssen Sie sich fragen: „Was fehlt mir meiner Meinung nach? Welchen inneren Gewinn ziehe ich daraus, dass ich Geld ausgebe?" Eine mögliche Antwort könnte lauten: „Ich wünsche mir ein sorgenfreies Leben. Mein Leben ist dagegen so kompliziert. Ich brauche es manchmal, mir ein bisschen Freude zu gönnen. Und Geld auszugeben macht mich glücklich." In diesem Fall beziehen wir unsere Freude aus dem Gefühl, uns zu jeder Zeit alles kaufen zu können. Das Glück, das uns neue Klamotten oder schöne Möbel bescheren, fungiert als unser Gott, weil wir um dieser Dinge willen auch bereit wären zu sündigen.

Eine letzte Veranschaulichung: Sie haben vor Kurzem die Gemeinde gewechselt. Obwohl Sie um den Wunsch Gottes wissen, dass Sie Kontakt zu den anderen Gemeindemitgliedern aufnehmen, stürmen Sie sofort nach Gottesdienstende aus der Tür hinaus. Lässt es sich einmal nicht vermeiden, dass Sie doch ein wenig bleiben, verhalten Sie sich bewusst reserviert. Sie reden sich ein, dass Sie schüchtern sind und nicht so schnell Freunde finden. Wenn Ihnen das bekannt vorkommt, fragen Sie sich einmal: „Nach welcher Art von Glück strebe ich? Welchen inneren Vorteil bringt es mir, in der Isolation zu verharren?" Vielleicht lautet die Antwort so: „Ich brauche Menschen, die mich akzeptieren und lieben. In der Vergangenheit bin ich häufiger verletzt worden, und deshalb möchte ich den Menschen hier nicht die Gelegenheit geben, mich zurückzuweisen. Das Glück liegt für mich in der selbst gewählten Isolation." Vielleicht ist Ihr höchstes Gut Ihre eigene Sicherheit. Auch wenn Sie sich vielleicht nicht aufgehoben fühlen, werden Sie wenigstens nicht zurückgewiesen und erleben keinen Kontrollverlust. In diesem Fall wären Kontrolle und Selbstschutz das höchste Gut, nach dem Sie streben.

Unsere Geschichte und das Glück

Ein Blick in unsere Vergangenheit kann Aufschluss darüber geben, warum wir manche Dinge auf den Sockel des Erstrebenswerten heben und als Quelle unseres Glücks behandeln. Vielleicht kommen Sie aus einer Familie, in der man besonders viel Wert auf einen respektvollen Umgang miteinander legte, sodass Sie glauben, nur so glücklich sein zu können. Oder Sie haben miterlebt, wie ein Elternteil konsequent erniedrigt wurde, und sich deshalb geschworen, dass Ihnen so etwas nie passieren wird.

Möglicherweise sind Sie damit groß geworden, dass sich ein Elternteil immer selbst belohnt hat, wenn die Umstände schwierig wurden, und dieses Vorbild hat Ihre Ansicht geprägt, das sei die beste Art der Stressbewältigung. Oder ein Elternteil war so selbstdiszipliniert, dass Sie sich mit Ihren Problemen alleingelassen fühlten. Deshalb brauchen Sie ein bisschen Freude inmitten des Chaos und kommen sich häufig gestresst oder nervös vor.

Ein schüchterner Mensch hatte vielleicht einen sehr fordernden Elternteil oder dominante Geschwister, die niemals zufrieden waren. Daher die Entscheidung, sich der Gefahr der Zurückweisung zu entziehen, indem man keine Beziehungen eingeht. Oder derjenige hatte einen überbehütenden Elternteil, der ihn mit so viel Zuspruch überschüttete, dass er sich nicht angenommen fühlt, wenn seine Mitmenschen nicht genauso auf ihn reagieren. Diese Art des Umgangs hat sich derart in sein Empfinden eingebrannt, dass er sich selbst als schüchtern erlebt.

Die Einzigartigkeit unseres Herzens

Jeder von uns hat ein einzigartiges Herz und reagiert deshalb sehr individuell. Auch wenn wir alle ein sündiges Wesen haben und dazu neigen, uns falschen Göttern zuzuwenden, so tun wir das aus sehr unterschiedlichen Gründen. Wir machen uns Vorstellungen von unserem höchsten Gut oder dem ultimativen Glück. Und diese Vorstellungen sind die treibenden Kräfte in unserem Leben – ob wir uns dessen bewusst sind oder nicht. Sie bestimmen unsere Anbetung und richten sie auf Gott oder auf etwas anderes. Sie sind es letztlich, die uns die Dinge ins Blickfeld rücken, die wir Gott vorziehen.

Manchmal glauben wir, dass uns unsere eigene Geschichte an der Anbetung Gottes hindert. Doch denken wir an Schadrach, Meschach und Abed-Nego. Weder ihre Kindheit noch ihre derzeitige Lage waren besonders angenehm. Vielleicht waren ihre Eltern Götzendiener, die während der Eroberung Jerusalems getötet worden waren. Sie selbst waren jetzt Gefangene in einem fremden Land. Doch der Heilige Geist hatte ihnen klargemacht, dass es kein größeres Glück gibt als die vortreffliche Gemeinschaft mit ihrem himmlischen Vater – selbst wenn sie der Kampf um dieses Glück das Leben kosten würde. Wenn der Heilige Geist diese Lektion in die Herzen dieser drei Waisenjungen pflanzen konnte, dann kann er das auch bei uns.

Gott kann uns die Erkenntnis schenken, dass er unser höchstes Gut ist. Er kann uns zeigen, dass all unser Glück in ihm zu

finden ist. Er genießt es, seinen Kindern zu dem Glück zu verhelfen, das nur er allein schenken kann.
So können wir beten:

Oh Herr,
All die Gnadenwege *führen zu meinem Glück*
und münden in meiner Freude.
Du hast geweint, gelitten und warst betrübt,
damit ich jubeln kann.
Zu meiner Freude hast du den Tröster gesandt,
mich mit Verheißungen überschüttet,
mir mein ewiges Glück vor Augen gestellt,
mir einen lebendigen Brunnen gegeben.
Füreinander hast du uns beide bereitet –
die Freude und mich;
Ich bitte um Freude, warte auf die Freude,
sehne mich nach Freude.
Und ich bete, dass du mir mehr davon gibst,
als ich fassen, wünschen oder überhaupt denken kann.[54]

Die gute Nachricht ist, dass der Heilige Geist unser Herz erleuchten und uns an den Punkt führen kann, an dem wir lernen, unseren Herrn wertzuschätzen und die Verlockungen der Welt geringzuschätzen. Er selbst legt es uns aufs Herz, ihm zu dienen, und zeigt uns die wahren Freuden des Himmels. Also mutig voran! Suchen Sie Ihr Glück! Wenn Sie es in Gottes Sinne definieren, werden Sie niemals enttäuscht werden. Behalten Sie Ihr Ziel im Auge, damit Sie mit David sagen können: „Nichts, noch nicht einmal das Leben, bringt mir größeres Glück als deine Liebe!"

---

54 Übersetzt nach: Bennet, *Valley of Vision*, S. 162 (Hervorhebungen durch die Autorin).

Weiterführende Gedankenanstöße

1. Was meinte Augustinus wohl mit der Aussage „Das Glück des Menschen ist Gott selbst"?

2. Wie denken Sie über die Suche nach Glück? In welchem Sinne kann sie geistlich oder auch ungeistlich sein?

3. Erklären Sie, was es bedeutet, nach seinem höchsten Gut zu streben. Heißt das, dass wir uns automatisch immer für das moralisch Gute entscheiden? Warum kann uns etwas Furchtbares wie z. B. Selbstmord gut erscheinen?

4. Denken Sie an Ihre letzte bewusste Sünde. Fragen Sie sich selbst, was das Gut war, nach dem Sie dabei strebten. Um welche Freuden ging es Ihnen, als Sie sich für Ihr sündiges Verhalten entschieden? Inwiefern tarnte sich die Sünde als gerechtes Handeln?

5. Welche Wünsche verbinden Sie mit Ihrer Vorstellung von Glück? Folgender Satzanfang kann bei der Beantwortung der Frage eine Hilfe sein: „Mein Leben wäre perfekt, wenn ..."

6. Welche Lebensumstände haben dazu beigetragen, dass Sie manche Dinge als Ihr höchstes Gut erachten? Glauben Sie, dass Gott Umstände verändern und Ihnen zeigen kann, wie er selbst zu Ihrem höchsten Glück wird?

6
Ein Blick in unser Herz

Möge doch diese ihre Gesinnung bleiben, mich allezeit zu
fürchten und alle meine Gebote zu halten. (5. Mose 5,29)

Im Gegensatz zu der zügellosen Frau aus Nain hatte die
Hure Rahab[55] ihre Nachbarn noch nie zuvor über den Gott
Israel reden hören. Alles, was sie kannte, war Götzendienst
und Prostitution. Sie lebte in einem verdammten Volk – einem Volk, dem das göttliche Gericht bevorstand.[56]
Rahabs Wohnlage war ihrem Gewerbe sehr dienlich. Auf
der Stadtmauer Jerichos konnte sie Reisende kommen sehen, die gegebenenfalls auf eine nächtliche Bleibe angewiesen waren. Durch diese Reisenden hatte sie vermutlich
auch von dem als Kinder Israel bekannten Volk erfahren,
das sich jetzt näherte. Schon häufig hatte sie die Geschichte
von der ägyptischen Armee gehört, die in den Fluten des
Roten Meeres umgekommen war. Außerdem wusste sie,
was den Königen der Amoriter zugestoßen war, an denen
man „den Bann vollstreckt" hatte (Josua 2,10). Und jetzt
näherten sich diese scheinbar unbesiegbaren Leute ausgerechnet ihrer Stadt.
Als sie die israelischen Kundschafter aufnahm, schoss ihr
möglicherweise durch den Kopf, dass sie ihr Leben im Aus-
tausch gegen gewisse Gefälligkeiten behalten würde, doch
diese Männer schienen ganz anders zu sein. Sie hatten kein

---

55 Wenn Sie möchten, können Sie die Geschichte von Rahab in Josua 2
nachlesen.

56 Gott hatte es Abraham so vorausgesagt: „Und in der vierten Gene-
ration werden sie hierhin zurückkehren; denn das Maß der Schuld
des Amoriters ist bis jetzt noch nicht voll" (1. Mose 15,16).

Interesse an dem, was sie zu bieten hatte. Sie waren ehrlich und fromm.

Nachdem sie die Kundschafter ein wenig kennengelernt hatte, traf sie eine auf den ersten Blick abwegige Entscheidung. Sie beschloss, sich mit ihnen zu verbünden. Abwegig schien dies zunächst vor dem Hintergrund, dass es sich bei Jericho um eine gut bewehrte, auf einem Berg gelegene Stadt handelte. Die inneren und äußeren meterdicken Stadtmauern machten sie quasi uneinnehmbar. Doch die Götzendienerin und Prostituierte Rahab hielt die Unterstützung der feindlichen Kundschafter für ihr höchstes Gut. Man beachte die interessante Aussage Rahabs in Josua 2,9.11:

„Ich habe erkannt, dass der HERR euch das Land gegeben hat und dass der Schrecken vor euch auf uns gefallen ist. (...) Als wir es hörten, da zerschmolz unser Herz, und in keinem blieb noch Mut euch gegenüber. Denn der HERR, euer Gott, ist Gott oben im Himmel und unten auf der Erde."

Woher wusste sie, dass der Herr ihnen das Land gegeben hatte? Man könnte vielleicht meinen, dass sie einfach auf Nummer sicher gehen wollte. Möglicherweise wusste sie es nicht genau, wollte sich aber vorsichtshalber schützen. Doch wenn das der Fall gewesen wäre, warum riskierte sie ihr Leben und log, als man sie über die Männer befragte? Woher wusste sie, dass der Gott Israels der wahre Gott war? Wir kennen die Antworten nicht, aber wir wissen, dass Gott einen Weg gefunden hatte, sich ihr zu offenbaren.

Die Geschichte von Rahab gehört zu den erstaunlichsten und erfreulichsten Begebenheiten, die uns die Bibel berichtet. Ohne jegliche Empfehlung oder besondere Eignung wurde sie zu einer bevorzugten Frau. Und ihre Geschichte endet nicht etwa damit, dass sie die Kundschafter beherbergte und später aus Jericho floh. Nein, Rahab heiratete Salmon, einen führenden Israeliten, und wurde die Mutter von Boas. Boas heiratete Rut, die den

Obed gebar, den Vater von Isai. Und Isai wiederum war der Vater von König David, aus dessen Linie Jesus stammt.

Jede gläubige Frau, die auf eine so fragwürdige Vergangenheit zurückblicken kann wie Rahab, darf sich von Herzen über Rahabs Geschichte freuen. Es ist tröstlich zu wissen, dass Gott sie sich aus der Mitte der verdammten Stadt erwählte, sie bewahrte und ihr sicheres Geleit gewährte, als das Chaos um sie herum tobte. Und nicht nur sie wurde von Gott beschützt und befreit, sondern mit ihr ihre gesamte Familie. Was für eine Geschichte des Segens! Gott hatte ihr alles Notwendige offenbart. Er legte ihr den Wunsch aufs Herz, die Kundschafter zu beherbergen. Er rettete sie und gab ihr sowohl eine Familie als auch eine ehrenvolle Position unter den gläubigen Frauen der Menschheitsgeschichte. Sie ist eine der wenigen Frauen, die in der Aufzählung der Glaubenshelden auftauchen: „Durch Glauben kam Rahab, die Hure, nicht mit den Ungehorsamen um, da sie die Kundschafter in Frieden aufgenommen hatte" (Hebräer 11,31).

Rahab hatte eine Ahnung von der Siegesmacht Gottes, weil er ihr die entsprechende Erkenntnis geschenkt, ihr Herz erobert und Glauben in ihr Herz gepflanzt hatte. Durch diesen Glauben hatte sie auch ein Gespür für den göttlichen Willen und den Mut, diesem Willen Folge zu leisten. Wenn Gott so Unglaubliches im Herzen einer heidnischen Prostituierten bewirken und ihr einen so tatkräftigen Glauben schenken kann, kann es auch in unserem Leben wahr werden. Er kann unser Herz unterweisen und bewirken, dass wir die Wahrheit erkennen und uns nach ihr ausstrecken.

In den vorangegangenen Kapiteln haben wir gesehen, wie sehr unsere Entscheidungen von den Dingen abhängen, von denen wir uns das meiste Glück versprechen. Und wir wurden zu der Erkenntnis herausgefordert, dass das höchste Glück in der Annahme der vollkommenen göttlichen Liebe liegt.

Im Zuge der Diskussion über unsere Entscheidungsfindung hat sich vielleicht so mancher gefragt, wie es denn um unsere Fähigkeit bestellt ist, zwischen wahren und falschen Glücksversprechungen zu unterscheiden. Oder Sie haben sich Gedanken gemacht, wie Sie Ihre Liebe zu Gott und Ihr Bedürfnis nach dem wahren Glück weiterentwickeln können. Denn trotz allem hat der „Dreck", von dem C. S. Lewis schrieb, erstaunlicherweise eine gewisse Anziehungskraft. In den folgenden Kapiteln wollen wir einmal die Funktionsweise unseres Herzens etwas genauer unter die Lupe nehmen. Dabei werden wir auch herausfinden, wie man eine Haltung ungeteilter Hingabe entwickeln kann. Führen wir uns noch einmal die Worte Jesu vor Augen, die er im Zusammenhang mit dem wichtigsten Gebot wählte, denn er sagte sinngemäß, dass unser ganzes Herz, unsere Seele und unser Verstand von Gott „hingerissen" sein sollten. Was genau meinte er damit, und was sagen diese Worte über sein Verständnis des menschlichen Herzens aus?

Das menschliche Herz verstehen

Als Jesus über unser Herz sprach, meinte er unseren inneren Menschen. Wenn die Bibel das Herz thematisiert, sind alle drei Hauptfunktionen des inneren Menschen involviert: unser Verstand, unsere Empfindungen und unser Wille.

Der Verstand
Der Begriff *Herz* beinhaltet in erster Linie unseren Verstand, der auch unsere Gedanken, Einstellungen, Erkenntnisse, Erinnerungen, Überzeugungen sowie unser Urteilsvermögen, Gewissen und Unterscheidungsvermögen umfasst. Die folgenden Verse unterstreichen diesen Aspekt:

Siehe, ich gebe dir ein weises und verständiges Herz. (1. Könige 3,12)

Denn das Herz dieses Volkes ist dick geworden, (...) damit sie nicht etwa (...) mit dem Herzen verstehen. (Matthäus 13,15)

Es saßen dort aber einige von den Schriftgelehrten und überlegten in ihren Herzen: (...) (Markus 2,6)

Und er spricht zu ihnen: Was seid ihr bestürzt, und warum steigen Gedanken auf in euren Herzen? (Lukas 24,38)

Weil sie Gott kannten, (...) und ihr unverständiges Herz verfinstert wurde. (Römer 1,21)

Das Endziel der Weisung aber ist Liebe aus reinem Herzen und gutem Gewissen und ungeheucheltem Glauben. (1. Timotheus 1,5)

Aus diesen Versen lässt sich der biblische Gebrauch des Wortes *Herz* ableiten, der unsere Fähigkeit zu denken, zu verstehen, zu zweifeln, nachzuforschen, zu unterscheiden und zu erinnern mit einschließt. Dies unterscheidet sich ganz wesentlich von der Art und Weise, wie wir diesen Begriff in unserer westlichen Kultur heutzutage füllen. Wir siedeln diese Aspekte für gewöhnlich eher im Bereich des Verstandes an, nicht unter dem Oberbegriff des Herzens. Redewendungen wie „Ich dachte in meinem Herzen ..." oder „Mein Herz hat Folgendes entschieden ..." sind uns nicht geläufig. Doch biblisch gesehen ist der Verstand nur einer von drei Bereichen, die dem Herzen oder dem inneren Menschen zuzuordnen sind.

Das innere Empfinden

Eine weitere Facette unseres inneren Menschen oder unseres Herzens ist das, was die Puritaner als das „innere Empfinden" bezeichnen. Dieses Empfinden umfasst unsere Sehnsüchte, Wünsche, Empfindungen, Vorstellungen und Emotionen und entspricht sinngemäß am ehesten dem, was wir in unserem kulturellen Kontext als *Herz* bezeichnen. Spricht man von einem gebrochenen Herzen, meint man damit nicht, dass das Denkvermögen beeinträchtigt ist oder unser Organ, das wir Herz nennen, das Blut nicht mehr ordnungsgemäß transportiert. Vielmehr soll es heißen, dass unsere Gefühle oder Empfindungen verletzt worden sind. Die Bibel präsentiert uns eine sehr weite Sicht unseres Herzens und beschränkt sich nicht auf unsere

Gefühle und Wünsche. Nachfolgend ein kurzer, exemplarischer Überblick über die biblischen Aussagen zu diesem Bereich unseres inneren Menschen:

Dafür, dass du dem HERRN, deinem Gott, nicht mit Freude und mit fröhlichem Herzen gedient hast (...). (5. Mose 28,47)

Meine Brüder aber, die mit mir hinaufgezogen waren, machten das Herz des Volkes verzagt. (Josua 14,8)

Warum weinst du? (...) Und warum ist dein Herz betrübt? (1. Samuel 1,8)

Er gebe dir nach deinem Herzen, und alle deine Pläne erfülle er! (Psalm 20,5)

Sie tun, was immer ihr Herz begehrt. (Psalm 73,7; NLB)

Sei nicht schnell, dich zu ärgern; denn Ärger ruht im Herzen des Toren. (Prediger 7,9; LUT)

Sagt zu denen, die ein ängstliches Herz haben: Seid stark, fürchtet euch nicht! (Jesaja 35,4)

Denn betrachtet den, (...) damit ihr nicht ermüdet und in euren Seelen ermattet. (Hebräer 12,3)[57]

Wenn ihr aber bittere Eifersucht und Eigennutz in eurem Herzen habt ... (Jakobus 3,14)

Ganz offensichtlich beschreibt die Bibel das Herz als Sitz der Gefühle, Vorstellungen, Sehnsüchte und Wünsche. Im weiteren Verlauf der Erörterung möchte ich gerne auf die puritanische

---

57 Dieser Vers verbindet zwei Aspekte des Herzens: den Verstand (betrachtet) und die Empfindungen (ermüden und mutlos sein).

Formulierung *inneres Empfinden* zurückgreifen, wenn es darum geht, diesen Teil unseres inneren Menschen darzustellen, der ja aus so viel mehr besteht als nur aus Gefühlen. Da unser Empfinden auf dem Gebiet der Anbetung eine wichtige Rolle spielt, ist es besonders wichtig, ein diesbezügliches Verständnis zu entwickeln.

Der Wille

Der dritte Funktionsbereich unseres Herzens ist der Wille. Der Wille ist die Facette unseres inneren Menschen, der Entscheidungen trifft und festlegt, wie wir uns verhalten. Vom Verstand und dem inneren Empfinden erhält der Wille seine Informationen über das, was jetzt am besten zu tun ist, und setzt diese dann um. Natürlich ist unser Wille gefallen und gefangen. Während wir also um die richtigen Entscheidungen ringen, sollten wir nicht vergessen, dass Jesus der einzige Mensch war, dessen Wille wirklich frei und seinem himmlischen Vater in jeder Situation vollkommen ergeben war. Auch wenn wir zum Herrn kommen und er uns wiederherstellt, wird unsere alte Natur immer darum kämpfen müssen, das göttlich Gewollte zu wählen.

So wähle das Leben, damit du lebst. (5. Mose 30,19)

Erwählt euch heute, wem ihr dienen wollt. (Josua 24,15)

Rahm und Honig wird er essen, bis er weiß, das Böse zu verwerfen und das Gute zu wählen. (Jesaja 7,15)[58]

Wer ist nun der Mann, der den HERRN fürchtet? Ihn wird er unterweisen in dem Weg, den er wählen soll. (Psalm 25,12)[59]

---

58 Dieser Vers illustriert den Einfluss des Verstandes auf den Willen: Er wusste, Gutes zu wählen.

59 In diesem Vers wird deutlich, wie Gott den Verstand lenkt, indem er den Willen auf die richtige Entscheidungsvariante aufmerksam macht.

Sofern man das Herz noch nie aus dieser Perspektive betrachtet hat, klingt das vielleicht alles ein wenig verwirrend. Wichtig ist die Unterscheidung der drei Bereiche, in die sich das Herz aufteilt: der Verstand, die Empfindungen und der Wille. Vielleicht kann Abbildung 6.1 dazu beitragen, das etwas zu verdeutlichen.

Abb. 6.1. Ein biblisches Porträt des Herzens

Verstand: Gedanken, Einstellungen, Erkenntnisse, Erinnerungen, Überzeugungen, Urteilsvermögen, Unterscheidungsvermögen, Gewissen

Inneres Empfinden: Sehnsüchte, Wünsche, Gefühle, Vorstellungen, Emotionen

Wille: entscheidet über unser Handeln und führt es durch

Diese drei Facetten des menschlichen Herzens (Verstand, Empfindungen, Wille) existieren nicht isoliert und unabhängig voneinander, sondern sie greifen ständig ineinander und interagieren. (Schlagen Sie dazu noch einmal Jesaja 7,15, 5. Mose 23,15-16 und Psalm 25,12 auf). Dementsprechend schwierig ist es manchmal in der Praxis, diese drei Aspekte auseinanderzuhalten. Man könnte sie mit den Organen Gehirn, Herz und Lunge vergleichen. Während Sie dieses Buch lesen, sind Sie sich nicht bewusst, wie diese Organe zusammenspielen und wie sie Sie am Leben halten. Das liegt daran, dass die Organfunktionen ineinandergreifen. Erst wenn ein Organ ausfällt, wird einem diese Tatsache schlagartig klar. Doch unter normalen Umständen nehmen wir die automatischen Abläufe gar nicht wahr.

In gewissem Sinne spiegelt das die Funktionsweise des Verstandes, der Empfindungen und des Willens wider. Unser Verstand unterrichtet unsere Gefühlswelt darüber, was uns am glücklichsten machen würde. Unsere Empfindungen bilden es ab und machen es fühlbar, sodass eine innere Sehnsucht danach entstehen und ein Impuls an den Willen abgegeben werden kann, der dann eine entsprechende Entscheidung trifft. Läuft ein solcher Prozess in uns ab, denken wir im Normalfall nicht darüber nach, ob nun unser Verstand, unser Gefühl oder unser Wille dafür verantwortlich ist, dass wir uns für Vanilleeis statt für Schokoladeneis entscheiden. Wir nehmen das Ergebnis eines solchen Entscheidungsprozesses in der Regel so hin.

Durch Glauben weigerte sich Mose, als er groß geworden war, ein Sohn der Tochter Pharaos zu heißen, und zog es vor, lieber zusammen mit dem Volk Gottes geplagt zu werden, als den zeitlichen Genuss der Sünde zu haben, indem er die Schmach des Christus für größeren Reichtum hielt als die Schätze Ägyptens; denn er schaute auf die Belohnung. Durch Glauben verließ er Ägypten und fürchtete die Wut des Königs nicht; denn er hielt standhaft aus, als sähe er den Unsichtbaren. (Hebräer 11,24-27)

Lesen Sie diese Verse noch einmal aufmerksam durch. Fällt Ihnen auf, wie sehr Moses Verstand, Empfinden und Wille hier mit seinem Glauben korrespondieren? Sein Verstand kam zu dem Ergebnis, dass trotz allem die Bedrängnis den Schätzen Ägyptens vorzuziehen sei. Gefühlsmäßig sehnte er sich nach dem großen inneren Glück, das nur durch die durchzustehenden Entbehrungen zu erreichen war und das sein Verstand als begehrenswerter einstufte als die sündhaften Annehmlichkeiten.

Seine Vorstellungskraft half ihm, den Blick nach vorne auf die vor ihm liegende Belohnung zu richten. Sein Verstand informierte sein Empfinden darüber, dass diese Belohnung ihm größeres Glück bescheren werde als alles, was Ägypten zu bieten hatte. Und so dachte, fühlte, begehrte und handelte Mose entsprechend seinem Glauben, dass Bedrängnis um Gottes willen einen höheren Nutzen brachte als sämtliche Bequemlichkeiten im Palast des Pharao. Dadurch wurde schließlich auch sein Wille aktiviert, sodass er sich weigerte, „ein Sohn der Tochter Pharaos zu heißen". Dank Gottes Gnade konnte Mose davon überzeugt sein, dass Entbehrung und Bedrängnis um der liebenden Fürsorge Gottes willen einem sorglosen und einflussreichen Leben vorzuziehen waren.

An diesem Beispiel lässt sich gut erkennen, wie Moses Verstand, Empfindungen und Wille ineinandergriffen, einander bedingten und sein ganzes Herz auf das richteten, was Gottes Sache diente. Sein Glaube lenkte den Fokus seines inneren Menschen auf das rechte Erkennen, Wünschen und Entscheiden. Er gelangte zu der Überzeugung, dass das Leiden für den lebendigen Gott besser war als die Annehmlichkeiten eines Lebens am königlichen Hof. Als Gott ihm dann am Berg Sinai das Gesetz gab, hatte er sich schon längst entschieden, dass Jahwe sein Gott sein sollte.[60]

Die Krankheit unseres Herzens

Nun mag man vielleicht Folgendes denken: „Wenn ich also mein Denken auf Gott richte, sein Anliegen zu meinem mache und auch danach handle, mache ich alles richtig, oder?" Ja – und nein.

---

60 Gott unterstützte den Entscheidungsprozess des Mose: Er legte den Glauben in sein Herz. Er ließ ihn seine wahren Brüder erkennen. In seiner Vorsehung ließ er sogar zu, dass Mose einen Ägypter erschlug, denn gezwungenermaßen verließ er nun Ägypten. Seine Entscheidung wurde ihm sozusagen abgenommen – alles nach dem souveränen Plan Gottes.

Natürlich stimmt es, dass wir die göttliche Wahrheit mit unserem Verstand erfassen und verinnerlichen sollen. Und Gott möchte, dass wir sie mittels unseres Willens in die Tat umsetzen. Und für unser Handeln zieht er uns auch zur Verantwortung. Doch da gibt es noch ein Problem. Ohne die Gnade Gottes würden wir ihn niemals erkennen, uns nach ihm sehnen und seinen Willen zu unserem machen wollen. Das bekannte Gebet des Augustinus gibt diese Tatsache sehr gut wieder: „Gib mir das, was du befiehlst, und befiehl mir das, was du willst."[61] Weder diese noch irgendeine andere Veränderung unseres Herzens können wir aus uns selbst heraus bewirken. Um unser Innerstes überhaupt auf ihn ausrichten zu können, sind wir ganz und gar auf seine Gnade angewiesen. Natürlich wird er in dem Maße, in dem wir ihm unser Herz zur Veränderung hinhalten, unsere Liebe zu ihm vermehren – besonders dann, wenn wir unseren Blick auf die Tiefe seiner Liebe und Vergebungsbereitschaft richten.

Doch bei alldem leiden wir an einer chronischen Herzerkrankung, gegen die wir unser Leben lang ankämpfen werden. Niemals wird es Situationen geben, in denen unser Herz den Herrn so vollkommen lieben und anbeten wird, wie es ihm nach göttlichen Maßstäben gebührt. Jeremia formuliert es so: „Trügerisch ist das Herz, mehr als alles, und unheilbar ist es. Wer kennt sich mit ihm aus?" (Jeremia 17,9). Unser Herz ist falsch. Es täuscht und betrügt uns und will uns weismachen, dass unsere Wünsche und Sehnsüchte rein sind, dass wir wollen, was wir wollen, weil es gut ist und von Gott gutgeheißen wird. Des Menschen Weg erscheint recht in seinen Augen – selbst wenn dieser Weg ins Verderben führt. Das Problem unseres Herzens ist angeboren. Die Ursache liegt im Sündenfall. Seit Adam hat die ganze Menschheit dieses Problem – unsere sündhafte Natur. Die Bibel schreibt dazu Folgendes:

---

61 Übersetzt nach: Saint Augustine Bishop of Hippo: *The Confessions of St. Augustine*, übers. von E. B. Pusey (Oak Harbor, WA: Logos Research Systems, Inc., 1996). Buch 10, Kapitel 29.

Und der HERR sah, dass die Bosheit des Menschen auf der Erde groß war und alles Sinnen der Gedanken seines Herzens nur böse den ganzen Tag. (1. Mose 6,5)

Siehe, in Schuld bin ich geboren, und in Sünde hat mich meine Mutter empfangen. (Psalm 51,7)

Auch ist das Herz der Menschenkinder voll Bosheit, und Irrsinn ist in ihrem Herzen während ihres Lebens. (Prediger 9,3)

Ganz offensichtlich ist das Herz oder der innere Mensch vom Bösen durchzogen. Jesus betonte, dass aus eben dieser Quelle, der Wurzel unseres Unglaubens, unsere sündigen Gedanken, Worte und Taten hervorgehen. Obwohl die Kinder Gottes ein neues Herz haben, dem verändertes Denken und Wollen entspringen, werden wir Zeit unseres Lebens mit den Restbeständen unseres sündigen Wesens ringen. Ständig müssen wir den um Beachtung buhlenden Vorlieben in unserem Herzen entgegentreten. Jeden Tag müssen wir uns neu entscheiden, wem wir dienen wollen: Gott oder uns selbst (und damit den Göttern, die wir uns selbst gemacht haben). Die ohnehin schon nicht leichte Entscheidung wird noch komplizierter, weil unser Herz uns vorgaukelt, dass die Inkaufnahme der Sünde manchmal vorteilhaft oder notwendig sei, um Gottes Ziel zu erreichen. Bedenken wir: Sünde nennt sich niemals beim Namen. Immer kommt sie in Gestalt der Rechtschaffenheit daher.

Lassen Sie mich diese Gedanken noch ein wenig ausführen. Als die Schriftgelehrten alles daran setzten, Jesus ans Kreuz zu bringen, dachten sie, Gott damit einen Gefallen zu tun. Auch wenn das Neue Testament darauf hinweist, dass Jesus aus Neid überliefert worden war (Matthäus 27,18), machten sie sich selbst weis, sie würden Gott damit einen Dienst erweisen.[62] Diese Männer standen der Sünde keineswegs gleichgültig gegenüber. Vielmehr nahmen sie sie so ernst, dass sie sich weigerten,

---

62 In Johannes 16,2 hat Jesus selbst darüber gesprochen.

das Prätorium des Pilatus zu betreten, um sich während des Passahfestes nicht zu verunreinigen (Johannes 18,28). Und das, obwohl sie gerade die schrecklichste Sünde aller Zeiten begingen – nämlich die Ermordung des Sohnes Gottes in die Wege zu leiten. Die Pharisäer waren keine Götzendiener – zumindest nicht augenscheinlich. Doch in Wahrheit hatten sie sich ihrer mächtigen und einflussreichen Position und ihrer Selbstgerechtigkeit verschrieben, und genau deshalb trachteten sie danach, Gott umzubringen. Natürlich hatten diese Männer keinen wirklichen Glauben. Sie vertrauten weder auf Gott noch auf seinen Christus, weshalb sie noch in ihren Sünden und somit geistlich tot waren. Doch äußerlich waren sie streng religiös und ein lebendiges Beispiel dafür, dass äußere Religiosität und Konformität mit Gottes Gesetz keine zuverlässigen Zeichen eines rettenden Glaubens sind und manchmal sogar schwerwiegende Hindernisse auf dem Weg zum wahren Glauben darstellen können. Selbstverständlich hätten sie protestiert und behauptet, niemals Götzen angebetet zu haben. Und doch waren ihre Herzen weit weg von Gott. Sie liebten „die Begrüßungen auf den Märkten" und „die ersten Plätze bei den Gastmählern" mehr als Gott (Lukas 20,46). Ihre bösen Herzen ließen sich täuschen,[63] weil sie in Wahrheit einem anderen Gott dienten – nämlich der Ehre vor den Menschen. Wer irgendetwas anderes mehr liebt als Gott – und sei es die Einhaltung religiöser Gesetzesvorschriften –, betreibt Götzendienst, und Götzendienst ist ein Symptom eines getäuschten Herzens.[64]

---

63 Jesaja zeichnet folgendes ernüchternde Porträt eines Götzendieners: „Wer sich mit Asche einlässt, ist betrogen, sein Herz hat ihn irregeführt. Er rettet seine Seele nicht und sagt nicht: Ist nicht Lüge in meiner Rechten?" (Jesaja 44,20).

64 Wir als Gläubige sollen unser ganzes Vertrauen auf die Liebe Gottes setzen und auf sein Vermögen, unser Herz dem Götzendienst und der Täuschung zu entreißen. Wir können uns sicher sein, dass Gott unser Herz seinem Willen gegenüber offen macht, denn entgegen der Annahme der Pharisäer war die Kreuzigung Jesu Gottes Plan, nicht ihrer:

Als wahrer Gläubiger kannte auch Paulus diese Kämpfe des Herzens. In Römer 7 erklärte er, er habe „nach dem inneren Menschen Wohlgefallen am Gesetz Gottes" (Vers 22), doch er spürte auch eine andere Kraft, die in ihm am Werk war. Und diese Kraft zog in den Krieg gegen die Wahrheit, die sein Herz erfüllte. Er litt unter seinen falschen Sehnsüchten. Einerseits suchte er Gott, andererseits diente er der Sünde. Einerseits wusste er, dass Gott ihm alles gab, was er brauchte, andererseits begehrte er die Dinge, die Gott ihm vorenthielt (Römer 7,7-8). Paulus strauchelte, weil er genau wie wir gleichzeitig Sünder und Gerechter war. Und ebenso wie wir war er hin- und hergerissen zwischen den Einflüsterungen seines Herzens, die ihm die Sünde und die Freuden des Ungehorsams schmackhaft machen wollten, und der Gewissheit seines Glaubens, dass das Glück allein in Christus zu finden ist. In der Not dieser Zerrissenheit rief er aus: „Ich elender Mensch! Wer wird mich retten von diesem Leibe des Todes?" Darauf lieferte er selbst die Antwort: „Ich danke Gott durch Jesus Christus, unseren Herrn!" (Römer 7,24-25).

Der Gott, der unser wahres Ich kennt

Nun könnte uns ja der Gedanke kommen: „Was nutzt es denn überhaupt, dass ich gegen den Götzendienst ankämpfe, wenn mein Herz doch so durch und durch verdorben ist?" Die Antwort mag uns vereinfachend erscheinen: Wir sollten den Kampf gegen

---

„Denn in dieser Stadt versammelten sich in Wahrheit gegen deinen heiligen Knecht Jesus, den du gesalbt hast, sowohl Herodes als auch Pontius Pilatus mit den Nationen und den Völkern Israels, alles zu tun, was deine Hand und dein Ratschluss vorherbestimmt hat, dass es geschehen sollte." (Apostelgeschichte 4,27-28) Zwar waren die Schriftgelehrten für ihren selbst gewählten Weg verantwortlich, der ihren boshaften Gedanken und Wünschen entsprang, doch sogar über alledem regierte die Souveränität Gottes. Genau in diesem souveränen Handeln kann unser Herz zur Ruhe kommen und auf ihn vertrauen.

unser sündhaftes Herz aufnehmen, weil Gott es uns befiehlt. Wie sollen wir den Herrn immer mehr von ganzem Herzen, von ganzer Seele und mit ganzem Verstand lieben, wenn wir nicht gegen das ankämpfen, was uns davon abhalten will? Wie soll unsere Dankbarkeit für die göttliche Gnade zunehmen, wenn wir darüber hinwegsehen, dass wir uns ihrer oft nicht bewusst sind?

Der Kampf gegen die Sünde unseres Herzens ist so immens wichtig, weil er uns den hohen Preis vor Augen führt, den Jesus bezahlt hat, und uns dankbar stimmt für seinen vollkommenen stellvertretenden Gehorsam. Und genau dieser Kampf ist es, der uns lehrt, auf Christus zu vertrauen, und uns misstrauisch macht gegenüber uns selbst. Er lehrt uns, die Sünde zu hassen und das Heilige zu lieben, ein demütiges Wesen zu schätzen und uns auf den Himmel zu freuen. Und mitten in all dem Ringen erleben wir die Freude über die überreiche Gnade und das Glück, das nur in Gott zu finden ist.

Bergen wir uns in der Gewissheit, dass unser himmlischer Vater unser Herz durch und durch kennt und versteht. Auch wenn unser Herz uns selbst täuscht, so ist es doch vor Gott offenbar.

Denn der HERR sieht nicht auf das, worauf der Mensch sieht. (...) Der HERR sieht auf das Herz. (1. Samuel 16,7)

Denn der Herr erforscht alle Herzen, und alles Streben der Gedanken kennt er.
(1. Chronik 28,9; siehe auch 2. Chronik 6,30)

Denn er erkennt die Geheimnisse des Herzens.
(Psalm 44,22)

Ich, der HERR, bin es, der das Herz erforscht und die Nieren prüft. (Jeremia 17,10)

Jesus selbst (...) wusste, was in dem Menschen war.
(Johannes 2,24-25)

Du, Herr, Herzenskenner aller. (Apostelgeschichte 1,24)

Und alle Gemeinden werden erkennen, dass ich es bin, der Nieren und Herzen erforscht. (Offenbarung 2,23)

Er kennt uns. Er weiß, wie sehr wir ihn lieben und für ihn leben möchten. Und er weiß auch, wann wir uns selbst etwas vormachen. Er weiß, wann wir ihm vorspielen, dass wir eigentlich ganz in Ordnung sind. Er weiß auch, wann wir andere mit guten Werken beeindrucken möchten, und sieht unser selbstgerechtes Tun. Er kennt unsere Versuche, unser Herz durch penibles Einhalten des Gesetzes zu beruhigen, uns selbst zu erlösen und die erniedrigende Notwendigkeit des Kreuzes zu umgehen. Er weiß um unser Bestreben, unsere moralische Integrität zu betonen und auf andere herabzuschauen. Er kennt unseren Unglauben und unsere Tendenz, uns durch Geringschätzung anderer selbst auf den Sockel zu heben. Er kennt uns durch und durch. Deshalb sagte Jesus zu seinen Jüngern: „Ich bin der gute Hirte; und ich kenne die Meinen" (Johannes 10,14). Ja, er kennt uns wirklich. Aber das ist nur die halbe Wahrheit. Die ganze Wahrheit ist die: Er liebt uns über alles. Welch unbegreifliche Gnade!

Die Bibel deckt den Zustand unseres Herzens auf

Zwar sind wir in Bezug auf unsere Herzensdiagnose auf Gottes Hilfe angewiesen, doch gleichwohl hat er uns etwas an die Hand gegeben, das unser Streben nach vollkommener Anbetung stützt: sein Wort.

Denn das Wort Gottes ist lebendig und wirksam und schärfer als jedes zweischneidige Schwert und durchdringend bis zur Scheidung von Seele und Geist, sowohl der Gelenke als auch des Markes, und ein Richter der Gedanken und Gesinnungen des Herzens. (Hebräer 4,12)

Das Wort Gottes dringt sogar bis in die hintersten Winkel der Gedanken und in die Tiefe des Herzens. Nur der Heilige Geist, der Hand in Hand mit der Bibel am Werk ist, kann unsere Gedanken und Absichten aufdecken. Indem wir das Wort Gottes lesen, ihm auf den Grund gehen und es bis in die Tiefe erforschen oder in Predigten hören, erhaschen wir auch einen Blick auf unser Innerstes. Und nach der Beschäftigung mit der Bibel bin ich stets schlauer in Bezug auf meine wahren Gedanken, Wünsche und Entscheidungsmotive. „Unglaublich", denke ich immer wieder. „Das bin ja wirklich ich!" Kein normales Buch, kein ausgebildeter Therapeut und keine vertraute Freundin können diese Rolle übernehmen. Nichts und niemand kann uns diese schonungslose Erkenntnis unseres eigenen Ichs liefern. Nur das Wort Gottes kann das.[65] Gott hat uns sein Wort gegeben, damit wir unser wahres Ich erkennen und uns in wahrer Anbetung Gott zuwenden.[66]

Sie und ich – wir alle werden Zeit unseres Lebens damit beschäftigt sein, unsere Herzen besser zu verstehen. Je mehr wir bereit sind, zu wissen, zu glauben und zu gehorchen, desto größer wird unser Maß an Selbsterkenntnis sein, obwohl wir uns selbst oder Gott niemals vollständig begreifen werden. „Denn wir sehen jetzt mittels eines Spiegels undeutlich, dann aber von Angesicht zu Angesicht. Jetzt erkenne ich stückweise, dann

---

65 Deshalb enthält dieses Buch auch eine Reihe ausgesuchter Bibelverse.

66 Selbsterkenntnis ist der erste Schritt zur Gotteserkenntnis. Wir müssen „unsere eigene Gleichgültigkeit, Eitelkeit, innere Armut, Wankelmütigkeit und – was noch schwerer wiegt – unsere Verdorbenheit und Durchtriebenheit" vor Augen haben, bevor wir „das wahre Licht der Weisheit, die reine Tugendhaftigkeit, die ganze Fülle des Guten und die vollkommene Gerechtigkeit unseres Herrn erkennen. So sehr treibt uns die eigene Verdorbenheit um, dass uns die guten Dinge Gottes aus der Hand gleiten. Wir können uns nicht nach ihm ausstrecken, bevor wir nicht begonnen haben, über unseren eigenen Zustand verzweifelt zu sein." Übersetzt nach: Calvin, *Institutes of the Christian Religion*, 1:36-37.

aber werde ich erkennen, wie auch ich erkannt worden bin"
(1. Korinther 13,12). Wir brauchen uns deswegen also nicht
zu grämen, denn wir wurden nicht erlöst und werden nicht geliebt, weil wir uns selbst erkannt haben. Unsere Erlösung und
Gottes Liebe zu uns gründen vielmehr in unserem Glauben an
ihn, der uns durch und durch kennt. Natürlich wird der Tag
kommen, da wir uns vollständig erkennen, weil wir ihm in all
seiner Schönheit gegenüberstehen. Doch bis dahin müssen wir
uns mit einem vagen und verschleierten Bild zufrieden geben
und uns damit begnügen, um ein trotz aller Unzulänglichkeit
williges Herz zu beten. Wir können dem Herrn vertrauen, dass
er uns den Zustand unseres Herzens zur rechten Zeit und im
rechten Maß offenbaren wird. Solange können wir in das Gebet
Bernards einstimmen: „Zieh mich zu dir, so unwillig ich auch
sein mag, und mach mich willig. Zieh mich zu dir, so träge ich
auch sein mag, und mach mir Beine."[67]

Das Herz ist laut der Bibel erstaunlich komplex. Es umfasst
weitaus mehr als Liebesbriefchen und Spitzendeckchen. Vielmehr ist es die Quelle unseres Seins und umfasst unser Hoffen,
unser Wünschen und unser Sehnen. Und obwohl es uns selbst
trotz Navigationshilfe des Heiligen Geistes weitestgehend fremd
ist, kennt Gott es durch und durch. Selbst wenn unsere Erkenntnis immer begrenzt und lediglich Stückwerk ist, dürfen wir glauben, dass wir sein sind – dank seiner Gnade. Er kennt uns durch
und durch und liebt uns trotzdem mit Haut und Haar. Welch unaussprechliche Gnade!

Die rote Schnur

Wir wissen nicht genau, wann oder wie der Herr an Rahabs Herzen arbeitete, doch fest steht, dass er es tat. Denn als die Kundschafter ihr befahlen, um ihrer Sicherheit willen eine rote Schnur

---

67 Übersetzt nach: Bernard, *Sermons on the Song of Songs,* zitiert in:
  Calvin, *Institutes of the Christian Religion,* 1:307.

aus dem Fenster zu hängen, gehorchte sie. Vielleicht hatten die Kundschafter dabei das rettende Blut im Sinn, das ihre Vorfahren auf die Schwelle und die Türpfosten ihrer Häuser in Ägypten strichen. Denn so wie das Blut die Israeliten vor der Vernichtung bewahrt hatte, sollte auch die rote Schnur als Schutz vor dem nahenden Gericht dienen.

Im Kampf gegen konkurrierende Wünsche und Vorlieben können wir uns immer wieder auf die rote Schnur des Blutes Christi berufen und es auf unser Herz anwenden. Obwohl es Zeiten geben wird, in denen wir gegen Götzendienst und Unglauben zu Felde ziehen, müssen wir nicht um unsere Heilssicherheit fürchten. Denn Gott hat versprochen, sein Werk in uns zu vollenden und uns sicher bis in sein ewiges Reich zu geleiten.

Lassen Sie uns diese rote Schnur in unser Fenster hängen (...) als ein Bekenntnis wahren Vertrauens in sein kostbares Blut. (...) Welch ein Vorrecht ist es, sicher und in Frieden im vollbrachten Werk Christi ruhen zu dürfen, ebenso wie in der unumstößlichen Verheißung Gottes, der niemals lügen kann. Warum sollten wir uns sorgen (...) und uns mit tausend Ängsten herumplagen, obwohl das Erlösungswerk am verfluchten Holze vollbracht worden und Christus bereits in die Herrlichkeit eingegangen ist, wo er sein vollkommenes Werk vor dem Angesicht des Vaters fortsetzt?[68]

Gott kann also auch unser Herz belehren, erleuchten und erobern, so wie seinerzeit bei Rahab. Er vermag uns unermesslichen Frieden und Freude zu bringen, die vom Kreuz her aller Welt zufließen kann – dank des Blutes Christi, das an diesem furchtbaren und zugleich herrlichen Stamm vergossen wurde.

---

68 Übersetzt nach: Charles Haddon Spurgeon, „A Scarlet Line in the Window, Joshua 2,21", (eine Predigt Spurgeons im *Metropolitan Tabernacle,* aus: *Spurgeons's Sermons* (electronic database; Seattle: Biblesoft, 1997).

Weiterführende Gedankenanstöße

1. Inwiefern ermutigt uns die Geschichte von Rahab?

2. Was lehrt uns die Geschichte von Mose über Gottes Fähigkeit, in menschlichen Herzen zu wirken?

3. Wie würden Sie nach der Lektüre dieses Kapitels den Begriff *Herz* definieren? Inwieweit hat sich Ihre Sichtweise geändert?

4. Jeremia spricht von einem „verstockten" und „bösen" Herzen. Was ist damit gemeint?

5. Können Sie sich an eine Situation erinnern, in der Sie im Nachhinein erkannten, falsch gehandelt zu haben, obwohl Sie zuvor von der Richtigkeit Ihres Verhaltens überzeugt gewesen waren? Wie kann so etwas geschehen?

6. Was bedeutet die Tatsache für Sie, dass Gott der Herzenskenner schlechthin ist? Tröstet Sie das?

7
Nachsinnen über unseren Gott

Diene ihm mit ungeteiltem Herzen und mit williger Seele!
Denn der Herr erforscht alle Herzen, und alles Streben der
Gedanken kennt er. (1. Chronik 28,9)

Bereits mehrere hundert Jahre vor seiner Geburt wurde das gerechte Regiment des jungen Königs Josia vorhergesagt.[69] Obwohl er den Thron schon im zarten Alter von acht Jahren bestieg, wurde aus ihm einer der bedeutendsten Reformatoren. Trotz des vielen Götzendienstes, der ihn umgab und sogar Menschenopfer mit einschloss, legte Gott Josia eine große Liebe zu ihm ins Herz sowie die Sehnsucht, ihn anzubeten. Doch Josia wusste zu wenig über das Gesetz Gottes und ahnte nichts vom Ausmaß der Sünde, in die das Volk verstrickt war. Während einiger Aufräumarbeiten im Tempel stieß man auf ein Gesetzesbuch. König Josia reagierte sehr heftig, als ihm aus diesem Buch vorgelesen wurde: „Als der König die Worte des Buches des Gesetzes hörte, da zerriss er seine Kleider" (2. Könige 22,11).

Stellen wir uns einmal die alarmierende Wirkung vor, die das Wort Gottes, das er vermutlich zum ersten Mal hörte, auf das Herz diese jungen Königs hatte. An diesem Tag stand er erstmals dem heiligen Gesetz Gottes gegenüber und blickte voll Abscheu auf sich selbst und die Sünde des Volkes. Daraufhin befahl er: „Geht hin, befragt den Herrn für mich und für das Volk und für ganz Juda wegen der Worte dieses aufgefundenen Buches! Denn

---

69 „Und er rief gegen den Altar auf das Wort des HERRN hin und sagte: Altar, Altar, so spricht der HERR: Siehe, ein Sohn wird dem Haus David geboren werden, sein Name ist Josia. Der wird auf dir die Höhenpriester schlachten, die auf dir räuchern; und Menschengebeine wird man auf dir verbrennen!" (1. Könige 13,2).

groß ist der Zorn des HERRN, der sich gegen uns entzündet hat, dafür, dass unsere Väter auf die Worte dieses Buches nicht gehört haben, nach allem zu tun, was unsertwegen aufgeschrieben ist" (2. Könige 22,13).

Josias Herz war komplett hingerissen. Sein Selbstbewusstsein schmolz durch die Wirkung des Gesetzes mit einem Schlag dahin. Er erkannte, dass sowohl er als auch das Volk unter dem gerechten Zorn Gottes standen, und war zu Recht bis ins Mark erschüttert. Josia hatte eine Begegnung mit dem Gott der Bibel – eine Begegnung, die sowohl ihn als auch sein Volk verändern sollte.

Es war das Wirken des Heiligen Geistes, das ihm die Worte des Gesetzes aufschloss, ihn emotional in Alarmbereitschaft versetzte und seinen Willen aktivierte, der dann Taten folgen ließ. Josia hatte erkannt, dass er wie nie zuvor auf Gottes Gnade angewiesen war.

Der Heilige Geist wirkte also ganz entscheidend auf Josias Erkenntnisprozess ein. Er machte seinem Verstand das ganze Ausmaß der Sünde und des Götzendienstes deutlich und schärfte seinen Blick für die Gefahr, in der die gesamte Nation schwebte. Er schenkte ihm die Bereitschaft zur Buße, das feste Vertrauen in Gottes helfendes Eingreifen und den starken Wunsch, sein Land zu reformieren. Gottes Wirken im Herzen Josias war somit sehr effektiv. Er erleuchtete seinen Verstand und machte Josia zu dem Menschen, als der er lange Zeit zuvor bereits angekündigt worden war. Im Zuge unserer weiteren Betrachtungen dürfen wir uns immer wieder bewusst machen, dass der Herr genau dasselbe in uns wirken kann: Er will uns helfen, die Götzen unseres Herzens zu enttarnen und zu entfernen. Er will uns den Glauben schenken, dass Gottes Gnade auch uns gilt. Und er will uns helfen, unser Glück in ihm zu finden.

Gottes gnädiger Umgang mit unserem Verstand

Die wichtigste Aufgabe unseres Verstandes besteht darin, unser Empfinden über die Liebe Gottes in Kenntnis zu setzen und den Willen dazu zu bewegen, das Richtige zu tun. Bedenken wir, dass unser Verstand sowohl unsere Gedanken, Überzeugungen, Erinnerungen als auch unsere Erkenntnisvermögen, unser Urteilsvermögen, unser Unterscheidungsvermögen und unser Gewissen umfasst. Insofern fungiert der Verstand als ein Schutzmechanismus gegen Gleichgültigkeit, Irrtum und Unglauben. Gleichgültigkeit gegenüber dem Willen Gottes und Irrtümer hinsichtlich seines Wesens sind zwei Hauptursachen des Götzendienstes. Josia erfuhr diese Wahrheit sozusagen aus erster Hand.

Mit Sicherheit sind wir anfälliger dafür, selbst erschaffene Götter anzubeten, wenn wir Gottes eifersüchtigen Wunsch, alleiniges Objekt unserer Anbetung zu sein, unberücksichtigt lassen oder uns darüber im Irrtum befinden. Wenn wir also irrigerweise annehmen, Gott sei es nicht so wichtig, was oder wie wir anbeten, machen wir arglos etwas anderes zum Objekt unserer Anbetung und sündigen damit gegen ihn.

Bevor wir aber in Ängsten und in Verzweiflung versinken, sollten wir eines nicht vergessen: Es ist Gottes ureigenster Wunsch, uns in alle Wahrheit zu leiten. So wie Gott einen Weg gefunden hat, Josia die Augen zu öffnen, wird er es auch bei uns tun. „Es gibt nichts, was Gott uns nicht klarmachen will und kann, wenn er denkt, dass wir es wissen müssen."[70] Ohne seine Gnade hätten wir niemals die Möglichkeit, die Bedeutung oder den Inhalt seines Wortes auch nur ansatzweise zu verstehen. Und er überlässt uns nicht uns selbst, wenn es darum geht, diesen Dingen auf den Grund zu gehen. Dementsprechend heißt es in Johannes 16,13: „Der Geist der Wahrheit (...) wird euch in die ganze Wahrheit leiten" (siehe auch 5. Mose 4,10, Psalm 119,73, Psalm 143,10, Matthäus 11,29).

Ein Herzensanliegen unseres himmlischen Vaters ist es, uns über seine Person, sein Gesetz und auch seine gnädige Liebe, die jedem Gesetzesbrecher gilt, in Kenntnis zu setzen. Hauptsächlich geschieht das dadurch, dass er unser Verständnis der Bibel

---

70 Übersetzt nach: Baxter, *A Christian Directory*, 80.

anfacht. Fällt Ihnen spontan eine Situation ein, in der Sie durch Bibellesen einer Wahrheit auf die Spur gekommen sind? Es ist schon erstaunlich, wie uns solch eine Erkenntnis urplötzlich aus den Seiten der Heiligen Schrift heraus förmlich anspringen kann, sodass man den Eindruck gewinnt, diese Stelle zum allerersten Mal gelesen zu haben – was natürlich nicht der Fall ist. Genau das ist Gottes Werk, der uns die inneren Augen öffnet und uns seine Wahrheit auf ganz besondere Weise offenbart.

Im Zusammenspiel mit dem Heiligen Geist lehrt uns die Bibel alles, was wir über Gott wissen müssen – wer er ist und wie wir ihn anbeten sollen.[71] Sie beschreibt seine treue Liebe zu uns sowie seine Absicht, Sie als sein geliebtes Kind in seine Familie einzugliedern. Erst wenn wir wie Josia an den Punkt kommen, Gott mit den Augen der Bibel zu sehen, wie er wirklich ist, wird uns Stück für Stück klar, dass wir die falschen Götter aufgeben, seiner Gnade vertrauen und ihn wahrhaftig anbeten können.

Obwohl das Wort Gottes vollkommen ist und uns nicht im Unklaren lässt über das, was wir über Gott wissen müssen, brauchen wir die „persönliche Erleuchtung durch die Kraft des Heiligen Geistes".[72] Der Heilige Geist nimmt die von ihm inspirierte Bibel und wendet sie auf unser Herz an, erleuchtet unseren Verstand, legt den Glauben in unser Herz und deckt Irrtümer auf. Auf diese Weise befähigt er uns, uns gegen die Verblendung falscher Anbetung zur Wehr zu setzen, weil wir Gottes wahres Wesen erkennen.

---

71 Johannes Calvin schrieb: „Alten, fehlsichtigen Männern mit trüben Augen kann man die schönste Ausgabe eines Buches vorlegen. Auch wenn sie es als etwas Lesbares erkennen, können sie keinen einzigen Buchstaben entziffern. Aber mithilfe einer Brille werden sie den Text plötzlich flüssig lesen können. So verhält es sich auch mit der Schrift, die die sonst so wirr durcheinandergehenden Erkenntnisse über Gott in unserem Verstand bündelt, unserer Begriffsstutzigkeit ein Ende bereitet und uns ein klares Bild des lebendigen Gottes zeichnet." Übersetzt nach: Calvin, *Institutes of the Christian Religion,* 1:70.

72 Ebd., 1:39.

Der Gott nach unserem Bilde

Lassen Sie uns einmal die Auswirkung geistgewirkter Erkenntnis auf unsere Anfälligkeit für Götzendienst betrachten. Götzendienst ist eine Sünde, die in unserem Kopf beginnt – in unseren Gedanken, Überzeugungen, Werturteilen und in unserer Vorstellung. Gott tadelte die Israeliten, weil sie sich selbst einen Gott erschaffen hatten – einen Gott nach ihrer eigenen Vorstellung: „Du dachtest, ich sei ganz wie du" (Psalm 50,21). Falsche Vorstellungen hinsichtlich Gottes Wesen sind eine Quelle des Götzendienstes. Gehen wir beispielsweise davon aus, dass wir es mit einem kontrollierbaren, unserem Willen gefügigen Gott zu tun haben, basteln wir uns einen Götzen. Ist Gott in unserer Vorstellung ein nach dem Prinzip des „christlichen Karmas" funktionierender Automat, beten wir definitiv einen falschen Gott an. Gott ist weder ein alter Tattergreis noch ein Abbild des Weihnachtsmannes, der braven Kindern Gutes bringt, noch Knecht Ruprecht, der den bösen mit der Rute droht. Halten wir Gott instinktiv für einen unerbittlichen Talkmaster, der Dinge von uns verlangt, die wir nicht leisten können, und der es genießt, uns fertigzumachen, haben wir einen Götzen vor Augen. Wir müssen von der Bibel her erkennen, dass Gott sowohl kompromisslos heilig als auch bis zur Unkonventionalität gnädig ist – und beides zur gleichen Zeit.

Es ist von äußerster Bedeutung, ob wir Gott als den anbeten, als den ihn die Heilige Schrift uns vorstellt. Er hat sich ganz eindeutig offenbart als der einzig wahre Gott (5. Mose 6,4), grenzenlos vollkommen (Matthäus 5,48), unsichtbar (1. Timotheus 1,17), körperlose Person (Johannes 4,24), unveränderlich (Jakobus 1,17), unfassbar groß (1. Könige 8,27), ewig (Psalm 90,2), unbegreiflich (Psalm 145,3), allmächtig (Offenbarung 4,8), weise (Römer 16,27), heilig (Jesaja 6,3), frei (Psalm 115,3), der, dem alles zu Diensten ist und zur Verherrlichung dient (Epheser 1,11; Römer 11,36). Er ist voller Liebe (1. Johannes 4,8), gnädig, barmherzig, geduldig und voller väterlicher Liebe und Wahrheit. Er vergibt Unrecht (2. Mose 34,6-7) und belohnt die, die ihn von ganzem Herzen suchen (Hebräer 11,6). Sein Urteil ist gerecht (Psalm 37,28), er hasst die Sünde (Psalm 5, 6-7) und wird den Schuldigen nicht ungestraft lassen (Nahum 1,2-3).[73] Obwohl diese Aufzählung nicht erschöpfend ist, verschafft sie uns eine Ahnung hinsichtlich des Wesens Gottes. Ganz offensichtlich ist er nicht wie wir. Gilt unsere Anbetung einem Gott, der hinter diesen Prädikaten zurückbleibt oder auf den andere Beschreibungen zutreffen, handelt es sich nicht um den Gott der Bibel, sondern um einen Gott, den wir uns selbst erdacht haben.

Die Absurdität des Götzendienstes

Götzendienst ist nicht nur Sünde, er ist ebenfalls widersinnig. Allzu schonungslos deckt das Alte Testament die Dummheit und Irrationalität von Götzendienst auf.[74] Denken wir noch einmal an die Torheit Rahels, die Götzen verehrte, die sie einpacken und stehlen konnte. Warum sollte man sein Vertrauen auf etwas setzen, das sich so widerstandslos einstecken und mitnehmen lässt?

Die Bildner von Götterbildern sind allesamt nichtig, und ihre Lieblinge nützen nichts. Und ihre Zeugen sehen nicht und erkennen nicht, damit sie zuschanden werden. (...) Der Handwerker in Holz spannt die Schnur, zeichnet es mit dem Stift vor, führt es mit den Schnitzmessern aus und umreißt mit dem Zirkel. Und er macht es wie das Bild eines Mannes, wie das Prachtstück von einem Menschen, damit es in einem Haus wohnt.

Er geht, um sich Zedern zu fällen, oder nimmt eine Steineiche oder eine Eiche und zieht sie sich groß unter

---

73 Übersetzt nach: *Westminster Confession of Faith*, Kapitel 2, Of God and the Holy Trinity.

74 „Dumm steht da jeder Mensch, ohne Erkenntnis, beschämt jeder Goldschmied wegen des Götterbildes. Denn Lüge sind seine gegossenen Bilder, Leben haben sie nicht." (Jeremia 51,17)

den Bäumen des Waldes. Er pflanzt eine Fichte, und der Regen lässt sie wachsen.

Und das alles dient dem Menschen zur Feuerung, und er nimmt davon und wärmt sich. Teils heizt er und bäckt Brot, teils verarbeitet er es zu einem Gott und wirft sich davor nieder, macht ein Götzenbild daraus und beugt sich vor ihm.

Die Hälfte davon verbrennt er im Feuer. Auf dieser seiner Hälfte brät er Fleisch, isst den Braten und sättigt sich. Auch wärmt er sich und sagt: Ha! Mir wird es warm, ich spüre Feuer.

Und den Rest davon macht er zu einem Gott, zu seinem Götterbild. Er beugt sich vor ihm und wirft sich nieder, und er betet zu ihm und sagt: Errette mich, denn du bist mein Gott!

Sie haben keine Erkenntnis und keine Einsicht, denn ihre Augen sind verklebt, dass sie nicht sehen, und ihre Herzen, dass sie nicht verstehen.

Und er nimmt es nicht zu Herzen und hat keine Erkenntnis und keine Einsicht, dass er sagt: Die Hälfte davon habe ich im Feuer verbrannt, auch habe ich auf seinen Kohlen Brot gebacken, ich brate Fleisch und esse; und den Rest davon mache ich zu einem Gräuel, vor einem Holzklotz beuge ich mich!

Wer sich mit Asche einlässt, ist betrogen, sein Herz hat ihn irregeführt. Er rettet seine Seele nicht und sagt nicht: Ist nicht Lüge in meiner Rechten? (Jesaja 44,9.13-20)

Ganz großartig illustriert Jesaja hier, wie widersinnig es ist, einen Holzklotz zu verehren. Über einem Teil des Bauholzes bereitet der Götzendiener sein Essen zu, und aus dem anderen Teil fertigt er sich einen Gott, dem er zutraut, ihn zu retten und zu segnen. Der Verstand des Götzendieners ist verblendet. Er nimmt die Absurdität seines Tuns überhaupt nicht wahr. Stattdessen zimmert er sich einen Gott, so wie er ihm passt, und absurderweise glaubt er, er werde ihn glücklich machen. Sein Verstand bewahrt ihn nicht vor diesem Irrtum, denn sein Wunsch, sich aus eigener Kraft einen Gott zu erschaffen, ist zu groß. Er versucht, sich selbst zu erlösen, damit er nicht auf das Wort des wahren Erlösers hören muss.

Nun mag man denken: „Das ist doch wirklich lächerlich! Natürlich merkt man sofort, dass die Verehrung eines Holzklotzes Unfug ist. Aber was hat das mit mir zu tun? Vor einem Stück Holz würde ich mich doch niemals niederwerfen!" Wahrscheinlich und erfreulicherweise ist das in der Tat so. Aber denken wir einmal etwas genauer darüber nach, um die Warnungen der Bibel in Bezug auf Götzenverehrung nicht zu überhören. Tatsache ist, dass das Götzenbild zunächst in der Vorstellung des Menschen entstand, bevor es in der Praxis gebildet wurde. „Der Umstand, ob einem Götzen eine steinerne oder hölzerne Gestalt verliehen wurde, ist zweitrangig. Der Geist des Menschen ersinnt sich das Götzenbild, bevor seine Hände diesem Bild zur tatsächlichen Entstehung verhelfen."[75] Deshalb gibt es bei uns auch an jeder Ecke einen Götzen. Man kann ihn nur nicht so leicht erkennen wie die, die ich in Asien zu sehen bekam. Wir können sie deshalb nicht sehen, weil sie in unseren Gedanken existieren.

Zwar gehen wir bei unserer Götzenverehrung immer raffinierter vor, doch das Ausmaß unserer Selbsttäuschung bleibt dasselbe. Natürlich würden wir uns nicht der Lächerlichkeit preisgeben und einen Baum oder Stein anbeten, doch tatsächlich steht die Anbetung unseres eingebildeten Gottes auf der Tagesordnung – ein Gott, der denkt wie wir, den wir befehligen, manipulieren und zu unserem Vergnügen[76] oder für unsere eigenen

---

75 Übersetzt nach: J. Douma, *The Ten Commandments: Manual for the Christian Life* (Phillipsburg, NJ: P&R, 1996), S. 69.

76 Calvin schreibt: „Der Verstand des Menschen wagt es in all seinem Stolz und seiner Kühnheit, sich einen Gott von menschlicher Kapazität zu erdenken. Das zeugt nicht nur von gedanklicher Trägheit und überwältigender Ignoranz, sondern bringt eine absurde und inhaltsleere Gottesvorstellung hervor." Übersetzt nach: Calvin, *Institutes of the Christian Religion,* 1:108.

Zwecke einspannen können.[77] Wir suchen den Weg der Selbsterlösung, die Befriedigung unserer Sehnsüchte und die optimale Außenwirkung unseres Ichs. Und dabei wollen wir möglichst keine Hilfe von außen haben. „Ich krieg das schon selbst hin!" – So lautet das Mantra des Götzendieners.

Weil wir von Natur aus dazu neigen, uns Götter nach eigenem Gutdünken zu stricken, haben wir immer wieder entsprechende Hinweise und gedankliche Korrektur nötig. Genau wie Josia brauchen auch wir immer wieder die wohldosierte Konfrontation mit der Wahrheit über das wahre Wesen unseres Gottes.

Wir sollen „nicht meinen, dass das Göttliche (...) der Kunst und der Erfindung des Menschen gleich sei", predigte Paulus (Apostelgeschichte 17,29). Er betont ganz klar, dass Gott nicht das Ergebnis unserer menschlichen Gedankenprozesse ist. Genau das Gegenteil ist der Fall: Wir sind das Resultat göttlicher Gedanken! Wir müssen aufhören, uns Götter nach unseren eigenen Vorstellungen zu schaffen: Götter, die uns Glück verheißen, wenn wir sie nur anbeten. Und so wie in Josias Fall kann das nur geschehen, wenn uns der Heilige Geist die Bibel aufschließt und uns in das helle Licht der Gegenwart Gottes stellt.

Die Götzen beim Namen nennen

Jetzt fragen Sie sich vielleicht: „Wie soll ich denn all meine eingebildeten Götter identifizieren? Woran erkenne ich sie?" Hierbei sind unsere Überlegungen zum Thema Glück hilfreich.

Worin genau liegt unser Glück?

Um unsere Götzen zu enttarnen, sollten wir uns einmal überlegen, von welchen Gedanken und Vorstellungen wir unser Glück ableiten. Die Kulturen in der Antike hatten jeweils einen eigenen Gott für jedes falsch verstandene Naturphänomen, unter anderem

---

77 Ebd., 1:70.

solche, die für die Fruchtbarkeit und für die Ernte zuständig waren. Sie verehrten sie, weil Kindersegen und reiche Ernteerträge als Quellen des Glücks gepriesen wurden. Also war man dazu bereit, einen Teil der Ernte oder sogar ein Kind zu opfern, um die Geschehnisse zu beeinflussen und sich zukünftiges Glück zu sichern. Die Menschen vertrauten also diesen falschen Göttern, weil sie sich etwas von ihnen versprachen – und genauso machen wir es heute auch. Exakt in diesen Kontext trifft folgende Prophezeiung Jeremias:

> Denn die Ordnungen der Völker –
> ein Götze ist es, der sie gab.
> Ja, ihre Götzen sind Holz,
> das einer aus dem Wald geschlagen hat,
> ein Werk von Künstlerhänden,
> mit dem Schnitzmesser hergestellt.
> Man schmückt es mit Silber und mit Gold.
> Mit Nägeln und mit Hämmern befestigen sie es,
> dass es nicht wackelt.
> Sie sind wie eine Vogelscheuche im Gurkenfeld
> und reden nicht;
> sie müssen getragen werden, denn sie gehen nicht.
> Fürchtet euch nicht vor ihnen!
> Denn sie tun nichts Böses,
> und Gutes tun können sie auch nicht.
> (Jeremia 10,3-5)

Jeremia stellt sehr anschaulich dar, wie widersinnig der Glaube an einen Gott ist, den man festbinden muss, weil er sonst umfällt. Er vergleicht ihn mit einer Vogelscheuche, die dumme Vögel vergrämt. Vernunftbegabte Menschen haben keine Angst vor Vogelscheuchen, weil sie wissen, dass sie von ihnen nichts zu befürchten haben. Sie verehren sie auch nicht, weil ganz klar ist, dass sie von ihnen nichts erwarten können. Doch immer wieder vertrauen Menschen auf Götzen, weil sie glauben, dass die ihnen irgendeinen Gewinn bringen könnten, und haben Angst vor dem, was passieren könnte, wenn sie ihr Vertrauen aufgeben.[78]

Die Götzenverehrung bringt keinerlei Vorteile, aber die Menschen lassen sich täuschen und tun es gleichwohl. Vielleicht irren sie sich bezüglich des Segens, der auf der Verehrung des einzig wahren Gottes liegt. Oder sie haben Angst vor dem, was passieren könnte, wenn sie sich einzig und allein auf den lebendigen Gott verlassen. Erinnern wir uns, dass wir immer dann auf unsere Götzen zurückgreifen, wenn wir davon überzeugt sind, dass es uns Vorteile bringt und dass wir davon profitieren könnten. Und wenn wir dann feststellen, dass sich die Dinge nicht so wie erwartet entwickeln, strengen wir uns noch mehr an, um Befriedigung unserer Bedürfnisse zu erlangen – mit dem Ergebnis, dass wir innerlich leer bleiben.

---

78 Dies entspricht der Einstellung der Israeliten, nachdem sie aus Ägypten geflohen waren. Sie glaubten, dass ihre Götzen ihnen Segen bringen würden und sie sie zufriedenstellen müssten, um ihren Fluch abzuwenden:

„Und alle Männer, die wussten, dass ihre Frauen anderen Göttern Rauchopfer darbrachten, und alle Frauen, die in großer Menge dastanden, und das ganze Volk, das im Land Ägypten, in Patros, wohnte, antworteten dem Jeremia: Was das Wort betrifft, das du im Namen des HERRN zu uns geredet hast, so werden wir nicht auf dich hören, sondern wir wollen bestimmt all das tun, was aus unserem eigenen Mund hervorgegangen ist, der Königin des Himmels Rauchopfer darbringen und ihr Trankopfer spenden, so wie wir es getan haben, wir und unsere Väter, unsere Könige und unsere Obersten, in den Städten Judas und auf den Straßen von Jerusalem. Da hatten wir Brot in Fülle, und es ging uns gut, und wir sahen kein Unglück. Aber seitdem wir aufgehört haben, der Königin des Himmels Rauchopfer darzubringen und ihr Trankopfer zu spenden, haben wir an allem Mangel gehabt und sind durch das Schwert und durch den Hunger aufgerieben worden." (Jeremia 44,15-18).

Habakuk 2,18 greift denselben Gedanken auf: „Was nützt ein Götterbild und dass sein Bildner es geschnitzt hat? Was nützt ein gegossenes Bild und ein Lügenlehrer?"

Götzenverehrung ist absurd. Der Verstand ist auf etwas Irrationales fixiert, und die Gefühlswelt zieht mit. Wir wissen, dass es sinnlos ist, sich vor jemand anderem als dem Schöpfergott zu beugen. Nur er kann uns Freude und Glück spenden. Nur er kann unsere Bedürfnisse stillen. Aber trotzdem wehren wir uns dagegen, auf unsere kleinen Götter zu verzichten. Wir wollen uns nun ein wenig Zeit nehmen, unseren Gedanken und Überzeugungen nachzuspüren, um herauszufinden, ob wir nicht einige darin verborgene Götzen entdecken.

Der Gott unserer Gedanken

Zwar kreieren wir uns keine Götzen aus Stein oder Holz, doch wir tun es in unseren Gedanken und verehren alles, was uns Glück verheißt. Zwar schnitzen wir uns keinen Ehepartner aus einen Stück Holz, doch klammern uns krampfhaft an den Gedanken, um wie viel glücklicher unser Leben doch wäre, wenn wir einen hätten. Wir meißeln vielleicht nicht unser eigenes, vor Selbstgenügsamkeit nur so strotzendes Konterfei, aber wir glauben, dass genau darin unser Glück liegt. Ganz automatisch gehen wir davon aus, dass sich Zufriedenheit nur dann einstellen kann, wenn unsere Erwartungen erfüllt werden. Genau diese Einstellungen sind es, die wir auf den Götzensockel erhoben haben mit der Konsequenz, dass sie ebenso gut aus Holz geschnitzt oder versilbert sein könnten. Unsere Gedanken und Wünsche im Blick auf unser vermeintliches Wohlergehen sind uns enorm wichtig. Ein Leben ohne sie ist für uns schwer vorstellbar.

Unsere Vorstellungen hinsichtlich der Quelle unserer Zufriedenheit (z. B. ein Ehepartner oder Erfolg) schimmern wie verheißungsvolle Gedankenblasen, die unser Herz erobern. Paulus wies die Korinther an, „die Gedanken gefangen (zu nehmen) unter den Gehorsam Christi" (2. Korinther 10,5). Um der Aufforderung, den Götzendienst zu fliehen (1. Korinther 10,14), Folge zu leisten, müssen wir wachsam sein und jeden Gedanken und jede Einstellung am Maßstab des Wortes Gottes messen. Wir müssen prüfen, ob sie wirklich so gut sind, wie sie uns scheinen. Wenn ja, sollten wir einen Schritt weitergehen und uns fragen, ob unsere Begeisterung für sie die Begeisterung für Gott bereits verdrängt hat. Denn selbst wenn es sich um geistlich wünschenswerte Dinge handelt, die aber entweder einen ungerechtfertigt hohen Stellenwert in unserem Herzen einnehmen (z. B. dass uns ein Ehepartner glücklicher machen könne als Gott) oder aber schlichtweg Selbsttäuschungen sind (die Vorstellung, wie glücklich wir sein könnten, wenn wir reich wären), können sie die Funktion eines Gottes annehmen. Kurz gesagt müssen wir feststellen, ob wir an die Wahrheit glauben oder einer Lüge aufsitzen. Wir sollten also damit rechnen, dass Götzen in unseren Gedanken, Einstellungen und Vorstellungen zu finden sind – und genau da müssen wir sie aufspüren.

Die Lügen, auf die wir für gewöhnlich reinfallen – Lügen, die uns Satan und die Welt auftischen –, vernebeln unser Denken über Gottes wahren Charakter und über die Quelle unseres Glücks. Die Lüge, dass Zufriedenheit woanders zu finden sei als bei Gott, ist der Ursprung jeglichen Götzendienstes. Doch wie können solche Lügen praktisch aussehen? Lassen Sie uns gemeinsam über ein paar Beispiele nachdenken.

- Um wirklich glücklich zu sein, brauche ich einen Ehepartner, der geistlich gesinnt, romantisch, verantwortungsvoll und kommunikativ ist.

- Um wirklich glücklich zu sein, brauche ich gehorsame Kinder, die ein gutes Licht auf mich werfen.

- Um wirklich glücklich zu sein, brauche ich einen Job, in dem man mich respektiert und der so gut bezahlt ist, dass ich von niemandem abhängig bin.

- Um wirklich glücklich zu sein, muss ich von anderen geliebt und wertgeschätzt werden.

- Um wirklich glücklich zu sein, brauche ich die Bestätigung von anderen und mir selbst.

- Um wirklich glücklich zu sein, muss ich wissen, dass ich vor jeglichen Krisen gefeit bin.

- Um wirklich glücklich zu sein, muss ich in meinem Leben erkennen können, wie ich wachse, Fortschritte mache und jeden Tag ein wenig besser werde.

Wenn unser Verstand durch das Wort Gottes und den Heiligen Geist erleuchtet wurde und wir bemerken mussten, dass wir Lügen geglaubt und Gedanken über vermeintliches Glück auf den Thron gehoben haben, ist es seine Aufgabe, unser Denken neu zu justieren. Obwohl die Liste nicht erschöpfend ist, macht sie doch deutlich, wie leicht wir uns täuschen lassen. Sofern unser Verstand nicht absolut wachsam ist, erliegen wir im Nu einem Irrtum. Wir beginnen zu glauben, dass ein guter Ehepartner, ein gehorsames Kind, der richtige Job oder irgendetwas anderes Irdisches der ultimative Weg zum Glück ist. Und sobald wir diese Haltung einnehmen und danach handeln, beten wir einen falschen Gott an. Bedenken wir: Götzendienst ist, wenn unsere Anbetung etwas anderem gilt als Gott selbst.

Ich möchte diesen Gedanken noch ein wenig ausführen. Wer meint, sein Glück hänge davon ab, im Job respektiert zu sein, wird allein auf die Anerkennung durch den Chef hinarbeiten. Er wird ungenießbar sein, wenn er die Aufmerksamkeit nicht bekommt, nach der er sich sehnt, und wird nach Wegen suchen, seine Arbeitskollegen auszustechen. Er wird alles daran setzen, um aus dem Mund des Vorgesetzten zu hören: „Ich schätze Sie sehr." Grundsätzlich ist es nicht falsch, den Anforderungen im Beruf so gut wie möglich nachzukommen, vorausgesetzt, wir tun es für den Herrn (Kolosser 3,22-24). Doch wenn wir es tun, weil wir in Wahrheit den Göttern „Anerkennung des Chefs" oder „Ich muss erfolgreich sein" huldigen, dann verstoßen wir gegen das erste Gebot – und sind Opfer einer Täuschung geworden.

Falsche Götter führen zum Ungehorsam

Der Kampf gegen Götzendienst und Täuschung begann bei Eva und dauert bis heute an. Eva erlag dem Irrtum, ihr Glück liege im Ungehorsam gegenüber Gott. Immer wenn wir sündigen, sind wir Opfer einer Täuschung geworden. Unvernünftigerweise gehen wir davon aus, dass sich Zufriedenheit einstellt, wenn wir den Lügen nachgehen, die uns so verführerisch ins Herz hineinflüstern. Und wir sündigen, weil wir glauben, dass unser Tun uns einen Vorteil verschafft. Auf diese Weise werden unsere eigenen Vorstellungen von Glück zu unserem Gott. Das bedeutet nicht, dass wir nicht für unser sündiges Handeln verantwortlich wären, nur weil wir getäuscht wurden. Wir sind in vollem Umfang schuldig, wenn wir Gottes Wort missachtet und stattdessen unserem eigenen Gott gefolgt sind. Götzendienst ist, wenn wir unseren eigenen Vorstellungen Folge leisten und Gottes Anweisungen ignorieren. Erinnern wir uns? Götzen erscheinen im Gewand des Guten und Nützlichen.

Eine götzendienerische Haltung ist dann offensichtlich, wenn sie wiederholt und gewohnheitsmäßig dasselbe sündige Verhalten hervorbringt. Stelle ich beispielsweise fest, dass ich regelmäßig aggressiv auf Kritik reagiere, sollte ich mich fragen, welche götzendienerische Haltung sich hinter meinem Zorn verbirgt. Dabei helfen grundsätzlich die folgenden Fragen:

- Wie denke ich in dieser konkreten Situation über die Quelle wahrer Zufriedenheit?

- Was denke ich in dieser konkreten Situation über Gott?

- Was glaube ich über mich selbst – meine Rechte, meine Ziele, meine Wünsche?

- In welche vermeintlich Glück stiftenden Umstände setze ich mein Vertrauen?

- Warum ist mir die Meinung der mich kritisierenden Person so wichtig? Fühle ich mich vielleicht dadurch gerechtfertigt, dass Menschen mich anerkennen?

In diesem Fall wären zum Beispiel mögliche Antworten:

- *Wie denke ich in dieser konkreten Situation über die Quelle wahrer Zufriedenheit?* Ich glaube, dass ich nur wirklich glücklich sein kann, wenn andere mich respektieren. Mein Glaube (Ich muss respektiert werden) ist mein Gott geworden und bringt immer dann bittere Früchte hervor, wenn ich mich mit Kritik auseinandersetzen muss.

- *Was denke ich in dieser konkreten Situation über Gott?* Ich zweifele an seinem Charakter. Ich glaube nicht daran, dass er wirklich gut ist. Denn wäre er wirklich gut, würde er mich doch vor solchen Angriffen bewahren, oder? Mein Wunsch (Ich möchte nicht kritisiert werden) beeinflusst meine Wertschätzung für ihn und verleitet mich, das Bild seines Wesens meiner Vorstellung anzupassen. „Wäre er wirklich gut", denke ich, „würde er dafür sorgen, dass andere mich so behandeln, wie ich es gern hätte!" Aber vielleicht liegt es auch eher daran, dass Gott nicht eingreifen kann? „Denn wenn Gott allmächtig wäre, hätte er die Reaktionen der anderen ja unter Kontrolle." (Hier wird deutlich, wie wichtig ein biblisch fundiertes Gottesbild ist!)

- *Was glaube ich über mich selbst – meine Rechte, meine Ziele, meine Wünsche?* Ich meine, das Recht auf Respekt meiner beruflichen Tätigkeit zu haben. Ich denke, dass ich mir keine Kritik gefallen lassen muss. Und wenn ich einmal kritisiert werde, sehe ich mich selbst als Opfer des Fehlverhaltens anderer. Ich habe das Gefühl, dass das Glück vor mir flieht, wenn Menschen mich nicht wertschätzen. Ich ignoriere die Tatsache, dass es nicht darauf ankommt, ob ich von anderen oder von mir selbst anerkannt werde (2. Korinther 10,18). Ich glaube vielmehr, dass die Anerkennung durch andere Menschen wichtiger ist als die Anerkennung durch Gott. Könnte es sein, dass die anderen mein Gott sind?

- *Worauf setze ich mein Vertrauen?* Statt auf Gott zu vertrauen und darauf, dass er diese Krise in meinem Leben zulässt, weil sie mir zum Besten (und zu meinem Glück) dient, glaube ich, dass Menschen mich glücklich machen können. Ihre Anerkennung ist untrennbar mit meinem Selbstwertgefühl verknüpft. Jedoch muss ich vielmehr die Umstände um mich herum als Gottes Werkzeug sehen, das mir die Augen für meinen Götzendienst öffnen und mir den Ausweg daraus aufzeigen soll. Statt wütend auf Kritik zu reagieren, sollte ich lernen, Korrektur von außen als Erziehungsmaßnahme Gottes zu betrachten, und mich darüber freuen (Sprüche 25,12).

- *Was macht mich gerecht?* In diesem Fall vertrete ich die Auffassung, dass mich die Meinung der anderen rechtfertigt. Ich glaube, auf das Wohlwollen und die Anerkennung Dritter angewiesen zu sein. Dabei vergesse ich eines: Aufgrund meines Glaubens an den vollkommenen Gehorsam und den stellvertretenden Tod Christi sind mir bereits das Wohlwollen und die Anerkennung meines himmlischen Vaters sicher.

- *Wer rettet mich?* Manch einer denkt, er müsse sich selbst erlösen. Er geht davon aus, der Zuspruch der Außenwelt entscheide über den Wert seiner Person, seine „Erlösungsfähigkeit" und „Liebeswürdigkeit". Natürlich ist es vielmehr so, dass ich mir die göttliche Erlösung weder verdienen noch erarbeiten kann. Allein durch den Glauben an Jesus und durch Gnade wird sie mir zuteil. Verdient habe ich sie nicht. Und ich kann sie mir auch nicht erarbeiten. Meine eigene Anstrengung trägt kein bisschen dazu bei.

Gibt es Situationen in unserem Leben, in denen wir zum gewohnheitsmäßigen Sündigen neigen? Wenn dem so ist, sollten wir uns diese Fragen stellen und so unseren sündigen Gedanken und Vorstellungen als Ursache des Problems auf den Grund gehen. Dadurch werden wir das zugrundeliegende Muster erkennen und können beginnen, an der Quelle zu arbeiten. Statt nur mein Temperament zu zügeln, wenn ich mit Kritik konfrontiert werde, kann ich also der Ursache meiner Wut auf den Grund gehen und erkennen, dass ich mich zu sehr von der Meinung anderer abhängig mache und dazu neige, mich selbst rechtfertigen zu wollen. Daher ist es notwendig, dass ich Buße tue über meine Denkweise und gleichzeitig die Tatsache anerkenne, dass allein Gott anbetungswürdig ist.

Wenn ich den Lügen der Welt, des Fleisches und des Teufels aufsitze, werden sie in meinem Leben automatisch zum großen Thema. Meine Gedanken drehen sich unaufhaltsam darum, wie glücklich ich doch wäre, wenn mich alle Menschen gut fänden und ich somit die Bestätigung erhielte, wirklich liebeswert zu sein. Halten solche Gedanken mich gefangen, wird die Anbetung Gottes automatisch zweitrangig. Die starke Bühnenpräsenz meiner Vorstellungen degradiert Gott zum bloßen Erfüllungsgehilfen, der dafür sorgt, dass ich gut dastehe. Meine Gedanken haben einen göttlichen Status erreicht, und ich bin bereit, alles dafür zu tun – selbst Sünde –, um vermeintlich glücklich zu werden.

Die Aufgabe unseres Verstandes

Unser Verstand soll uns vor Götzendienst bewahren. Er soll alle Gedanken filtern und beurteilen, besonders diejenigen, die unserer eigenen Vorstellung entspringen. Bedenken wir die Anweisung des Paulus an die Korinther: Nehmt „jeden Gedanken gefangen unter den Gehorsam Christi" (2. Korinther 10,5). Unser Verstand, der ja auch Sitz unseres Gewissens ist, sollte also alle Gedanken prüfen und diejenigen aussortieren, die der biblischen Erkenntnis Gottes und seiner Retterliebe widersprechen. Weil er uns geliebt und angenommen hat, müssen wir nicht länger nach Liebe und Anerkennung von Menschen streben. Jeder Gedanke muss unter den Gehorsam des Evangeliums gestellt werden. So wie Josia seinerzeit die Götzen zerstörte, können auch wir im Glauben all unsere götzendienerischen Vorstellungen und irrigen Annahmen eliminieren, die uns weismachen wollen, dass wir mehr benötigen, als unser himmlischer Vater uns in Christus gegeben hat. Doch aus eigener Kraft sind wir dazu nicht imstande. Wir brauchen die Kraft des Heiligen Geistes, die uns befähigt, dem lebendigen Gott mit ungeteiltem Herzen nachzufolgen und uns von den falschen Göttern zu lösen.

Weiterführende Gedankenanstöße

1. Warum ist es so wichtig, dass wir eine korrekte Vorstellung von Gott haben?

2. Wie macht Gott uns mit Einzelheiten seines Wesens bekannt? Über welche Eigenschaft Gottes staunen Sie am meisten? Suchen Sie sich einen Vers heraus, der diese Wahrheit untermauert.

3. Wie würden Sie einem Sechstklässler das Phänomen des Götzendienstes erklären, wie er sich für uns heute darstellt?

4. Decken Sie Bereiche Ihres täglichen Lebens auf, in denen Ihre Erwartungen zu Göttern geworden sind. Denken Sie darüber nach, welche Vorstellungen Sie haben. Wie sehen Sie sich selbst?

5. Prüfen Sie sich selbst und entlarven Sie gegebenenfalls vorhandene Gewohnheitssünden, um Bereichen auf die Spur zu kommen, in denen sich Götzendienst eingeschlichen hat. Sie können dazu die Fragen auf den Seiten 143 bis 144 verwenden.

6. Gibt es Situationen, in denen Sie zur Selbstrechtfertigung neigen? Welche sind es? Was ist die Lösung dieses Problems?

7. Notieren Sie ein Gebet. Bitten Sie Gott darum, kraft des Heiligen Geistes Ihr Herz zu erleuchten und eventuell vorhandene falsche Götter aufzudecken. Wenn er das tut, versinken Sie nicht in Selbstvorwürfen oder Hoffnungslosigkeit, sondern tun Sie Buße und bitten ihn darum, Ihnen sein wahres Wesen zu offenbaren. Ringen Sie um ein Herz, das ihn allein liebt und anbetet.

8
Sehnsucht nach Gott

Außer dir habe ich an nichts Gefallen auf der Erde.
Psalm 73,25

Wie Rahel sehnte sich auch Hanna nach einem Kind. Obwohl ihr Mann Elkana sie liebte, reizte dessen zweite Frau Peninna „ihre Gegnerin mit vielen Kränkungen, um sie zu demütigen, weil der Herr ihren Mutterleib verschlossen hatte" (1. Samuel 1,6). Man kann sich deren spitze Bemerkungen und höhnische Seitenblicke vorstellen, wenn Elkana sich mit Peninnas Kindern beschäftigte. Welche Qualen muss Hanna durchgestanden haben!

Als die Familie zu ihrer alljährlichen Reise nach Silo aufbrach, um Gott anzubeten, war Hannas Verzweiflung über ihre Kinderlosigkeit so groß, dass sie noch nicht einmal mehr essen wollte. Doch dank der Gnade Gottes ging sie mit zum Tempel und „betete zum Herrn und weinte sehr" (1. Samuel 1,10). Im Gegensatz zu Rahel ist uns keine Situation überliefert, in der Hanna trotzig und zornig nach einem Kind verlangte. Ihr inneres Sehnen galt dem Herrn, sodass sie ihr Herz vor ihm ausschüttete.

Während sie im Gebet vor Gott rang, ordnete er die Gedanken ihres Herzens. Er erinnerte sie daran, dass er sie nicht vergessen hatte. Bereitwillig versicherte sie, ihm ihr innerstes Wünschen zu weihen. Sie betete: „HERR der Heerscharen! Wenn du das Elend deiner Magd ansehen und meiner gedenken (...) und deiner Magd einen männlichen Nachkommen geben wirst, so will ich ihn dem Herrn alle Tage seines Lebens geben" (1. Samuel 1,11). Als sie dieses Hingabegebet beendet hatte und aufstand, war sie eine veränderte Frau.

Sie hatte die Quelle ihrer Freude gefunden, die wahre Quelle ihrer Rechtfertigung, und sogar ihr verändertes Gesicht spiegelte das wider (1. Samuel 1,18).

Hanna hatte einen überaus starken Wunsch. Sie sehnte sich nach einem Sohn, den sie lieben und für den Herrn großziehen konnte. Doch dieser Wunsch wurde nicht zu ihrem Gott. Er war nicht motiviert durch die unerträgliche Situation mit Peninna. Vielmehr sehnte sie sich nach einem Kind, um den Herrn zu verherrlichen und ihm damit zu dienen.

Diese anbetende Haltung wird auch in dem Namen deutlich, den Hanna ihrem Sohn später gab. Erinnern wir uns dagegen an Rahel? Sie nannte ihren Sohn Josef, um deutlich zu machen, dass sie noch mehr wollte. Hanna gab ihrem Kind den Namen Samuel, was bedeutet: „Vom Herrn habe ich ihn erbeten" (1. Samuel 1,20). Sie wusste, dass ihr Sohn ein Geschenk des Herrn war. Jedes Mal, wenn sie diesen Namen aussprach, wurde sie daran erinnert, dass dieses Kind die Erfüllung ihres Gebets war. Er gehörte Gott. In seiner Gnade belohnte der Herr Hanna, weil ihr Bitten im Glauben geschah.[79]

Die Gabe unserer Empfindungen

In diesem Kapitel wollen wir uns ein wenig genauer mit unseren Empfindungen befassen. Unter Empfindungen verstehen wir unsere Sehnsüchte, Wünsche und Gefühle.[80] Die Betrachtung unserer Sehnsüchte und Wünsche ist ganz wesentlich für unsere Gesamtthematik, weil sie die Art unserer Anbetung beeinflussen. Letztlich sind sie die treibende Kraft unseres Tuns.

Nehmen wir zum Beispiel Hannas starken Wunsch nach einem dem Herrn geweihten Kind. Wozu veranlasste sie dieser Wunsch?

---

79 Hannas Geschichte ist hier noch nicht zu Ende. Die Bibel berichtet uns über fünf weitere Kinder, die sie gebar.

80 Unsere Emotionen werden noch Gegenstand nachfolgender Kapitel sein, doch weil unser Denken und Wünschen die Quelle unserer Emotionen ist, konzentrieren wir uns zunächst auf die Ursache (Denken, Wünschen), bevor wir uns mit den Auswirkungen (Emotionen) beschäftigen.

Sie betete und breitete ihre Seele vor Gott aus. Der Wunsch treib sie zur Anbetung, die aus der Tiefe ihres Herzens kam. Genau wie Hanna haben auch wir tiefe Wünsche und Sehnsüchte. Wie Schätze tragen wir sie in unserem Herzen. Wir sehnen uns nach Dingen, von denen wir uns ultimatives Glück versprechen.

Das Wesen des Wünschens

Selbstverständlich haben alle Menschen Wünsche. Gleichwohl müssen wir uns mit zwei Fragen auseinandersetzen: (1.) Was ist die Quelle unserer Wünsche? (2.) Wie können wir auf Gott ausgerichtete Wünsche von götzendienerischen unterscheiden?

Die Begierde in unseren Herzen
Die Bibel spricht sehr ausführlich über unsere Wünsche. Für gewöhnlich gebraucht sie dabei das Wort Begierde. Normalerweise verbinden wir diesen Ausdruck mit starkem sexuellem Verlangen, doch in der Bibel wird damit ein breiteres Spektrum beschrieben. Die folgenden Verse machen das deutlich:

Ein jeder aber wird versucht, wenn er von seiner eigenen Begierde fortgezogen und gelockt wird. (Jakobus 1,14)

Ihr begehrt und habt nichts; ihr tötet und neidet und könnt nichts erlangen; (...) ihr bittet und empfangt nichts, weil ihr übel bittet, um es in euren Lüsten zu vergeuden. (Jakobus 4,2-3)[81]

Denn alles, was in der Welt ist, die Begierde des Fleisches und die Begierde der Augen und der Hochmut des Lebens,

---

81 Das griechische Wort *hedone* wird hier mit „Lüsten" übersetzt, was so viel bedeutet wie „befriedigen" im Hinblick auf sinnliches Genießen und – indirekt auch – Wünschen *(Strong's Exhausive Concordance)*.

ist nicht vom Vater, sondern ist von der Welt. Und die Welt vergeht und ihre Begierde; wer aber den Willen Gottes tut, bleibt in Ewigkeit. (1. Johannes 2,16-17)

In diesen wie auch in vielen anderen Versen[82] wird das Wort *epithumia* gebraucht, das wir unter anderem mit „Begierde", „begehren, wünschen" oder „Lust" übersetzen. Es bedeutet, sich nach etwas zu sehnen oder zu verzehren oder sich etwas stark zu wünschen. Zuweilen wird es auch im positiven Kontext genutzt wie zum Beispiel in der Aussage des Herrn in Lukas 22,15: „Mit Sehnsucht habe ich mich gesehnt, dieses Passahmahl mit euch zu essen."[83] Gleichwohl hat der Begriff meistens eine negative Konnotation. Das Neue Testament sieht in Wünschen, Begierden, Lüsten und Sehnsüchten zumeist die Ursache sündigen Handelns.[84] Selbst wenn ein Wunsch nicht per se Sünde ist, so kann er doch zur Sünde werden, wenn er übermäßig stark ist.

---

82 Siehe auch Lukas 22,15; Johannes 8,44, Römer 1,24; 7,7-8; Galater 5,16.24; Philipper 1,23; Kolosser 3,5; 1. Thessalonicher 2,17; 4,5; 1. Timotheus 6,9; 2. Timotheus 2,22; 3,6; 4,3; Titus 2,12; 3,3; Jakobus 1,14-15; 1. Petrus 1,14; 2,11; 4,2-3; 2. Petrus 1,4; 2,10.18; 3,3; 1. Johannes 2,16-17; Judas 16,18.

83 Paulus hatte auch „Lust abzuscheiden und bei Christus zu sein" (Philipper 1,23) und „großes Verlangen", die Thessalonicher zu sehen (1. Thessalonicher 2,17).

84 In Galater 5,16 schreibt Paulus: „Wandelt im Geist, und ihr werdet die Begierde des Fleisches nicht erfüllen." Dann führt er dem Leser vor Augen, was die Begierden des Fleisches hervorbringen, nämlich Taten des Fleisches: „Unzucht, Unreinheit, Ausschweifung, Götzendienst, Zauberei, Feindschaften, Streit, Eifersucht, Zornausbrüche, Selbstsüchteleien, Zwistigkeiten, Parteiungen, Neidereien, Trinkgelage, Völlereien und dergleichen" (Galater 5,19-21). Siehe auch Jakobus 1,14-16: „ Ein jeder aber wird versucht, wenn er von seiner eigenen Begierde fortgezogen und gelockt wird."

Zum Beispiel ist der Wunsch nach einem Ehepartner an sich nicht sündig.[85] Doch wenn er so übermächtig wird, dass man darüber verzweifelt oder Sünde in Kauf nimmt, um – koste es was es wolle – einen Ehepartner zu bekommen, dann wird aus dem ursprünglich geistlichen Anliegen ein sündiges Verlangen. Und zwar deshalb, weil sich die Prioritäten verschoben haben: Der brennende Wunsch nach einem Partner verdrängt die Liebe zu Gott und den Wunsch nach seiner Gegenwart. Aus einem an sich guten Anliegen macht man einen Gott und investiert aktiver und engagierter hinein als in die Nachfolge. So wird aus dem ursprünglich guten Anliegen ein sündiges – ein Götze.

Dieses Prinzip kann man gut im Leben von Rahel und Hanna beobachten. Rahels Kinderwunsch war von Sünde durchzogen, weil er den Platz in ihrem Herzen eingenommen hatte, der eigentlich Gott gebührte. Ganz anderes der Kinderwunsch Hannas, der eben nicht zu ihrem Gott wurde. Obwohl sie schrecklich unter ihrer Unfruchtbarkeit litt, sehnte sie sich nach einem Sohn, um Gott noch besser verherrlichen und ihm die Ehre geben zu können, und sie beugte sich somit unter den göttlichen Plan. Manchmal sind unsere Wünsche zwar an sich nicht moralisch falsch, doch sie werden es, wenn unser Herz sie auf den Thron hebt.

Natürlich gibt es auch Sehnsüchte, die schon für sich betrachtet Sünde sind. So verhält es sich beispielsweise, wenn man den Ehepartner eines anderen begehrt. Im Gegensatz zu den Wünschen, die an sich gut sind, ist dieses Anliegen unabhängig von der Priorität in unserem Herzen immer sündig. Denn der Wunsch an sich ist bereits Sünde – selbst dann, wenn er nie zur praktischen Umsetzung gelangt. Wer solch einen Wunsch hegt, ist vor Gott bereits schuldig geworden, weil er begehrt, was Gott verboten hat.[86]

---

85 „Wer eine Frau gefunden hat, hat Gutes gefunden und hat Wohlgefallen erlangt vor dem Herrn." (Sprüche 18,22)

86 Siehe Matthäus 5,22 und 28, wo Jesus über die Sündhaftigkeit von Wünschen spricht, die nur in unserem Herzen existieren, ohne dass aus ihnen Taten folgen.

Jeder Mensch hat Wünsche, Sehnsüchte und Lüste. Doch nur Christen sind tatsächlich zu heiligen Wünschen fähig.[87] Sowohl gläubige als auch ungläubige Menschen entwickeln Begierden und Sehnsüchte, die sie zu bestimmten Handlungen veranlassen. Aber woran liegt das? Sind wir schöpfungsgemäß so konzipiert?

Mit einer Sehnsucht nach Gott erschaffen

Sind Sie sich im Unklaren über das wahre Wesen unserer Wünsche? Das ist ganz und gar nicht ungewöhnlich. Im Allgemeinen herrscht große Verunsicherung in Bezug auf den Ursprung und das Wesen unserer Wünsche, Sehnsüchte und „Bedürfnisse". Insofern müssen wir diese Aspekte sehr sorgfältig aus dem biblischen Blickwinkel herausarbeiten. Deshalb wollen wir uns zunächst dem göttlichen Bauplan des Menschen zuwenden, den Gott in Adam umsetzte.

Gott gestaltete Adam und Eva liebevoll und hatte dabei auch die Aufgaben im Blick, die sie erfüllen sollten. Die äußere Gestaltung Adams spiegelte daher die Stellung wider, die der Mensch auf der Erde einnehmen sollte. Als Beispiel: Adam hatte keine Kiemen, weil er dazu geschaffen wurde, auf dem Land und in einem Garten zu leben und nicht in einem Teich. Adams Körper befähigte ihn, exakt die ihm zugewiesene Nische der Schöpfung auszufüllen. Gott gab unseren Vorfahren genau das, was sie brauchten, um in ihrer Umgebung leben zu können.

---

87 Römer 3,10-29; Epheser 2,3; 5,3-5; Kolosser 3,5-7; Titus 3,3. Das Neue Testament stellt ganz klar, dass Menschen außerhalb von Gottes Familie Sklaven ihrer Begierden sind und letztlich nichts begehren können, was nicht sündig ist. Auch wenn ein Nichtgläubiger äußerlich betrachtet etwas Gutes tut (wie bspw. den Armen zu helfen), tut er es nie aus geistlich motivierten Gründen (zur Verherrlichung Gottes), sondern aus rein menschlichen Motiven heraus (zur eigenen Ehre). Im Ergebnis ist solch ein Handeln trotzdem Sünde.

Und nicht nur das Äußere des Menschen hatte Gott so geschaffen, dass Adam und Eva ihrer besonderen Rolle gerecht werden konnten: Ebenso hatte er sie mit mentalen und geistlichen Fähigkeiten ausgestattet, die ihrer Stellung innerhalb der Schöpfung zugutekamen. Er gab ihnen ein Herz – einen inneren Menschen mit Verstand, Empfindungen und Willen. Er schuf sie als denkende, begehrende, fühlende und entscheidungsfähige Wesen. Gott sonderte den Menschen vom Rest der Schöpfung ab, denn er „hauchte in seine Nase Atem des Lebens" (1. Mose 2,7).

Gott schuf Adam und Eva mit der Fähigkeit, vollkommene Erfüllung durch die Beziehung zu ihm und zueinander zu erleben. Er pflanzte den Wunsch in sie hinein, bestimmte Aufgaben innerhalb der Schöpfung zu übernehmen und sich daran zu erfreuen. Und sie erlebten es als erfüllend, ihren Platz auf Gottes Erde einzunehmen, weil Gott sie eben für diesen Dienst sowie die Beziehung zu ihrem Schöpfer und zueinander konzipiert hatte. Sie waren perfekt ausgestattet für ihre Aufgabe.

Lassen Sie uns nun einen genaueren Blick darauf werfen, wie Gott den Menschen entworfen hat – insbesondere welche Fähigkeiten er ihm gab, damit der Mensch seiner Bestimmung gerecht werden konnte. Wir werden feststellen, dass die Sehnsüchte des Menschen an sich Teil des göttlichen Bauplans sind.

Geschaffen nach Gottes Ebenbild

Im Gegensatz zur restlichen Schöpfung schuf Gott Adam nach seinem Ebenbild. „Und Gott sprach: Lasst uns Menschen machen in unserm Bild, uns ähnlich! Sie sollen herrschen (...)! Und Gott schuf den Menschen nach seinem Bild, nach dem Bild Gottes schuf er ihn; als Mann und Frau schuf er sie" (1. Mose 1,26-27).[88]

---

88 Siehe auch 1. Mose 5,1; 9,6; Prediger 7,29; Apostelgeschichte
   17,26.28-29; 1. Korinther 11,7; 2. Korinther 3,18; Epheser 4,24;
   Kolosser 3,10; Jakobus 3,9.

Sowohl Adam als auch Eva spiegelten beide die Person Gottes wider.[89] In gewisser Hinsicht waren sie wie Gott, in anderen Punkten glichen sie ihm wiederum nicht.[90] Unähnlich waren sie ihm insofern, als sie eben nicht Gott waren, auch wenn er sie nach seinem Bild geschaffen hatte. Sie waren Teil der Schöpfung, während Gott der Schöpfer war. Und trotzdem reflektierten die ersten Menschen in bestimmter Hinsicht das Wesen Gottes. Sie waren fähig zu denken und zu erforschen. Sie hatten Sehnsüchte und Wünsche. Sie waren fühlende Wesen. Sie konnten arbeiten und Prioritäten setzen. Sie hatten Ambitionen, die Schöpfung zu beherrschen, und erlebten innere Erfüllung, indem sie Gottes Weisungen gehorchten und seinen Plan umsetzten. Sie waren Beziehungswesen und fähig, die Gemeinschaft mit Gott und anderen Menschen zu genießen. Gott hatte die Menschen so geschaffen, dass sie perfekt in seine Schöpfung hineinpassten – absolut abhängig von ihm, heilig und gerecht.

---

89 Sowohl Adam als auch Eva wurden gleichermaßen nach Gottes Ebenbild gestaltet. Obwohl sie vor Gott völlig gleichwertig waren, erhielt Eva andere Fähigkeiten und Aufgaben. Adam wurde als Erster geschaffen, um Gottes Wesen widerzuspiegeln und ihn zu verherrlichen (ebenso wie Eva), doch Eva erhielt noch einen zusätzlichen Auftrag: Sie sollte Adam ehren und seine Gehilfin sein. Dieser schöpfungsmäßige Unterschied ist bis heute ein Punkt, an dem die Frauen in ihrer Eigenschaft als „Gehilfin" mitunter hadern, über sie hinauswachsen wollen und dabei Schuld auf sich laden.

90 Wie wir bereits in Kapitel 7 gesehen haben, ist Gott Geist und daher unsichtbar. Doch Adam war keineswegs unsichtbar, weil Gott ihm einen Körper gab. Adam war demzufolge nicht allgegenwärtig, ebenso wenig allmächtig und allwissend. In seiner Lebensführung war er von Gott abhängig, wohingegen Gott unabhängig und frei ist, frei von jeglichen Abhängigkeiten. Adam lebte im zeitlichen Kontext in einer festgelegten Struktur, die Gott in Tage, Monate und Jahreszeiten aufgeteilt hatte. Der ewige Gott dagegen existiert unabhängig von Raum und Zeit. Obwohl Adam das Wesen Gottes wie kein anderes Geschöpf reflektierte, gibt es zahlreiche Aspekte, in denen er sich deutlich von Gott unterschied.

Adams und Evas schöpfungsgemäße Bestimmung

Als Krone der Schöpfung sollte der Mensch die Herrlichkeit Gottes widerspiegeln. Die folgende Auflistung enthält die Punkte, in denen Adam und Eva Gottes Wesen durch ihre Aufgaben und Wünsche entsprachen.

• Wie auch Gott besaßen Adam und Eva sowohl die Fähigkeit als auch den Wunsch, über die Schöpfung zu herrschen (1. Mose 1,26).

• Wie Gott hatten auch sie die Fähigkeit und den Wunsch, fruchtbar zu sein und Nachkommen hervorzubringen, die von gleicher Ebenbildlichkeit waren wie sie (1. Mose 1,28).

• Wie Gott liebten auch sie die Arbeit. Sie hatten sowohl die Fähigkeit als auch das Verlangen, sich die Natur untertan zu machen. Sie bewirtschafteten den Garten. Sie beobachteten und genossen den Verlauf der Tage und Jahreszeiten. Sie sammelten Erkenntnisse über ihre Umgebung (1. Mose 1,14.28; 2,5.15.19).

• Genau wie ihr Schöpfer hatten auch sie den Wunsch, Leben zu erhalten. Sie nutzten die natürlichen Ressourcen (1. Mose 1,29), ernährten sich von Pflanzen und Bäumen und schöpften Trinkwasser aus dem Fluss, der den Garten durchzog.

• Wie Gott schätzten sie Schönheit und Ordnung und waren in dieser Hinsicht auch schöpferisch tätig (1. Mose 2,9,15,19). Adam benannte die Tiere und teilte sie in unterschiedliche Kategorien auf. Er und Eva nahmen die Schönheit und Vielfalt der Bäume wahr.

• So wie er ließen auch sie manchmal um der Gemeinschaft willen ihre Arbeit ruhen. Sie gingen mit dem Herrn „bei der Kühle des Tages" spazieren (1. Mose 2,3; 3,8).

- Nach dem Vorbild der Dreieinheit Gottes besaßen auch sie die Fähigkeit und den Wunsch nach Einigkeit und Eintracht (1. Mose 2,18.20-21.23), ohne ihre Einzigartigkeit aufzugeben und sich einander gleichzumachen (1. Mose 2,20-25). Sie pflegten ungetrübte Gemeinschaft und kommunizierten reibungslos, weil sie über Gemeinsamkeiten verfügten, die sie vom Rest der Schöpfung abhoben. Adam und Eva kannten einander, ohne jedoch auf sündige Weise auf einander und sich selbst fixiert zu sein. Obwohl sie nackt waren, schämten sie sich nicht (1. Mose 2,25).

- Ebenso wie der dreieine Gott genossen auch sie die Beziehung und die Einheit mit anderen und kannten ähnlich innige, wenn auch nicht gleichermaßen intime Gemeinschaft (1. Mose 1,27).

- Sie waren fähig und willig zur Beziehung mit ihrem Schöpfer (der ihnen ähnlich war und doch anders als sie), indem sie innige Gemeinschaft mit ihm pflegten, ihm freudig dienten und ihn von ganzem Herzen verehrten (1. Mose 2,16-17).[91]

- Wie Gott liebten sie es, sein Wesen zu preisen, indem sie ihn vor aller Schöpfung nebst den Engeln repräsentierten und ihm Freude machten.

Als Krone der Schöpfung waren Adam und Eva imstande, ein glückliches, mit Anbetung, Gemeinschaft und Arbeit erfülltes Leben zu führen. Wir können uns die Herrlichkeit und Freude kaum vorstellen, die mit der gemeinsamen Arbeit im Garten und der Gemeinschaft mit dem Herrn in der Kühle des Tages

---

91 Gott hatte Adam bestimmte Auflagen gegeben. Adam und Eva durften sich an der Gemeinschaft, dem Dienst und der Verehrung Gottes erfreuen, solange sie Gottes Anweisungen Folge leisteten. Sobald sie jedoch gesündigt hatten, wurden sie von der Gegenwart Gottes ausgeschlossen.

einhergingen. Gott hatte sie perfekt gestaltet, sodass sie ungetrübt ihrer Bestimmung nachgehen konnten und das in vollen Zügen genossen![92]

Der zerbrochene Spiegel

Wie wir wissen, fand dieses Idyll mit Adams und Evas Ungehorsam ein tragisches Ende. Als sie sich von Satan täuschen ließen, hielt die Sünde Einzug in ihr Leben. Die Sünde brachte außer dem leiblichen und geistlichen Tod auch eine Verunstaltung der menschlichen Natur mit sich. Seit dem Sündenfall ist das menschliche Herz (nebst seinen Wünschen) „verzogen und aus der Form geraten".[93]

Während die Menschen ursprünglich mit vollkommenen körperlichen und geistigen Fähigkeiten ausgestattet waren und nur gute Wünsche verspürten, werden unsere Körper krank und sterben. Unsere Herzen (Verstand, Empfindungen, Wille) befinden sich seitdem in einem hoffnungslos kranken und verdorbenen Zustand (Jeremia 17,9). Statt in ungetrübter Gemeinschaft mit Gott zu leben und sein Wesen durch hingebungsvolle Anbetung, schöpferisches Arbeiten und eine intakte Beziehung widerzuspiegeln, war von nun an jegliches Sinnen des menschlichen Herzens „nur böse den ganzen Tag" (1. Mose 6,5). Unsere Fähigkeiten und Wünsche, die eigentlich als Quelle des Gehorsams und der Freude gedacht waren, sind zu einer Fußangel geworden, die uns ständig zu Fall bringt und Kummer bereitet. Genau hier ist das Problem unserer Wünsche angesiedelt:

---

92 An dieser Stelle lassen wir die Frage, wie es geschehen konnte, dass Adam und Eva sich gleichwohl zur Sünde verführen ließen, bewusst außen vor.

93 „Das englische Wort *depraved* (das wir mit „verdorben" übersetzen) stammt etymologisch von den englischen Bezeichnungen für „verbogen", „aus der Form geraten" ab." Übersetzt nach: Jay Adams, *More than Redemption* (Phillipsburg, NJ: P&R, 1979), 140.

in unserem Herzen, der Quelle, aus der die Sünde entspringt (Matthäus 12,34), und das sich seither nur noch um sich selbst dreht statt um Gott. In allen Bereichen unseres Lebens sind wir in uns selbst gefangen. Statt Gottes Herrlichkeit auszustrahlen, lebt der Mensch nun ausschließlich zu seiner eigenen Ehre und sucht das Glück in der Präsentation seines Ichs. Das kindliche Vertrauen auf Gottes Wort und seine Führung ist einem Lebensstil gewichen, der sich selbst genügt und sich auf den eigenen Verstand verlässt (Sprüche 3,5).

Lassen Sie uns einen Augenblick innehalten und darüber nachdenken, wie Gottes ursprünglicher Plan für Adam und Eva von der Sünde durchkreuzt und zerstört wurde.

Der Wunsch nach Herrschaft
Der Wunsch des Menschen, die Schöpfung zur Ehre Gottes zu unterwerfen, ist dem Verlangen nach einer ich-zentrierten Herrschaft gewichen. Seitdem kommandieren Männer wie Frauen ihre Mitmenschen herum, wenden nicht selten Gewalt an und genießen es, andere zu beherrschen und zu kontrollieren. Wir streben nach Anerkennung und sorgen dafür, dass andere eine hohe Meinung von uns haben, statt danach zu trachten, Gott sowie die Seinen zu achten und zu ehren. Ehefrauen versuchen, die Herrschaft über ihre Ehemänner an sich zu reißen. Ehemänner entziehen sich ihrer Verantwortung oder fordern übermäßige Hörigkeit. Von Natur aus neigen wir nicht dazu, uns Gott unterzuordnen, sondern führen uns selbst wie kleine Monarchen auf.

Der Wunsch nach körperlicher Vereinigung
Statt unsere Sexualität zur Ehre Gottes auszuleben und damit seine Personalunion widerzuspiegeln, statt Einigkeit anzustreben und Kinder hervorzubringen, die später selbst Gott lieben, werden wir zu Knechten unserer Geschlechtlichkeit. Wir werfen uns vor dem Vergnügen und dem Machthunger auf die Knie, statt nach einer Gott wohlgefälligen Beziehung zu streben, die von gegenseitiger Hingabe und gelingender Kommunikation geprägt ist. Wir fühlen uns in Beziehungen wohl, die nur uns selbst

befriedigen und nichts anderem dienen als oberflächlicher körperlicher Zweisamkeit.[94] Wir errichten uns unser eigenes Königreich, in dem der Erfolg unserer Kinder der rote Teppich ist, der unseren Lebenslauf aufwertet.

Arbeit zur Ehre Gottes

Statt die Natur durch körperliche und geistige Arbeit zu bereichern, die Gott zur Ehre gereicht, werden wir zu Workaholics, die nur Freude daran haben, sich in der Bewunderung anderer zu sonnen und Reichtümer anzuhäufen. Wir sehnen uns nach Sicherheit, Bequemlichkeit und Bedeutsamkeit. Dabei verlassen wir uns ausschließlich auf unsere eigenen Fähigkeiten und werden selbstgenügsam. Wir schrecken auch nicht davor zurück, andere (die ebenfalls Ebenbilder Gottes sind) zu übervorteilen, um selbst weiterzukommen. Wir werden zu Sklaven der Uhr oder werden faul, dienen dem Gott des Schlafes, der Bequemlichkeit und Verantwortungslosigkeit. Wir verstricken uns in Spielsucht oder kriminelle Machenschaften und versuchen, auch ohne ehrliche Arbeit zu Geld zu kommen. Wir verschwenden die Zeit, die Gott uns gegeben hat, und leben sowohl sorglos als auch planlos in den Tag hinein, ohne einen Gedanken auf Gottes Ewigkeit zu verschwenden. Statt uns durch die Mühen rechtfertigen zu lassen, die Jesus für uns auf sich genommen hat, versuchen wir uns durch unser eigenes Bemühen selbst gerecht zu sprechen.

Profitieren von der Schöpfung

Statt die natürlichen Ressourcen, die die Schöpfung uns bietet, zum Leben zu nutzen und damit unsere Abhängigkeit vom Schöpfer und Erhalter aller Dinge anzuerkennen, schätzen wir die Annehmlichkeiten der Schöpfung weitaus höher als ihren Urheber. Gier, Völlerei und exzessive Trinkgelage sind daher an der Tagesordnung. Wir stellen nicht etwa durch weise Verwaltung

---

94 Bereits gezeugte Kinder werden allzu oft bereits im Mutterleib umgebracht, was den götzendienerischen Kinderopfern der Israeliten um nichts nachsteht.

des Geschaffenen – unseren Leib eingeschlossen – die Herrlichkeit Gottes in den Vordergrund, sondern missbrauchen alles Natürliche, um uns gierig und gewissenlos daran zu ergötzen.

Das Verlangen nach Schönheit

Während wir vielmehr Schönheit und Struktur in der Schöpfung als Zeichen der göttlichen Herrlichkeit wertschätzen sollten, vergöttern wir das äußere Erscheinungsbild des Geschaffenen. Wir sehnen uns danach, dass andere unsere Schönheit und Kreativität bewundern. Unser Äußeres, unser Zuhause, unsere Kleidung, unser Auto und alles, was uns Ehre, Schönheit oder Wert zu verleihen scheint, all das wird zu unserem Gott.

Das Bedürfnis nach Ruhe

Wir sehnen uns nicht nach einer erholsamen und ungetrübten Gemeinschaft mit unserem Schöpfer, sondern widmen uns viel lieber unzähligen Aktivitäten, die uns Gott kein bisschen näher bringen. Unser Bedürfnis nach Ruhe und Erholung am Sonntag, das Gott in uns hineingelegt hat, muss unserem Drang nach Selbstbespiegelung und Bequemlichkeit weichen, sodass wir unsere Ruhezeiten mit Oberflächlichkeiten wie sinnloser TV-Berieselung oder zweifelhaften Büchern füllen oder gar in fortgeschrittenem Alter dem Müßiggang frönen.

Das Bedürfnis nach Gemeinschaft

Statt uns nach Beziehungen zu sehnen, die die vollkommene Gemeinschaft des dreieinen Gottes widerspiegeln, wollen wir uns vor allem selbst ins gute Licht rücken. Wir sind beseelt von dem Gefühl, geliebt, umsorgt und wertgeschätzt zu werden – nur dass wir uns diese Dinge nicht von unserem Schöpfer erhoffen. Wir konzentrieren uns noch nicht einmal darauf, unseren Ehepartner zu lieben, zu umsorgen und wertzuschätzen, sondern sind nur auf die Erfüllung unserer eigenen Wünsche bedacht. Gott und andere lieben? Nein, viel lieber wollen wir selbst immer an erster Stelle stehen, verehrt werden und den Ton angeben. Unterschiede in unseren Persönlichkeiten sind uns ein

Ärgernis, das wir ausmerzen wollen, um den Ehepartner in unser Wunschbild umzugestalten. Oder aber diese Verschiedenartigkeit verunsichert uns, und wir lassen uns willig in die von unserem Ehepartner gewünschte Form pressen, was ebenso falsch ist. Jegliche Kommunikation dient nur noch diesem Zweck, ist dementsprechend fordernd und manipulativ und greift den Ehepartner nicht selten mit unfreundlichen, bitteren, zornigen oder gar vernichtenden Worten an. Wir glauben, dass nicht der Glaube an Jesus uns rechtfertigt, sondern unsere Beziehungen, die uns in gewisser Weise ins Licht der Gerechtigkeit rücken, weil sie demonstrieren, wie sehr wir geliebt und wertgeschätzt werden.

Der Wunsch nach Freundschaften

Unser Wunsch nach Freundschaften, Beziehungen und Einheit dient nicht der Verherrlichung Gottes, denn wir haben mitnichten auf dem Herzen, anderen um Jesu willen zu dienen und Liebe entgegenzubringen. Nein, wir wünschen uns Freunde, um uns selbst gut zu fühlen – angenommen und wertvoll. Die isolierte Randfigur, die immer außen vor ist, verachten und meiden wir. Wir bauen Beziehungen innerhalb von Gruppen und Organisationen auf, mischen uns bei Sportevents in die Zuschauermenge und suchen Kontakt durch die Teilnahme an Unterhaltungs- und Freizeitaktivitäten, um nicht alleine dazustehen. Wir wollen Teil einer Gruppe sein. Je angesehener die Gruppe, desto besser. Seit dem Sündenfall hat sich in den Wunsch nach Gemeinschaft mit anderen eine alles überfrachtende, ungeistliche Ichbezogenheit hineingemischt, wie sie uns beim Turmbau zu Babel begegnet.[95]

---

95 Die Sündhaftigkeit ihrer Einstellung wird aus folgenden Worten der Baumeister deutlich: „Auf, wir wollen uns eine Stadt und einen Turm bauen, und seine Spitze bis an den Himmel! So wollen wir uns einen Namen machen, damit wir uns nicht über die ganze Fläche der Erde zerstreuen" (1. Mose 11,4). Der Sarkasmus in Gottes Antwort ist nicht zu überhören: „Siehe, ein Volk sind sie, und eine Sprache haben sie alle, und dies ist erst der Anfang ihres Tuns. Jetzt wird ihnen nichts unmöglich sein, was sie zu tun ersinnen"

Derselbe Schrei „Wir wollen uns einen Namen machen" ertönt doch auch aus dem Jubel anlässlich eines Pokalendspiels, oder? Der letztlich ungeistliche Wunsch nach Gemeinschaft mit anderen kann dazu führen, dass ein Mann jede Menge Zeit und Geld in den Profisport investiert. Oder Frauen versacken stundenlang vor sozialen Medien und suchen Bestätigung durch eine möglichst hohe Anzahl von „Freunden", um sich wertvoll oder geliebt zu fühlen.

Das Hauptziel des Menschen

Schließlich wurde unsere wichtigste Bestimmung – nämlich Gott zu verherrlichen und uns an ihm zu erfreuen, indem wir uns seinem Willen unterordnen – bis zur Unkenntlichkeit verzerrt. Seit dem Sündenfall ist es der allerhöchste und grundlegendste Wunsch des Menschen, sich selbst zu verherrlichen und sich selbst zu feiern, indem er das tut, was ihm seiner Meinung nach zum Glück verhilft. Bedingt durch die Sünde sind die Menschen blind für die einzig wahre Quelle des Glücks – Gott selbst. Zwar wird der Mensch immer danach trachten, anzubeten, Beziehungen zu knüpfen und zu arbeiten, weil Gott diese Bedürfnisse durch seine Schöpferhand in seine Seele hineinlegt hat. Aber jetzt sind diese Bedürfnisse auf sich selbst gerichtet und durch Egozentrik verdorben. Statt den Schöpfer zu verehren und sein Glück von ihm abzuleiten, wird sich der Mensch einen Gott nach seinen eigenen Vorstellungen schaffen. Er sucht Gemeinschaft mit anderen, um sein Bedürfnis nach eigener Ehre und Bedeutsamkeit zu befriedigen, nicht um durch vollkommene Beziehungen ein Hinweis auf Gottes Dreieinigkeit zu sein. Statt zu arbeiten, damit andere Menschen Gottes Werke erkennen und ihm die Ehre dafür geben, lechzen wir nach Reichtum, Ruhm und Anerkennung. Zwar birgt der Mensch Reste des göttlichen Wesens in sich, weil er ursprünglich

---

(1. Mose 11,6). Wir sind nicht in der Lage, uns mit den anderen Völkern der Erde zu verständigen und zu einigen (eine neue Weltordnung zu schaffen), weil Gott unsere Sprache verwirrt und uns über den Erdkreis verstreut hat (1. Mose 11,9).

nach Gottes Ebenbild geschaffen wurde, doch seine Anbetung, seine Beziehungen und seine Arbeitskraft sind ich-zentriert und somit Instrumente seines Götzendienstes. Abbildung 8.1 stellt die Wünsche Adams vor dem Sündenfall den Bedürfnissen des gefallenen Menschen gegenüber.

Gott erschuf Adam und Eva mit unterschiedlichen Bestimmungen. Er machte sie fähig und willig, ein perfekter Bestandteil seiner Schöpfung zu sein. Durch ihre jeweiligen Rollen spiegelten sie Gottes Wesen wider. Seit dem Sündenfall hat sich das Blatt allerdings komplett gewendet. Jetzt werden wir von sündhaften Begierden regiert. Wäre Gott nicht durch Jesus Christus eingeschritten, wären unsere Bedürfnisse immer noch hoffnungslos verdorben. Wir könnten uns noch so sehr selbst reformieren wollen – niemals hätten wir die Chance, die einst sündlosen Bedürfnisse und Fähigkeiten auch nur im Ansatz zurückzuerobern, die uns zu dem Leben befähigen würden, zu dem wir einmal geschaffen wurden. Wir haben das irdische Paradies Gottes unwiederbringlich verloren, denn ein Engel mit einem brennenden Schwert verwehrt uns die Rückkehr.

Es gibt nur einen Weg, um das wiederzuerlangen, was einst verloren war, und unsere Wünsche erneut zu heiligen, sodass sie allein auf die Verehrung Gottes abzielen. Es gibt nur eine einzige Hoffnung auf Wiederherstellung der Gemeinschaft mit Gott und den Menschen, nur eine Hoffnung auf Rückkehr zur ursprünglichen Ausrichtung unseres ganzen Wesens auf Gott allein. Unsere einzige Hoffnung ist es, von neuem in das Bild Jesu Christi hineingeboren zu werden, in das Bild desjenigen, der als Einziger seiner schöpfungsgemäßen Bestimmung vollkommen gerecht wurde. Und von ihm gilt es, die Gerechtigkeit zu empfangen, die er für uns errungen hat, indem er in Vollkommenheit und zum Wohlgefallen seines himmlischen Vaters lebte.

Um in dieses neue Bildnis wiedergeboren zu werden, müssen wir einen neuen Garten betreten[96] – einen Garten, in dem man

---

96 Ist es Zufall, dass es in Johannes 19,41 heißt: „Es war aber an dem Ort, wo er gekreuzigt wurde, ein Garten"?

Abb. 8.1. Die Wünsche Adams vor dem Sündenfall und die Bedürfnisse des gefallenen Menschen

Adams ursprünglich sündlose Wünsche verherrlichen Gott und spiegeln sein Bild wider, indem Adam ...	Die götzendienerischen Wünsche des gefallenen Menschen dienen der Verherrlichung des eigenen Ichs und vernachlässigen Gott, indem der Mensch ...
über die Schöpfung herrscht, dadurch Gott ehrt und respektiert und selbst Freude erfährt.	die Kontrolle über die Natur und über andere Menschen an sich reißt, um sein Bedürfnis nach Selbstachtung und Ehre zu befriedigen.
die körperliche Vereinigung mit seiner Ehepartnerin erlebt und genießt und Kinder mit ihr zeugt, die ihrerseits Gott lieben und ehren.	seine Sexualität missbraucht, um sich selbst Vergnügen zu schaffen und Macht auszuüben.
die Natur durch praktische und geistige Arbeit beherrscht, die ihm selbst Freude bereitet und Gott verherrlicht.	alles für seine eigene Bedeutsamkeit, Bequemlichkeit und seinen Wert tut, und deswegen Geld verdient oder sich Ruhm erarbeitet.
dankbar die natürlichen Ressourcen verwaltet, um sein Leben und das seiner Mitmenschen zu erhalten.	die Schöpfung um seines eigenen Vorteils willen maßlos ausbeutet und verantwortungslos mit den Ressourcen umgeht.
die Welt um sich herum genießt, erforscht und ihre Schönheit, den zugrundeliegenden Bauplan und ihre Struktur erfasst.	danach strebt, seine eigene Schönheit und die der Dinge um sich herum in den Vordergrund zu stellen, sodass er keinen Blick mehr für die Schönheit Gottes hat.
sich auf eine Zeit der Ruhe und Gemeinschaft mit seinem Schöpfer und mit anderen einlässt, insbesondere am Ruhetag, aber auch zu anderen Gelegenheiten.	sich in seiner beruflichen Tätigkeit um sich selbst dreht oder sich in Freizeitbeschäftigungen verliert, statt Gott zu suchen und anzubeten.

Adams ursprünglich sündlose Wünsche verherrlichen Gott und spiegeln sein Bild wider, indem Adam …	Die götzendienerischen Wünsche des gefallenen Menschen dienen der Verherrlichung des eigenen Ichs und vernachlässigen Gott, indem der Mensch …
die Kommunikation mit seiner Ehepartnerin nutzt, damit sie eine Einheit bilden und Gott zusammen dienen können, die Unterschiedlichkeit des anderen schätzen lernen und Gott dadurch Freude bereiten.	versucht, den Ehepartner nach den eigenen Vorstellungen umzugestalten und ihn dazu benutzt, um sich selbst angenommen und gebraucht zu fühlen. Und indem er seine Redegabe dazu missbraucht, um sich die Achtung zu verschaffen, nach der er sich sehnt.
sich mit anderen zusammentut, um gemeinsam die ihnen von Gott aufgetragenen Aufgaben anzugehen und so voneinander zu profitieren und die Gemeinschaft zu genießen.	die Gemeinschaft mit anderen Menschen sucht, um sich nicht einsam zu fühlen und Einfluss auf andere ausüben zu können.
Gott in allem die Ehre gibt und sich an seiner Gegenwart erfreut, um selbst davon zu profitieren und Gott zu erfreuen.	in allem, was er denkt, sagt und tut, sich um seiner selbst und seines Vorteils willen verherrlicht und feiert.

dem vollkommenen Gott-Menschen ein flammendes Schwert in die Seite stieß, als er an einem ganz anderen Baum hing. Und von diesem Baum müssen wir essen und trinken, um die Wahrheit zu erfahren, die in uns einen neuen Verstand, neue Empfindungen und einen neuen Willen hervorbringen kann. Es heißt, sich auf Christus und seine Gnade zu werfen und nicht nur für unser sündiges Tun um Vergebung zu bitten, sondern auch für unsere sündigen Wünsche. Wir müssen ihm unsere Neigung bekennen, den lebendigen Gott durch andere, falsche Götter zu ersetzen. Dank der Kraft des Heiligen Geistes können wir unsere alten Wünsche in den Tod geben und neue, geistliche Sehnsüchte entwickeln. Denn nur durch den Glauben an Christus wird es uns, wie dem reuigen Mörder am Kreuz, gelingen, ins Paradies zurückzukehren.[97]

Das Leben und Sterben Jesu reicht aus, um uns von unserer alten Natur zu befreien und uns Stück für Stück in sein Bild umzugestalten. Er hat die Macht dazu, weil er den Willen seines Vaters vollständig und vollkommen erfüllte.

Damit das Bild Gottes in uns Gestalt annehmen kann, müssen wir nichts weiter tun, als der Vollkommenheit Jesu zu vertrauen. Bleiben wir in ihm, gehorchen seinem Wort und trachten danach, eins zu sein und abhängig von ihm zu bleiben, werden wir erfahren, wie sich auch Schritt für Schritt unsere Wünsche verändern. Er wird in unseren Herzen arbeiten, damit wir unser ichbezogenes Verlangen und unsere Eigenliebe aufgeben können und unser Innerstes mit Liebe und Verehrung des lebendigen Gottes erfüllt wird. Je mehr wir darauf vertrauen, dass sein vollkommenes Werk uns selbst zugerechnet wird und wir uns nicht selbst rechtfertigen oder gar erlösen müssen, umso mehr wird die Veränderung an uns offenbar werden. Unser Wunsch, uns ihm aus Dankbarkeit für seine Vollkommenheit und seinen stellvertretenden Tod unterzuordnen, wird uns von dem Gedanken befreien, noch irgendetwas in uns zu tragen, was uns gut

---

97 „Und er sprach zu ihm: Wahrlich, ich sage dir: Heute wirst du mit mir im Paradies sein." (Lukas 23,43)

oder kompetent erscheinen lassen könnte. Wir werden geliebt. Und uns wurde vergeben. Die erste Frage, mit der wir uns beschäftigt haben, lautete: Was ist die Quelle unserer Wünsche? Wir haben festgestellt, dass Gott die Existenz von Wünschen in unser Wesen hineingelegt hat. Doch durch den Sündenfall wurden diese derart pervertiert, dass allenfalls noch ein Schatten des ursprünglich Gewollten übrig geblieben ist. Die zweite Frage war dann die nach der Beurteilung unserer Wünsche. Die Wünsche des unerlösten Menschen sind stets und zwangsläufig sündhaft und ichbezogen.[98] Und obwohl ein Christ ein neues Herz erhalten hat, ist wegen der noch in ihm wohnenden Sünde stets eine Restvorsicht geboten. Uns kann die selbstkritische Frage helfen: „Trägt dies dazu bei, Gottes Bestimmung zu erfüllen?" Wenn ja, sollten wir uns darüber hinaus fragen: „Spielt bei diesem Wunsch Jesus Christus die wichtigste Rolle? Ist und bleibt er mein Gott, oder wird er soeben durch diesen konkreten Wunsch vom Thron gedrängt?"[99]

Christus genügt

Die großartige Nachricht ist: Alle unsere Sehnsüchte werden in Christus gestillt. Er ist gekommen, um uns Leben im Überfluss zu schenken, doch ganz sicher wird er nicht unseren sündigen

---

98 Das bedeutet nicht, dass ungläubige Menschen immer so verdorben sind, wie sie theoretisch sein könnten. Aufgrund von Gottes Gnade gelingt es auch ihnen zuweilen, in ihren Beziehungen und ihrer Arbeit bis zu einem gewissen Maß dem göttlichen Entwurf zu entsprechen, doch ihre Anbetung wird immer sündhaft ichzentriert sein. Hinter ihren guten Werken stecken falsche Motive, obwohl natürlich die wenigsten so offensichtlich verwerflich handeln wie beispielsweise ein Hitler oder ein Nero.

99 In Kolosser 1,18 heißt es: „Und er ist das Haupt des Leibes, der Gemeinde. Er ist der Anfang, (...) damit er in allem den Vorrang habe."

Abb. 8.2 Adams ursprünglich sündlose Wünsche und die vollkommenen Wünsche Jesu

Adams ursprünglich sünd-losen Wünsche verherrlichen Gott und spiegeln sein Bild wider, indem Adam ...	Die vollkommenen Wünsche Jesu verherrlichen Gott und spiegeln sein Bildnis wider, indem er ... [100]
über die Schöpfung herrscht, dadurch Gott ehrt und respektiert und selbst Freude erfährt.	über die Schöpfung herrscht und damit dem Vater Ruhm und Ehre entgegenbringt.
die körperliche Vereinigung mit seiner Ehepartnerin erlebt und genießt und Kinder mit ihr zeugt, die ihrerseits Gott lieben und ehren.	Mensch wurde und seine Botschaft mithilfe der Jünger verbreitete, die dann durch seine Braut, die Gemeinde, die Erde mit geistlicher Frucht versorgen.
die Natur durch praktische und geistige Arbeit beherrscht, die ihm selbst Freude bereitet und Gott verherrlicht.	sich die Natur durch sein Wirken untertan machte und zur Ehre seines Vaters ein Feld beackerte.
dankbar die natürlichen Ressourcen verwaltet, um sein Leben und das seiner Mitmenschen zu erhalten.	sich in Bezug auf seine körperlichen Bedürfnisse ganz in die Abhängigkeit seines Vaters begab und gleichwohl auf die Bedürfnisse der Menschen in seiner Umgebung einging.
die Welt um sich herum genießt, erforscht und ihre Schönheit, den zugrundeliegenden Bauplan und ihre Struktur erfasst.	sein Leben auf Erden so führte, dass Schönheit und Auftrag seines Vaters an und durch Menschen sichtbar wurden.
sich auf eine Zeit der Ruhe und Gemeinschaft mit seinem Schöpfer und mit anderen einlässt, insbesondere am Ruhetag, aber auch zu anderen Gelegenheiten.	den Vater am Sabbat anbetete und durch Gebet, Gemeinschaft und Werke der Barmherzigkeit seine Nähe suchte.

---

100 Das hohepriesterliche Gebet Jesu aus Johannes 17 spiegelt diese Aspekte vollumfänglich wider.

Adams ursprünglich sündlosen Wünsche verherrlichen Gott und spiegeln sein Bild wider, indem Adam ...	Die vollkommenen Wünsche Jesu verherrlichen Gott und spiegeln sein Bildnis wider, indem er ...
die Kommunikation mit seiner Ehepartnerin nutzt, damit sie eine Einheit bilden und Gott zusammen dienen können, die Unterschiedlichkeit des anderen schätzen lernen und Gott dadurch Freude bereiten.	die Gemeinschaft mit seiner Braut, der Gemeinde, suchte und sein Leben für sie hingab. Er statte sie mit bestimmten Gaben aus, damit sie beim Bau seines Reiches mitwirken konnte.
sich mit anderen zusammentut, um gemeinsam die ihnen von Gott aufgetragenen Aufgaben anzugehen und so voneinander zu profitieren und die Gemeinschaft zu genießen.	die Gemeinschaft und enge Verbindung mit Menschen suchte und den Grundstein der Gemeinde legte.
Gott in allem die Ehre gibt und sich an seiner Gegenwart erfreut, um selbst davon zu profitieren und Gott zu erfreuen.	eins und eines Sinnes war mit dem Vater, seine Absichten zu seinen machte und alles tat, um dem Vater Freude zu bereiten.

Wünschen entsprechen. Er macht uns innerlich satt, indem er unser Herz von solchen Sehnsüchten abkehrt und es auf ihn richtet. Er zeigt uns die Sinnlosigkeit und Leere unseres Verlangens auf und wie erfüllend im Gegensatz dazu ein Leben mit ihm und den Seinen ist. Er ist die Quelle unseres Glücks und die Antwort auf unsere Suche nach Zufriedenheit. Alles, was wir brauchen, finden wir in ihm.

Bedenken wir, dass unsere innigsten Wünsche und die Dinge, für die wir eine Leidenschaft entwickeln, einen ganz entscheidenden Einfluss auf unsere Anbetung haben. Ist uns die Aufmerksamkeit anderer immens wichtig, wird unser Lebensstil von Menschenfurcht geprägt sein. Die Meinung anderer ist dann automatisch Objekt unserer Verehrung. Legen wir gesteigerten Wert darauf, uns angenommen zu fühlen, werden wir panische Angst vor Einsamkeit und Zurückweisung haben. Wir werden intensiv darum bemüht sein, andere Menschen oder unsere Peergroup zufriedenzustellen, oder wir sind womöglich anfällig für Co-Abhängigkeitsverhältnisse.[101] Streben wir nach Bequemlichkeit, Vergnügung und Spaß, werden uns Geld oder Ansehen als Götter dienen, die über Segen oder Fluch entscheiden.

Als nach Gottes Ebenbild gestaltete Geschöpfe[102] müssen wir jeden unserer Wünsche im hellen Licht des Wortes Gottes prüfen und läutern lassen. Wir dürfen uns nicht nach den Weisheiten dieser Welt richten – Weisheiten, die uns nur allzu oft über unsere wahren Bedürfnisse im Dunkeln lassen. Stattdessen müssen wir „verwandelt (werden) durch die Erneuerung des Sinnes" (Römer 12,2), damit wir Gottes Absichten und seinen Plan für unser Leben erkennen.

---

101 Siehe auch Ed Welch: *Befreit leben: Von Menschenfurcht zu Gottesfurcht*, 3-L-Verlag, Friedberg, 2. Auflage 2004.

102 „... und den neuen Menschen angezogen habt, der nach Gott geschaffen ist in wahrhaftiger Gerechtigkeit und Heiligkeit." (Epheser 4,24)

Unsere Wünsche – bei ihm am besten aufgehoben

Am Ende der thematischen Auseinandersetzung mit unseren Wünschen wollen wir noch einmal zu Hanna zurückkehren. Auch sie hatte ausgeprägte Wünsche. Sie wollte glücklich sein und in den Genuss der Mutterfreuden kommen. Doch im Glauben hatte sie erkannt, dass Gott die Quelle ihrer Sehnsüchte war. Darum war sie bereit, all ihr Verlangen auf den Altar seines Willens zu legen. Und weil sie das tat, durfte sie erleben, wie ihr Sohn als Gottes Diener in der Furcht des Herrn aufwuchs, der auch ihre größte Freude war. Doch noch nicht einmal ihr Sohn Samuel war es, nach dem sie sich in Wirklichkeit sehnte. Samuel war ein fähiger Priester, aber Hanna brauchte (so wie wir) den wahren Priester, Propheten und König. Dessen wundersame Geburt war die Antwort auf die Bitte um Erlösung einer anderen Mutter: „Meine Seele erhebt den Herrn, und mein Geist hat gejubelt über Gott, meinen Retter. Denn er hat hingeblickt auf die Niedrigkeit seiner Magd (...) Denn Großes hat der Mächtige an mir getan, und heilig ist sein Name" (Lukas 1,46-49).

Gott wird unsere Bitte um Erlösung erhören, so wie er Hannas Gebet erhörte. Wenn wir im Gebet mit unseren Wünschen ringen, so möge er uns gnädig sein und uns bereit machen, sie auf den Altar seiner Liebe und seines Dienstes zu legen. Dann werden Sie staunen und jubeln über das Werk, das er in Ihrem Leben vollbringen wird. Er wird unsere gottgewollten und -gegebenen Sehnsüchte gebrauchen, um unsere Anbetung, unsere Beziehungen und unsere Werke für sein Reich um seiner Ehre willen neu zu entfachen und zu beleben.

Weiterführende Gedankenanstöße

1. Was heißt es, sich nach Gott allein zu sehnen? Siehe Psalm 42,2-3, Psalm 143,6, Jesaja 26,8-9, Lukas 9,23-25.

2. Nehmen Sie sich eine Konkordanz zur Hand und gehen Sie auf die Suche danach, was Gott sich wünscht und was ihn erfreut. Gott freut sich an der Gemeinschaft innerhalb der Dreieinheit und mit seinen Kindern. Welches Licht wirft diese Tatsache auf das Wesen Gottes?

3. Was sagt uns Johannes 8,44 über die Ursache ungeistlicher Wünsche? Was hat unser Glaube an die Wahrheit, wie im letzten Kapitel angesprochen, mit unseren Wünschen zu tun?

4. Hinterfragen Sie sich selbst einmal ganz ernsthaft: Was wünschen Sie sich, und wonach sehnen Sie sich wirklich? Sind es geistliche, auf angemessenem Rang rangierende Wünsche? Oder sind es Wünsche, die zwar geistlich sind, aber eine zu hohe Priorität für Sie haben? Spielt Jesus auch in Bezug auf diesen Wunsch die wichtigste Rolle? Mit anderen Worten: Wären Sie bereit, um seinetwillen auf die Erfüllung dieses Wunsches zu verzichten?

5. Gibt es einen Punkt auf dieser Liste, den Sie nicht an Gott auszuliefern bereit sind? Inwiefern hat dieser Bereich die Funktion eines falschen Gottes eingenommen?

9
Der Wille zum Gehorsam

Wer ist nun der Mann, der den HERRN fürchtet?
Ihn wird er unterweisen in dem Weg, den er wählen soll.
(Psalm 25,12)

Maria von Betanien ist eine der wenigen Personen, denen Jesus öffentlich attestiert, eine gute und geistliche Entscheidung getroffen zu haben. Das heißt nicht, dass es außer ihr nicht noch andere Menschen gab, die sich für die Nachfolge Jesu entschieden. Sie ist nur die Einzige, die Jesus dafür ausdrücklich lobt. Jesus formulierte es so, dass Maria „das gute Teil erwählt" hatte (Lukas 10,42).

Marias Entschluss, sich Jesus zu Füßen zu setzen, entsprach ihrem Wesen. In drei unterschiedlichen Situationen demütigte sie sich vor ihm. Einmal saß sie auf dem Boden zu den Füßen Jesu und hörte ihm zu, während ihre Schwester in der Küche herumwirbelte. Ein anderes Mal fiel sie ihm nach dem Tod ihres Bruders Lazarus zu Füßen und weinte vor Kummer. Nachdem Lazarus auferweckt worden war, demütigte sie sich noch einmal vor Jesus und salbte ihm die Füße mit kostbarem Öl (Johannes 12,3).

Eine der Forderungen des ersten Gebots im Großen Katechismus ist, „Gott anzubeten, zu verherrlichen und ihn zu wählen". Warum entschied sich Maria, zu den Füßen Jesu zu sitzen, während Marta sich beklagte? Worum ging es Marta in ihrem Dienst, dass sie sich dazu hinreißen ließ, derart auf den Herrn einzureden?

Was ist der Wille?

Der Wille ist der Bereich unseres Herzens oder unseres inneren Menschen, der die Entscheidungen trifft. Das Wort *Wille* taucht in vielen Begriffen und Ausdrücken auf, wie beispielsweise „eigenwillig", „willensstark", „freiwillig" oder „Willenskraft". Dieser Gebrauch des Begriffs „Wille" impliziert bereits, dass ein Mensch Entscheidungen trifft und auch in gewisser Weise durch diese Entscheidungen charakterisiert wird. „Schon in seinen Taten gibt sich ein Junge zu erkennen, ob sein Handeln lauter oder ob es redlich ist" (Sprüche 20,11). Warum sind manche Kinder so willensstark? Liegt das an ihrem Umfeld? Oder an ihrer Persönlichkeit? Und warum erscheinen uns manche Menschen im Gegensatz dazu eher willensschwach? Wie kommt es, dass der eine Gott anbeten will, während sich der andere beständig weigert, ihm die Ehre zu geben?

Wenn wir uns näher mit dem menschlichen Willen beschäftigen, werden wir entdecken, welche Rolle unsere Wünsche bei der Willensbildung spielen und wie Gott an unserem Willen arbeitet.

Jonathan Edwards definiert den Willen als „das, woraus jeglicher Entschluss des Verstandes hervorgeht (...) Ein willentlicher Akt ist nichts anderes als ein Akt der Entscheidung oder der Wahl."[103] Weiter schreibt er: „Ein Willensakt zeigt sich als solcher, indem es dem Menschen gefällt, so oder so zu handeln. Denn zwischen jemandem, der tut, was ihm gefällt, und jemandem, der tut, was er will, besteht kein Unterschied."[104]

Der Wille ist die Instanz in uns, die zwischen Schokolade und Vanille entscheidet, die entscheidet, ob wir Bibel lesen oder Fernsehen schauen. Der Wille folgt unseren Gedanken und Wünschen, indem er wählt, was uns zusagt oder die größte Chance auf ein glücklich machendes Ergebnis bietet. Er legt fest, ob wir wie Maria zu Füßen des lebendigen Gottes sitzen oder anderen Göttern nachlaufen. Wenn es Ihnen so geht wie mir, dann warten Sie sehnlichst auf den Tag, an dem uns nichts und niemand mehr vom Herrn ablenkt.

---

103 Übersetzt nach: Edwards, *Freedom of the Will*, 1.
104 Ebd., 3.

Adams Entscheidung

Seit es den Menschen gibt, stellt Gott ihn vor Entscheidungen. Die Wahl, die Adam damals im Garten hatte, und die täglichen Entscheidungen, die wir heute zu treffen haben, sind im Grunde genommen identisch: „Willst du mich anbeten und verherrlichen oder lieber dich selbst?" Durch die gesamte Menschheitsgeschichte hindurch hat Gott uns herausgefordert, uns zwischen ihm auf der einen Seite und der Welt, dem Fleisch und dem Teufel auf der anderen Seite zu entscheiden. Jeder der folgenden Verse fordert die Gläubigen auf, sich für den Herrn zu entscheiden:

So wähle das Leben, damit du lebst. (5. Mose 30,19)

Erwählt euch heute, wem ihr dienen wollt: entweder den Göttern, denen eure Väter gedient haben (...), oder den Göttern der Amoriter. (Josua 24,15)

Wie lange hinkt ihr auf beiden Seiten? Wenn der HERR der wahre Gott ist, dann folgt ihm nach; wenn aber der Baal, dann folg ihm nach! (1. Könige 18,21)

Erwählt, woran ich Gefallen habe. (nach Jesaja 56,4)

Ganz offensichtlich stellt Gott uns immer wieder vor die Wahl: Entweder entscheiden wir uns für das, was Gott gefällt (und wählen dabei für uns selbst den größtmöglichen Vorteil), oder wir sind töricht und gehen unseren eigenen Weg des schnellen, aber nur kurz andauernden Vergnügens.

Neujahrsvorsätze

Wie verbringen Sie den ersten Tag eines neuen Jahres? Abgesehen davon, dass man sich von der langen Feier des Vortages erholen muss, neigt man dazu, so allerhand Veränderungen für das neue Jahr zu planen. Christen nehmen sich vielleicht folgende Dinge vor: „Dieses Jahr werde ich täglich meine Stille Zeit machen" oder: „Dieses Jahr werde ich jeden Tag eine feste Gebetszeit einrichten." Vielleicht werden Sie nach der Lektüre dieses Buches denken: „Dieses Jahr wird Gott wieder den ersten Platz in meinem Leben einnehmen." Wie halten Sie es mit solchen sogenannten Neujahrsschwüren?

Meine Freundin und ich nahmen uns einmal vor, eine sehr lange Passage der Bibel auswendig zu lernen. Zwar hielten wir es eine Zeit lang durch und lernten tatsächlich einen Teil des Textes, doch irgendwann nach dem Sommer verlief sich unser Projekt im Sand. Auch wenn es auf den ersten Blick nicht so aussah, habe ich doch festgestellt, dass ich eine bewusste Entscheidung gegen das weitere Auswendiglernen getroffen hatte. Diese Entscheidung hatte ihre Ursache darin, dass ich zur Antriebsarmut neige und nicht gut darin bin, etwas eisern und diszipliniert durchzuziehen. Das heißt zwar nicht, dass ich nicht auch einmal etwas Unangenehmes durchstehe, doch es bedeutet einen ständigen Kampf für mich, bei dem ich immer wieder eine gewisse Willensschwäche bei mir feststelle. Geht das nur mir so?

Wenn ich die gesamte Menschheitsgeschichte betrachte, bezweifle ich das. Man muss nicht Geschichte studiert haben, um zu der Erkenntnis zu gelangen, dass der Mensch – von einigen rühmlichen Ausnahmen vielleicht einmal abgesehen – grundsätzlich dazu neigt, sich selbst zu dienen. Der Mensch folgt ausschließlich seinen egoistischen Wünschen. Edwards schreibt: „Das Herz wählt niemals das Rechte, und noch weniger trifft es eine nicht von Selbstliebe motivierte Entscheidung."[105] Diese Aussage sehen wir vielfach belegt, weil die ungeteilte Liebe zu Gott und zum Nächsten nicht gerade zu den Stärken der Menschheit gehört.

Josua war die Unfähigkeit des Menschen, richtige Entscheidungen zu treffen, ebenfalls bewusst. „Ihr könnt dem HERRN

---

105 Übersetzt nach: James M. Houston (Hg.), *Religious Affections: A Christian Character before God* (Minneapolis: Bethany House, 1996), XVIII.

nicht dienen. Denn er ist ein heiliger Gott", sagte er in Josua 24,19. Überrascht Sie diese Aussage? Josua kannte das Wesen des Menschen. Er wusste, dass sich das Volk gegen die Anbetung Gottes entscheiden würde. Er wusste, dass die Menschen egoistisch waren und zum Götzendienst neigten. Selbst wenn sie vollmundig verkündeten, Gott dienen und gehorchen zu wollen, gibt die Geschichte Aufschluss über ihre wahren Gedanken und Wünsche. Und klar ist auch, dass wir kein bisschen besser sind, wenn Gott nicht in seiner Gnade an unseren Herzen wirkt. Sonst entscheiden auch wir uns immer dafür, uns selbst und unseren eigenen Göttern zu dienen. Auch wir verkünden: „Wir werden dem Herrn dienen." Und im nächsten Augenblick kehren wir ihm den Rücken.

Schwer zu bändigende Wünsche?

Doch worin besteht unser Problem? Warum sagen wir das eine und tun das andere? Ist unser Wille gestört? In gewisser Hinsicht ist das sicherlich so. Er funktioniert nicht so, wie er es eigentlich sollte, weil Gott uns dafür geschaffen hat, unseren Willen auf ihn zu richten. Diese Fähigkeit haben wir verloren, als die Sünde Einzug in die Welt hielt. Obwohl wir ein neues Herz bekommen haben, was auch einen veränderten Willen mit einschließt, der nun prinzipiell fähig ist, sich für das Gute zu entscheiden, beeinflusst uns die Sünde immer noch. Wären wir auf uns selbst gestellt und müssten uns auf unsere eigene Kraft verlassen, würden wir uns immer falsch entscheiden, auch als Christen. Denn es wird offenbar, dass wir „in Schuld geboren" sind (Psalm 51,7).

Trotz unseres gefallenen Zustands aber funktioniert unser Wille grundsätzlich so, wie er es sollte. Denn es ist nicht der Wille, der nicht mit unserem Herzen übereinstimmt, wenn wir behaupten, dem Herrn dienen zu wollen, und doch genau das Gegenteil tun. Vielmehr liegt es daran, dass unsere Worte nicht mit unseren innigsten Wünschen und Neigungen übereinstimmen.[106] An der Funktion des Willens liegt es nicht. Der Wille richtet sich nach unseren wahren Gedanken und Wünschen. Doch bedingt durch unsere Neigung zur Sünde fühlt sich auch unser Wille mehr zur Sünde hingezogen als zur Heiligkeit. Die Diskrepanz zwischen dem, was wir sagen („Wir werden dem Herrn dienen"), und dem, was wir tun (uns selbst dienen), ist nicht auf unseren Willen zurückzuführen. Unser Wille reagiert auf die fehlgeleiteten Gedanken und ungeistlichen Wünsche, die uns erfüllen. Edwards formuliert es so: „Ein Mensch will grundsätzlich und unter keinen Umständen etwas, was seinen Wünschen widerspricht."[107]

Warum beteuern wir am Sonntagmorgen unsere große Liebe zu Gott, prahlen aber am Montagmorgen unserem Chef gegenüber mit unseren Errungenschaften und übertreiben dabei? Weil wir hinsichtlich unserer Wünsche gespalten sind. Wir haben den gottgegebenen Wunsch, zu Gottes Ehre zu arbeiten (wie wir an Adam sehen), während uns gleichzeitig die Sehnsucht nach Anerkennung und Bestätigung umtreibt. Wenn wir also unserem Chef montags gegenüberstehen, setzt unser Wille in dem Moment, indem wir die Wahl zwischen der Wahrheit und der Übertreibung haben, den Wunsch um, der aktuell am stärksten in uns ist (in dem Fall der Wunsch nach Respekt).

Obwohl Gott uns ein neues Herz gegeben und sein Gesetz hineingeschrieben hat, wird genau dieses Herz immer noch heimgesucht von den Lügen und Eitelkeiten dieser Welt. Deshalb sagen wir das eine und tun genau das andere. Wenn es uns wundert, dass wir immer wieder anderen Göttern nachlaufen, statt mit ganzem Herzen für den Herrn da zu sein, sollten wir einmal die Gedanken und Wünsche analysieren, die unser Herz gefangen halten. Darin liegt die Ursache jeder Sünde und Niederlage in unserem Leben. Fallen wir nur ja nicht auf den Gedanken

---

106 Jesus beschrieb die Pharisäer mit den Worten Jesajas: „Dieses Volk ehrt mich mit seinen Lippen, aber ihr Herz ist weit entfernt von mir" (Matthäus 15,8).

107 Übersetzt nach: Edwards, *Freedom of the Will*, 139.

herein, wir müssten lediglich genug Willenskraft aufbringen. Was wir brauchen, ist nicht mehr „Willenskraft" oder Selbstdisziplin. Was wir brauchen, sind geistliche und Gott wohlgefällige Gedanken und Wünsche.

Wenn sich der Wille an die Sünde gewöhnt

Immer und immer wieder wählt unser Wille die Sünde, indem er irreführenden Gedanken und ichbezogenen Wünschen aufsitzt. Und irgendwann wird dann eine Gewohnheit daraus. Und eben wegen dieses entstehenden Musters reagiert unser Wille in bestimmten Situationen ohne große Vorüberlegung ganz automatisch sündig. Ist es Ihnen schon einmal so gegangen, dass Sie über Ihre eigenen Worte schockiert waren? Ich kenne das. In einer solchen Situation frage ich mich dann: „Wo kam das denn jetzt her? Warum habe ich das gesagt?"

Wenn mir etwas Schockierendes über die Lippen kommt, überlege ich: „Was geht hier vor? Spielt mir mein Wille einen Streich?" Nein, ganz sicher tut er das nicht. Denn mein Wille funktioniert ordnungsgemäß. Ich reagiere so, weil ich diesen Gedanken gewohnheitsmäßig nachgehe und in diesem Moment das Bedürfnis verspüre, sie auszusprechen. Ich bin nur einen Augenblick lang überrascht, weil sie mir tatsächlich über die Lippen kommen. Wir alle tragen solche Muster in uns, die uns gewohnheitsmäßig dazu veranlassen, in Gedanken und Taten zu sündigen. Der Wille gewöhnt sich so sehr an die ausgetretenen Pfade, dass sie zu unserer zweiten Natur werden.

Wir entscheiden uns nicht nur bewusst, sondern oftmals auch gewohnheitsmäßig für die Sünde. Wenn Sie sich daran gewöhnt haben zu lügen, sobald Sie unter Druck geraten, werden Sie es auch irgendwann reflexartig tun, ohne sich bewusst dafür entscheiden zu müssen. Trösten wir uns immer mit Schokolade über unser Selbstmitleid hinweg, werden wir automatisch und unreflektiert zur Schokolade greifen, wenn diese gerade herumliegt und wir uns schlecht fühlen. Sind Sie ein Typ, der automatisch Gehorsam einfordert, werden Sie reflexartig wütend und ruppig reagieren, wenn jemand Ihre Autorität infrage stellt. Diese Automatismen sind es, die uns ganz unbewusst anderen Göttern dienen lassen.

Wir alle haben schon einmal bereut, etwas getan zu haben, das uns zum entsprechenden Zeitpunkt gar nicht bewusst war. Verstehen Sie mich nicht falsch. Das bedeutet nicht, dass wir für gewohnheitsmäßig begangene Sünden nicht verantwortlich sind. Natürlich sind wir das. Denn diese sündigen Gewohnheiten resultieren grundsätzlich aus ursprünglich bewusstem Handeln gegen Gott und sein Gesetz, und wir sind sehr wohl dafür zur Verantwortung zu ziehen, selbst wenn es uns nicht immer bewusst ist, dass wir sündigen.

Der freie Wille?[108]

Wir hier im Westen schätzen unsere Freiheit. Wir denken, ausgerechnet wir hätten das gottgegebene Recht, tun und lassen zu können, was auch immer wir wollen. Der Gedanke, dass ich nicht der Herr meiner eigenen Seele sein könnte, scheint ziemlich absurd und fast schon lächerlich. Ich werde jetzt nicht behaupten, wir hätten keinen freien Willen. Ich werde auch nicht behaupten, wir besäßen nicht die Fähigkeit, unseren Gedanken, Wünschen und Neigungen entsprechend zu handeln, weil es ganz offensichtlich ist, dass wir Menschen aus freien Stücken so handeln, wie es uns beliebt.

---

108 Es ist nicht die zentrale Absicht dieses Buches, den Leser entweder vom Calvinismus oder vom Arminianismus zu überzeugen. Falls Sie eine dieser Lehren vertreten, wissen Sie bereits, was ich für wahr halte. Vielleicht wollen Sie sich auch gar nicht unbedingt einer bestimmten Sichtweise anschließen und fragen sich deshalb, warum ich dieses Thema hier überhaupt behandle. Ich muss es an dieser Stelle zwingend streifen, weil die Lehre der freien Wahlmöglichkeit so wesentlich ist im Hinblick auf unser Hauptthema, dass ich diese Diskussion nicht außen vor lassen kann, auch wenn ich dabei nicht unbedingt abschweifen möchte.

Wären wir nicht grundsätzlich in der Lage, unser Verhalten willentlich zu steuern, könnten wir dafür auch nicht zur Rechenschaft gezogen werden. Unser Problem ist nicht die mangelnde Freiheit des Willens, sondern die gefallene Natur unserer Wünsche. Die Ursache liegt im Fokus unseres Herzens. Die Bibel sagt, dass unsere Herzen nicht neutral waren, bevor wir Christen wurden. Sie waren vielmehr gegen Gott eingestellt. Paulus schreibt: „... weil die Gesinnung des Fleisches Feindschaft gegen Gott ist, denn sie ist dem Gesetz Gottes nicht untertan, denn sie kann das auch nicht sein" (Römer 8,7).[109]

Bevor Christus uns zu sich zog und veränderte, folgten wir ausschließlich unseren stärksten Wünschen und Neigungen. Im Herzen waren wir Gegner Gottes. Nichtgläubige Menschen können die Wahrheit nicht erkennen und somit auch nicht den Wunsch entwickeln, ihr zu folgen. Nicht dass ich missverstanden werde: Sie haben sich freiwillig entschieden, so zu leben. Es ist ihre Entscheidung, der gefallenen Natur in sich das alleinige Kommando zu überlassen. Ein Nichtchrist hat nicht die Macht, sich für den Glauben oder den Weg der Gerechtigkeit zu entscheiden, doch er entscheidet sich freiwillig dafür, der Stimme seines Herzens zu folgen.

Wenn ein Mensch Christ wird, genießt er Freiheit. Im Gegensatz zu dem Zustand seines alten Ichs, das immer gebunden und der Sünde zugeneigt war, vermag er jetzt zwischen Sünde und Nichtsünde zu wählen. Beiden Entscheidungsmöglichkeiten kann er sich gleichermaßen zuwenden. Wenn er eine starke Neigung seines Herzens verspürt, wenn er von der Richtigkeit des zu Wählenden überzeugt ist und sich nach dem Herrn sehnt und danach, ihm Freude zu bereiten, wird er sich für den Gehorsam entscheiden. Er ist kein Sklave der Sünde mehr in dem Sinne

---

109 „Otternbrut! Wie könnt ihr Gutes reden, da ihr böse seid? Denn aus der Fülle des Herzens redet der Mund." (Matthäus 12,34) „Ein natürlicher Mensch aber nimmt nicht an, was des Geistes Gottes ist, denn es ist ihm eine Torheit, und er kann es nicht erkennen, weil es geistlich beurteilt wird."(1.Korinther 2,14)

und Ausmaß, wie er es vor seiner Errettung war. Zuvor gab es für ihn immer nur eine mögliche Handlungsoption: Er sündigte zwangsläufig. Jetzt hingegen, nachdem er ein neues Herz empfangen hat, bieten sich ihm zwei Möglichkeiten. Er kann sündigen oder nicht sündigen und sich entsprechend seiner Wünsche entscheiden.

Wir sehen also, dass das Problem nicht darin liegt, noch mehr Willenskraft aufbringen zu müssen. Der entscheidende Punkt ist unsere Gedankenwelt, sodass es gilt, neue Gedanken, Neigungen und Wünsche zu entwickeln. Wir müssen gar nicht erst versuchen, uns aus eigener Kraft aufzurappeln oder gar das Gute aus uns herauszupressen. Es geht vielmehr darum, unsere sündigen Sehnsüchte und Wünsche durch geistliche Ansinnen zu ersetzen, und das funktioniert allein im Kontext des Evangeliums. Wenn wir uns alles vor Augen führen, was Gott für uns getan hat und wie gnädig er uns in die Beziehung zu ihm geführt hat, werden wir eine Liebe zu Gott entwickeln, die unser Sehnen verändern und den Wunsch zum Gehorsam in uns aufkeimen lassen wird. Diese Liebe zu Gott, die sich in der Art unserer Wünsche niederschlägt, entsteht nur als Reaktion auf seine Liebe zu uns, die er uns als Erster erwiesen hat und die absolut freiwillig, einladend und bedingungslos ist. Wenn Gott diese neue und geheiligte Leidenschaft in uns weckt, werden wir feststellen, dass unser zuvor so schwach erscheinender Wille mit einem Mal darauf reagiert. Plötzlich ist es uns möglich, ihn zu lieben, weil er uns zuerst geliebt hat (1. Johannes 4,19), und aus dieser Liebe entspringt der Wunsch, ihm zu dienen und Freude zu bereiten.

Der innere Kampf

Paulus hatte das Problem unseres Willens erkannt: Auch er identifizierte widerstreitende Wünsche und Neigungen in seinem Herzen, die gegeneinander um die Vorherrschaft kämpften. Denn im gleichen Maße, wie der Wunsch in mir arbeitet, Gott zu dienen und nachzufolgen, zeigt sich meine innere Neigung zum Götzendienst. Paulus spricht sehr anschaulich über dieses Dilemma:

> Denn was ich vollbringe, erkenne ich nicht; denn nicht, was ich will, das tue ich, sondern was ich hasse, das übe ich aus. (...) Denn ich weiß, dass in mir, das ist in meinem Fleisch, nichts Gutes wohnt; denn das Wollen ist bei mir vorhanden, aber das Vollbringen des Guten nicht. (Römer 7,15.18)

Im Gegensatz zu einem Nichtgläubigen, bin ich als Christ in der Lage, mich im Einzelfall für oder gegen die Sünde zu entscheiden. Doch so wie Paulus hier muss ich der Tatsache ins Auge sehen, dass in mir ein Kampf völlig unterschiedlicher Gedanken, Neigungen und Wünsche tobt, die mich auf ihre jeweilige Seite ziehen wollen. Deshalb ist das Ringen um einen heiligen Lebenswandel für jeden Christen ein nie enden wollender Kampf. Unablässig müssen wir gegen den Unglauben und die falschen Götter unserer Herzen zu Felde ziehen. Und sobald wir meinen, einen von ihnen identifiziert und besiegt zu haben, schaut er bereits in anderer Gestalt um die nächste Ecke. Deshalb müssen wir uns ständig ins Gedächtnis rufen, wie sehr wir geliebt und angenommen sind und wie umfassend uns vergeben wurde, weil Jesus von dem starken Wunsch getrieben war, die Liebe zu Gott und zum Nächsten über alles andere zu stellen. Und dann muss der Glaube daran, dass all dies auch für uns persönlich Gültigkeit hat, die Oberhand gewinnen. Unsere sündige Natur, die nichts Besseres zu tun hat, als unablässig die Liebe Gottes zu uns, seine Güte und liebevolle Zuwendung infrage zu stellen, wird ständig darum kämpfen, unser Vertrauen in Gott zunichte zu machen. Und ohne den festen Glauben an seine Barmherzigkeit und Fürsorge werden wir kaum die Kraft aufbringen, wieder aufzustehen und weiterzukämpfen ... wieder ... und wieder. Unser Herz wird ständig fragen: „Wie um alles in der Welt kann Gott mich lieben? Er muss doch bestimmt zornig auf mich sein ..." Und genau diese Gedanken sind es, die uns zum Aufgeben bewegen wollen und uns die Kraft rauben, die wir zum Durchhalten brauchen.

Wie oft haben Sie sich schon gefragt: „Warum ist das Streben nach Heiligkeit ein solcher Kampf? Immer wenn ich das Gefühl habe, dass alles einigermaßen gut läuft, sind plötzlich alle meine guten Vorsätze wie weggeblasen. Warum bekomme ich das einfach nicht gebacken (wobei sich die Frage stellt, was genau „das" ist) und fange endlich an, so zu leben, wie Gott es von mir erwartet?"[110] Die Antwort auf diese Frage ist für uns heute dieselbe wie damals für Paulus. Unsere Herzen sind zerrissen zwischen der Liebe und Verehrung Gottes und der Liebe und Verehrung der Welt.[111] Wir glauben der guten Nachricht und sind trotzdem noch in gewissem Sinn ungläubig. Die folgenden Verse bilden diesen Krieg und die widerstreitenden Neigungen sehr anschaulich ab:

Wenn jemand zu mir kommt und hasst nicht seinen Vater und die Mutter und die Frau und die Kinder und die Brüder und die Schwestern, dazu aber auch sein eigenes Leben, so kann er nicht mein Jünger sein; und wer nicht sein Kreuz trägt und mir nachkommt, kann nicht mein Jünger sein. (Lukas 14,26-27)

Wenn ich noch Menschen gefiele, so wäre ich Christi Knecht nicht. (Galater 1,10)

---

110 Weil viele Christen die Funktionsweise unseres Willens nicht kennen und nichts von unseren widerstreitenden Wünschen und Neigungen ahnen, suchen sie irgendwann nach nichtbiblischen Auswegen aus diesem Dilemma.

111 Nur Gott ist vollkommen und uneingeschränkt frei, das zu tun, was er möchte. „Unser Gott ist im Himmel; alles, was ihm wohlgefällt, tut er" (Psalm 115,3). „Alles, was dem HERRN wohlgefällt, tut er im Himmel und auf der Erde, in den Meeren und in allen Tiefen" (Psalm 135,6). Siehe auch 1. Samuel 3,18; Hiob 23,13; Psalmen 33,9-11; 46,11-12; Daniel 4,35; Matthäus 11,25-26; Apostelgeschichte 4,28; Epheser 1,11; Philipper 2,10-11. Wir müssen erkennen, dass Gott tut, was ihm gefällt und wie es ihm beliebt.

Ihr Ehebrecherinnen, wisst ihr nicht, dass die Freundschaft der Welt Feindschaft gegen Gott ist? Wer nun ein Freund der Welt sein will, erweist sich als Feind Gottes. (Jakobus 4,4)

Liebt nicht die Welt noch was in der Welt ist! Wenn jemand die Welt liebt, ist die Liebe des Vaters nicht in ihm. (1. Johannes 2,15)

Sogar für uns Gläubige ist es trotz veränderter Herzen und Wünsche unmöglich, Gott vollkommen und mit ganzem Herzen, ganzer Seele, ganzem Verstand und aller Kraft zu lieben, weil in uns immer noch Sünde und Unglaube wohnen. Unser Herz wird sich immer wieder aufs Neue zu Dingen hingezogen fühlen, die man sehen, anfassen und fühlen kann, weil uns der Glaube an das Unsichtbare oftmals nicht genügt. Stets stehen wir in der Gefahr, etwas anderes als den wahren Gott anzubeten, etwas anderes mehr zu lieben als ihn und anderen Göttern die Treue zu schwören – entweder uns selbst und dem Glauben an unsere Fähigkeit der Selbsterlösung oder etwas anderem, von dem wir uns bleibendes und wirkliches Glück versprechen.

Wenn Sie sich an Situationen erinnern, in denen Sie vergeblich versuchten, eine geistlich kluge Wahl zu treffen, dann sollten Sie bedenken, dass wir uns mitten in einem schweren Kriegsgefecht befinden – nicht bloß in einem harmlosen, unbedeutenden Scharmützel. Wir dürfen uns freuen, weil der Herr Jesus unsere Sünde bereits am Kreuz von Golgatha besiegt hat und wir dadurch eines Tages vollkommen frei sein dürfen. Doch gleichwohl müssen wir uns gegen die noch vorhandenen trügerischen Gedanken, Wünsche und Neigungen unseres Herzens wappnen. Wir können gegen den Unglauben zu Felde ziehen, weil wir uns täglich an die Gnade Gottes klammern dürfen. Doch selbst wenn wir das tun, werden wir immer wieder von Selbstliebe, Geld, Familie, Besitz, der Meinung anderer, der Welt und ihren Verlockungen überrumpelt und gesteuert – auch wenn wir uns in unserem Herzen fest vorgenommen haben, für unseren Gott allein da zu sein.

In jeden hingegebenen Christen hat Gott den Wunsch hineingelegt, alles auf ihn zu setzen. Jeder von uns möchte ihn einst sagen hören: „Recht so, du guter und treuer Knecht! (...) Geh hinein in die Freude deines Herrn" (Matthäus 25,23). Oder? Natürlich wissen wir, dass Jesus der einzig wahre Gott und zugleich der einzig wahre Knecht ist und dass die Freude, in die wir einmal eingehen dürfen, allein sein Verdienst ist. Doch obwohl wir gerne gehorsam sein möchten, bleiben wir und alle anderen niemals beständig auf diesem Weg des guten und treuen Knechts. Warum sagte Josua den Israeliten, dass sie trotz aller ihrer guten Absichten nicht fähig seien, Gott allein zu dienen? Die Wahrheit über unsere Entscheidungen ist sehr simpel. Unsere Wahl fällt nicht kontinuierlich und zuverlässig auf den Herrn, wenn wir ihn nicht bis in die letzte Konsequenz begehren. Und wir begehren ihn nicht wirklich, wenn wir nicht vollkommen überzeugt davon sind, dass er uns liebt und unser Glück in dieser seiner Liebe zu finden ist.

Seien wir doch einmal ehrlich: Regelmäßig lassen wir uns vom Vergnügen und den Glücklichmachern der Welt blenden[112] und wollen nicht wirklich glauben, dass die Freude, die unser Herr in seiner Gnade für uns vorgesehen hat, noch viel besser ist. „Und die Sorgen der Zeit (oder dieser Welt) und der Betrug des Reichtums und die Begierden nach den übrigen Dingen" (Markus 4,19) verdrängen die Liebe zu Gott. Erinnern wir uns noch daran, dass C. S. Lewis von „Dreck" sprach? Wir spielen freiwillig im Dreck, weil wir uns damit zufrieden geben und er uns besser erscheint als alle anderen Optionen.

An diesem Punkt möchte man mit Paulus ausrufen: „Ich elender Mensch! Wer wird mich retten von diesem Leibe des Todes?" Aber seine Antwort lautet: „Ich danke Gott durch Jesus Christus, unseren Herrn!" (Römer 7,24-25). Gott ist es, der uns befreien und durch das Werk verändern kann, das sein Sohn bereits für

---

112 Manchmal entspringt diese Freude dem Selbstmitleid oder einem Frieden um jeden Preis und somit letztlich doch der Liebe zu dieser Welt und dem Wunsch, den eigenen Weg zu gehen.

uns vollbracht hat. Käme es nur auf uns selbst an, stünden wir auf ziemlich verlorenem Posten. Aber weil er sein Werk in uns voranbringt (und sein Werk immer zum Ziel kommt), können wir Hoffnung und Mut schöpfen.

Gott arbeitet an unserem Willen

Wenn Paulus die Philipper auffordert, ihr „Heil mit Furcht und Zittern" zu bewirken (Philipper 2,12), dann weist er sie damit zugleich auf die einzige Hoffnung und Möglichkeit hin, dieses Ziel zu erreichen: Gottes absolut vertrauenswürdiges und längst schon vollbrachtes Werk. „Denn Gott ist es, der in euch wirkt, sowohl das Wollen als auch das Wirken zu seinem Wohlgefallen" (Philipper 2,13). Dass Gott das Werk und seine Absichten in uns vollenden möchte, ist unsere einzige Hoffnung. Dass wir in der Heiligung wachsen, liegt ganz in seiner Hand. In dieser Tatsache können wir ruhen, während wir gleichwohl nicht untätig sind. Denn wir wissen, dass er versprochen hat, die Veränderung unseres Herzens zu bewirken, nach der wir uns so sehnen – zu seiner Zeit und begleitet durch unser gläubiges Mitwirken.

Gott treibt sein Werk in uns voran, indem er unsere Gedanken, Wünsche und Neigungen verändert, auf deren Grundlage wir unsere Entscheidungen treffen. Dazu macht er uns immer wieder seiner Liebe zu uns und der Vergebung unserer Schuld gewiss. Seine Liebe wird zwangsläufig unsere Gegenliebe wachrufen, und diese Liebe wird zwangsläufig Einfluss auf unsere Wünsche haben. Und weil wir geliebt sind, brauchen wir uns nicht mehr selbst zu rechtfertigen oder zu beweisen, dass wir im Großen und Ganzen in Ordnung sind. Sein Wirken besteht darin, den Glauben in uns zu entfachen. Unsere Aufgabe hingegen ist es, im Glauben auf das, was er für uns getan hat, zu reagieren und dem Unglauben immer wieder den Kampf anzusagen.

Marias vorzügliche Wahl

Was sollen wir nun zu Marias vorzüglichen Entscheidungen sagen? Traf sie sie, weil sie willensstark und selbstdiszipliniert war? War sie von Natur aus heiliger als andere oder vielleicht besonders tugendhaft? In der Tat entschied sie sich bewusst dafür, dem Herrn absolute Priorität einzuräumen, doch die Ursache dafür war nicht ihre Selbstdisziplin oder ihre Gewohnheit, für den Herrn das Äußerste aus sich „herauszupressen". Ihre Wahl entsprang vielmehr ihrer Liebe zu Jesus – einer Liebe, die durch das stetige göttliche Angenommensein und Geliebtsein hervorgerufen und genährt worden war. Sie wollte einfach nahe bei Jesus sein, sich ihm zu Füßen setzen und ihm das kostbarste Geschenk geben, das sie zu bieten hatte, weil sie sich seiner göttlichen Liebe und Fürsorge absolut sicher war. Ihr Wille war auf die Anbetung Jesu fixiert, weil er auf dem Thron ihres Herzens saß. Insofern war ihr Handeln nahezu ein Reflex. Natürlich erlebte sie auch, dass ihr Vertrauen in Jesus durch den Tod ihres Bruders Lazarus schwer auf die Probe gestellt wurde. Und trotzdem hielt sie an ihrem Glauben fest und salbte ihren heißgeliebten Erlöser für sein Begräbnis (Johannes 12).

In seinem souveränen Willen beschloss Gott, an Marias Herzen zu wirken, sie von der Liebe Jesu zu überzeugen und in ihr den Hunger nach seiner Gegenwart zu wecken. Er wollte, dass man sich an sie als eine Frau erinnert, die ihn allein anbetete und dementsprechend richtig entschied. Wenn wir nicht an Gottes souveränes Handeln in unserem Leben glauben, haben wir keine echte Hoffnung auf Veränderung. Hätte Maria sich so entschieden, weil sie ein besserer Mensch war als ihre Schwester Marta, gäbe es für uns, die wir nicht so gut und tugendhaft sind wie sie, wohl kaum Hoffnung. Und was wäre dann mit denen, deren Nachfolge dunkel überschattet ist und die die Sünde nicht genug hassen, um ihr zu widerstehen? Und mit den Menschen, die lange Jahre ihres Lebens vom Glauben an Gott nichts wissen wollten oder die immer wieder in Sünde verfallen? Was ist mit denen? Wenn wir im Hinblick auf innere Veränderung auf etwas anderes bauen als auf das souveräne Eingreifen Gottes, sind wir zu einem von Selbstbespiegelung und Frustration geprägten Leben verdammt. Gott hat zugesagt, in und an uns zu arbeiten. Sind wir weise, dann vertrauen wir seinem guten Plan für unser Leben, selbst wenn das zeitweise Kampf bedeutet – nämlich immer dann, wenn Gott an unseren Wünschen arbeitet, um sie zu läutern. Als seine geliebten Kinder haben wir die feste Zusage, dass Gott unsere Herzen so sehr zu verändern vermag, dass wir uns nichts so sehr wünschen wie die Nähe zu ihm. Er kann unsere Herzen auf sich selbst richten, so wie er es auch mit Marias Herz tat.

In Sprüche 21,1 heißt es: „Wie Wasserbäche ist das Herz eines Königs in der Hand des HERRN; wohin immer er will, neigt er es."[113] Menschlich gesehen hat keiner so viel Macht wie ein König, der tun kann, was immer er möchte. Doch selbst die Autorität eines irdischen Königs verblasst verglichen mit Gottes souveränem Willen. So wie Gott die Herzen großer Männer lenkt, kann er auch Ihr Herz dazu bewegen, ihn anzubeten. Kommen wir also in dieser Gewissheit zur Ruhe und bejubeln seine Liebe und sein kraftvolles Wirken. Er kann sein Werk in Ihnen vollenden. Statt Maria und all die anderen biblischen Vorbilder anzubeten, können wir uns von ganzem Herzen der Anbetung Gottes widmen und mit Fug und Recht von ihm behaupten: „Ist er nicht großartig? Ich will ihn lieben, so wie er mich geliebt hat."

Weiterführende Gedankenanstöße

1. Was sind die drei Funktionen des Herzens? In welcher Beziehung stehen sie zueinander?

2. Wie stark sind Ihre Willenskraft und Selbstdisziplin?

---

113 Siehe auch Esra 7,27-28; Nehemia 1,11; 2,4; Psalm 105,25; Psalm 106,46; Sprüche 16,1.9; 20,24; Daniel 4,35; Apostelgeschichte 7,10; Römer 8,29; Epheser 1,3-4.

3. In welchem Zusammenhang stehen unsere Entscheidungen und unsere Wünsche?

4. Fallen Ihnen Bereiche Ihres Lebens ein, in denen Sie sich für gewöhnlich für den Dienst für Gott entscheiden? Welche Wünsche liegen diesen Entscheidungen zugrunde?

5. Formulieren Sie die nachfolgenden Verse mit Ihren eigenen Worten um. Machen Sie anschließend aus jedem Vers ein Gebet. Bitten Sie Gott darum, dass er Ihre Wünsche heiligt.

a. Psalm 63,2-6
b. Psalm 42,2-3
c. Psalm 73,25-28
d. Psalm 119,20.81
e. Psalm 143,6
f. Jesaja 26,8-9

10
Den falschen Göttern widerstehen

Deshalb sollt ihr euer altes Wesen und
eure frühere Lebensweise ablegen,
die durch und durch verdorben war und euch
durch trügerische Leidenschaften zu Grunde richtete.
(Epheser 4,22; NLB)

Veränderung ist anstrengend, oder? Während ich diese Zeilen schreibe, sind ein paar Arbeiter damit beschäftigt, meinen ganzen Garten umzugraben. Zwar habe ich diese Arbeiten selbst in Auftrag gegeben, doch dabei zusehen zu müssen, wie meine schöne, saftig grüne Rasenfläche umgepflügt wird und plötzlich eher einem Acker gleicht, frustriert mich ein wenig. Das liegt wohl daran, dass mir mein Garten vorher ganz gut gefiel. Auch wenn ich davon überzeugt bin, dass die Erdarbeiten notwendig sind, ist dieser Veränderungsprozess unangenehm. Immer wieder muss ich mir sagen, dass ich es ja selbst bin, die dieses Durcheinander angezettelt hat, und hoffe dann, dass mich das Endergebnis wieder glücklicher macht und für die Mühsal des Veränderungsprozesses entschädigt.

In gewisser Weise ähnelt das den Veränderungsprozessen, die Gott in uns vornimmt. Jeder Christ möchte verändert werden. Jeder von uns sehnt sich danach, heilig zu sein. Sie wären nicht bis zu diesem Kapitel vorgedrungen, wenn Sie nicht ernsthaft bereit wären, falsche Götter in Ihrem Leben zu entlarven und Fortschritte auf dem Weg der Nachfolge zu machen. Doch wenn wir merken, dass diese Veränderungen mit Ungemach verbunden sind, bekommen wir es trotzdem mit der Angst zu tun. Und ich bin mir sicher, dass unser Heiligungsprozess mehr

Unannehmlichkeiten mit sich bringt als die Umgestaltung meines Gartens.

Heiligung: Gottes Veränderungsmethode

Eine der großen Schwächen des heutigen Christentums liegt im Missverständnis darüber, wie Gott das Herz eines Gläubigen verändert. Im Neuen Testament wird diese Veränderung als Heiligung bezeichnet. Heiligung ist sowohl eine Stellung als auch ein Prozess. Heiligung im Sinne der Stellung eines Christen bezeichnet die augenblickliche Veränderung, die der Heilige Geist in uns bewirkt, indem er uns zu „heiligen und untadeligen Kindern Gottes" erklärt. In diesem Sinne ist jeder Christ vollkommen heilig. Auf der anderen Seite gibt es die fortschreitende Heiligung, bei der es sich um den langsamen Prozess handelt, in dem Gott unser Herz so verändert, dass wir ihm ähnlicher werden. Diese fortschreitende Heiligung ist Gottes Methode, um uns innerlich in das zu verwandeln, was wir unserer Stellung nach bereits sind. Fortschreitend, unablässig und gnädig arbeitet der Heilige Geist in uns, weil er zum einen die Liebe in uns zur Entfaltung bringen und uns zum anderen vollkommen frei machen möchte.

Allerdings sollten wir nicht meinen, fortschreitende Heiligung entspräche einer Fahrt auf einer Rolltreppe. Sie verläuft nicht linear und kontinuierlich aufwärts. Meistens gleicht sie eher einem Bleistiftgekritzel als einer geraden Linie. Und manchmal glauben wir, ein ganzes Stück weiter gekommen zu sein, nur um im nächsten Moment festzustellen, dass wir wieder an unserem Ausgangspunkt angelangt sind. Wir müssen uns bewusst machen, dass sowohl unsere fortschreitende als auch die positionelle Heiligung allein in Gottes Hand liegen und dass er unser Gelingen und Versagen, unser Wachstum und unsere Niederlagen letztlich gebraucht, um mit uns zum Ziel zu kommen und sich selbst zu verherrlichen.

Außerdem bemisst sich unser Fortschritt in der Heiligung nicht an unseren äußeren Werken – nach dem, was wir tun oder nicht tun –, obwohl es auch nicht um weniger geht. Wahre Heiligung zeigt sich nicht zwingend in unserem Verhalten, sondern in unserem Maß an Liebe – Liebe zu Gott und zu unserem Nächsten. Und diese Liebe ist es, die dann auch eine Veränderung unserer Worte und Taten erzeugen wird, die jedoch mehr sind als eine bloße Einhaltung der Gebote „Koste nicht, betaste nicht!" (Kolosser 2,21). Am besten umschreibt es die Formulierung: „der durch Liebe wirksame Glaube" (Galater 5,6).

Obwohl Gottes veränderndes Handeln an uns sehr unterschiedlich und individuell aussieht, ist der Prozess an sich doch bei allen Christen gleich. Obwohl er sich in der gesamten Bibel wiederfinden lässt, wird er in Epheser 4,22-24 besonders präzise und wie folgt beschrieben:

Dass ihr, was den früheren Lebenswandel angeht, den alten Menschen abgelegt habt, der sich durch die betrügerischen Begierden zugrunde richtet, dagegen erneuert werdet in dem Geist eurer Gesinnung und den neuen Menschen angezogen habt, der nach Gott geschaffen ist in wahrhaftiger Gerechtigkeit und Heiligkeit.

In diesen Versen lassen sich drei Schritte erkennen, aus denen der Prozess der fortschreitenden Heiligung besteht. Der erste Schritt ist das „Ablegen des alten Menschen", der zweite „die Erneuerung in dem Geist eurer Gesinnung". Und im dritten Schritt geht es um „das Anziehen des neuen Menschen". Diese Schritte sind nicht notwendigerweise nacheinander angeordnet, sondern vollziehen sich vielmehr parallel zueinander. Während wir also darum bemüht sind, unseren alten Menschen auszuziehen, arbeitet der Heilige Geist an unserer inneren Einstellung und hilft uns, neue Gewohnheiten anzunehmen, die Gottes Gerechtigkeit und Heiligkeit widerspiegeln.

Gottes Veränderungsmethode umfasst sowohl negative („ablegen") als auch positive („anziehen") Aspekte sowie das Wirken des Geistes, unter dessen Einfluss sich unser Glaube, unser Denken und unsere Wünsche wandeln. Wahre Heiligung ist immer eine Kombination dieser beiden Facetten. Beispielsweise genügt es nicht, mit der Anbetung falscher Götter aufzuhören. Denn ebenso wichtig ist es, eine anbetende und liebende Haltung gegenüber dem lebendigen Gott zu entwickeln, indem der Heilige Geist an unserer Einstellung arbeitet.

In diesem Kapitel werden wir uns den ersten Schritt – das „Ablegen" – etwas näher ansehen, wobei wir beachten sollten, dass es nicht um exakte mathematische Gleichungen geht. Vielmehr sprechen wir von etwas, das mehr den Pinselstrichen eines Künstlers gleicht, der eine wunderschöne Landschaft malt (in etwa so, wie mein Garten einmal aussah).

Der vorbeugende Kampf gegen Sünde

Wir legen die Sünde ab, indem wir Versuchungen bekämpfen, sobald sie aufkeimen. Wenn wir wissen, wie Versuchungen entstehen und voranschreiten, können wir besser gegen götzendienerische Handlungsmuster angehen, bevor wir ihnen verfallen.

Was ist Versuchung?

Versuchung kennt wohl jeder von uns. Sowohl Gott als auch Satan spielen eine Rolle in unseren Anfechtungen und Versuchungen, verfolgen dabei jedoch völlig unterschiedliche Ziele. Gott prüft[114] seine Kinder aus Liebe. Er tut es, damit sie an Erkenntnis zunehmen – hinsichtlich seines Wesens und ihrer Abhängigkeit von ihm. Wenn Gott uns prüft und Versuchungen zulässt, hat er ausschließlich Gutes im Sinn – unser Bestes und seine Ehre. Er prüft uns, damit wir erkennen, dass er wirklich so gnädig ist, wie er es von sich sagt.

Im Gegensatz dazu ist Satans Ansinnen ausschließlich böse. Gott verleitet uns niemals zum Bösen, weil er uns nicht dazu verleiten will, seine Ehre zu beflecken und ihm Kummer zu

---

114 Siehe 1. Mose 22,1-2; 2. Chronik 32,31; 2. Korinther 12,9;
     1. Petrus 1,5-7; 5. Mose 13,3.

bereiten. Dagegen haben Satans Versuchungen das Ziel, uns zur Sünde zu verführen. Satan greift uns an, indem er uns an Gottes Liebe, Weisheit und Allmacht zweifeln lässt. Und sind wir dann wirklich auf seine Lügen hereingefallen, klagt er uns an. Er behauptet, Gott habe uns nie wirklich lieben können, und da wir nun so schrecklich versagt hätten, werde er uns auch in Zukunft nie lieben können.

In unseren Herzen fallen die Versuchungen des Teufels auf den fruchtbaren Boden unserer fleischlichen Natur, befeuert und genährt von säkularen Einflüssen. Die trügerischen Einflüsterungen der Welt und unsere ebenso trügerischen Gedanken und Wünsche sind in diesem teuflischen Prozess willkommene Erfüllungsgehilfen. Zwei mächtige Waffen gebraucht Satan, um uns anzugreifen: Die erste heißt Angst, die zweite Vergnügen. Er sät Angst, indem er uns einredet, dass wir etwas Entscheidendes verpassen würdem, wenn wir Gottes Gebote befolgen, und so unserem Glück selbst im Wege stünden. Gleichzeitig malt er uns das angebliche Vergnügen und die Freuden vor Augen, die uns unser Ungehorsam bescheren würde. Er macht uns Angst und behauptet, Gott sei in Wahrheit gar kein guter und liebevoller Herr, sodass wir lieber unseren eigenen Weg suchen sollten, um Glück und Vergnügen zu bekommen. Doch täuschen wir uns nicht: Die Versuchungen Satans streuen nichts in unser Herz, was nicht schon längst vorhanden wäre. Es ist die in unserem Herzen angesiedelte Lust, die uns den Verlockungen des Teufels nachgeben lässt.

Wir wollen uns nun einmal drei biblischen Beispielen von Versuchung zuwenden: der Versuchung von Judas, Petrus und von Jesus selbst. Alle drei wurden versucht, allerdings mit jeweils deutlich unterschiedlichem Ausgang. Wissen Sie, warum die Versuchungen des Judas und des Petrus in Sünde endeten? Und wissen Sie, warum Jesus imstande war, ihr zu widerstehen? Und ist Ihnen bewusst, warum wir auf manche Versuchungen hereinfallen, während andere Dinge keine Versuchung für uns darstellen?

Die Versuchung des Judas

Satans Versuchung des Judas war deshalb so erfolgreich, weil sie mit Judas' Geldliebe korrespondierte, die seinen Charakter beherrschte.[115] Judas war bereits ein Götzendiener. Er liebte das Geld mehr als den Herrn, und deshalb lag es für ihn nahe, Jesus für dreißig Silberlinge zu verraten. Für Satan war Judas eine leichte Beute, weil seine Liebe zum Herrn von seinem Verlangen nach Ansehen, Ehre und Geld überwuchert wurde. Wie seinerzeit für Rahel war auch für Judas der Götzendienst letztendlich das, was ihn zu Fall brachte und sein Verderben verursachte. Satan pflanzte die Angst in sein Herz, dass Christus die Römer niemals besiegen würde, und köderte ihn gleichzeitig mit Gedanken an das Glück und das Vergnügen, die ihm dreißig Silberlinge bescheren würden. Judas war der Meinung, sich Respekt und Ansehen verdienen zu können, indem er Jesus dazu zwang, in das Rad der Geschichte einzugreifen und das Königreich um seiner selbst willen an sich zu reißen. Rechtfertigung durch Macht und Reichtum war sein Credo.

Die Versuchung des Petrus

Satan war deshalb mit seiner Versuchung des Petrus erfolgreich, weil Petrus von dem Wunsch beseelt war, sich selbst zu schützen und seinen guten Ruf zu erhalten. Wenn er wirklich bereit gewesen wäre, sein Leben für den Herrn zu lassen, wie er es zuvor vollmundig behauptet hatte, hätte er der Versuchung Satans, Jesus zu verleugnen, widerstehen können. Letztlich war Satan in Petrus' Fall erfolgreich, weil Petrus vielleicht willig gewesen wäre, für Jesus zu sterben, aber nicht für ihn zu leiden. Satan nutzte die Petrus innewohnende Angst vor Leid und unangenehmen Konsequenzen, die die Loyalität zu Christus in der Öffentlichkeit mit sich bringt, und hielt ihm die Chance vor Augen, sich

---

115 Satan war auch deshalb erfolgreich, weil Judas von Gott dazu bestimmt worden war, ihn zu verraten. Seine teuflischen Pläne funktionieren nur dann, wenn der souveräne König des Himmels seine Erlaubnis dazu gibt (siehe Hiob 1,6-12; 2,1-6).

selbst davor zu bewahren. Das Credo des Petrus war also Rechtfertigung durch Sicherheit.

Warum endete Petrus nicht wie Judas, der sich selbst erhängte? Hatte er einen besseren oder stärkeren Charakter? Weil Jesus für ihn betete, war die Verzweiflung des Petrus nicht so abgrundtief. Auch wenn sein Glaube sehr schwach war, konnte er dennoch nicht auf ganzer Linie versagen, weil der Herr seinen Glauben fest in der Hand hielt.

Simon, Simon! Siehe, der Satan hat euer begehrt, euch zu sichten wie den Weizen. Ich aber habe für dich gebetet, dass dein Glaube nicht aufhöre. Und wenn du einst zurückgekehrt bist, so stärke deine Brüder! (Lukas 22,31-32)

Es stand außer Frage, dass Petrus ein Angriff Satans bevorstand. Gott hatte Satan bereits gestattet, Petrus zu versuchen. Und es stand auch schon fest, dass Petrus fallen würde. Der Herr kannte sein Herz. Er kannte seine Gedanken und seine Wünsche (Johannes 2,24-25). Ohne das Eingreifen seines Vaters würde Petrus den Weg in die Sünde wählen, weil er seinen stärksten Empfindungen folgte. Die Verleugnung des Petrus traf Jesus daher nicht unvorbereitet und schockierte ihn nicht. In Wahrheit gestattet er den Lauf der Dinge, damit Petrus in der Heiligung wachsen konnte. Haben Sie bemerkt, wie Gott sogar inmitten der Sünde des Petrus noch verherrlicht wird und sie uns obendrein zur Ermutigung in unserem eigenen Glaubenskampf dient?

Sind Sie auch überwältigt von der Tatsache, dass Gott verheißen hat, uns auch durch unsere Niederlagen hindurch zu bewahren? Glauben Sie, dass Ihr Glaube niemals komplett Schiffbruch erleiden wird, auch wenn Sie versagen? Selbst wenn wir „bitterlich weinen" müssen, weil wir gesündigt haben, können wir uns darüber freuen, dass Gott stärker ist als unser Herz (1. Johannes 3,19-20). Sein Geist kann sowohl unsere tiefsten, ureigensten Ängste als auch unsere Lieblingsfreuden bezwingen und uns bewahren.

Die Versuchung unseres Herrn

Satans Versuchung Christi war eine ganz andere Geschichte. Jesus wäre nie den Versuchungen Satans erlegen, weil es sein größter und einziger Wunsch war, seinem Vater zu gefallen. Deshalb sagte er über Satan: „In mir hat er gar nichts. (…) Ich (…) tue, wie mir der Vater geboten hat" (Johannes 14,30-31). Im Herzen Jesu fand Satan keinerlei Ankerpunkt. Das Denken und Wünschen Jesu diente einzig und allein der Freude seines Vaters. Er konnte Satan widerstehen und ihn besiegen, weil sein Herz ohne Sünde war. Seine Gedanken, Wünsche, Empfindungen und Beweggründe waren allesamt und „fest" darauf gerichtet, Gott zu gefallen (Lukas 9,51). Schon dreißig Jahre lang lebte er in völliger Hingabe und Liebe zu seinem Vater. Mehr als alles andere lag ihm daran, dem Willen seines geliebten Vaters nicht zuwiderzuhandeln.

Mein Vater, wenn es möglich ist, so gehe dieser Kelch an mir vorüber! Doch nicht wie ich will, sondern wie du willst. (Matthäus 26,39)

Jesus spricht zu ihnen: Meine Speise ist, dass ich den Willen dessen tue, der mich gesandt hat, und sein Werk vollbringe. (Johannes 4,34)

Ich suche nicht meinen Willen, sondern den Willen dessen, der mich gesandt hat (Johannes 5,30; siehe auch Johannes 6,38; 8,29; 15,10; Matthäus 3,17; 17,5).

Jesus hielt dem Angriff Satans stand, weil sein Herz ausnahmslos darauf gerichtet war, seinen Vater zu lieben. Er fürchtete nicht, irgendwelche weltlichen Vergnügungen zu verpassen, weil er nichts mehr begehrte als das Wohlgefallen seines Vaters.

Die Versuchung in der Wüste

Wir können uns glücklich schätzen, dass wir in unserem Kampf gegen die Sünde nicht alleine stehen. Wir haben einen Hohenpriester, der genau wie wir versucht wurde, der Versuchung jedoch widerstand. Jesus blieb standhaft, als Satan ihn in der Wüste versuchte und ihm vorschlug, seinen Hunger zu stillen, weil er von ganzem Herzen der Fürsorge seines himmlischen Vaters vertraute. Er hatte keine Angst zu verhungern oder vor lauter Schwäche einzuknicken. Er freute sich über die Stärke, die er durch seinen Gehorsam gegenüber der Bibel erhielt. Darüber hinaus weigerte er sich, die Liebe seines Vaters zu versuchen, indem er sich von einem hohen Felsen in die Tiefe stürzte, weil er Satan nichts beweisen musste. Er verzichtete auf Satans Anerkennung. Es war ihm egal, ob dieser eine hohe Meinung von ihm hatte oder nicht. Und er widerstand der Versuchung, Satan anzubeten, obwohl dieser ihm dafür „alle Reiche der Welt und ihre Herrlichkeit" versprach (Matthäus 4,8). Er ging siegreich aus der Situation der Versuchung hervor, weil er nichts begehrte, was die Welt ihm geben konnte: Reichtum, Ruhm oder Macht. Alles das bedeutete ihm nichts. Denn er wusste, dass Glück nur in der Gegenwart seines Vaters zu finden ist, sodass er keine Veranlassung sah, sich selbst zu rechtfertigen.

Die zweite große Versuchung Christi ereignete sich im Garten Gethsemane. Dort rang er mit seinen heiligen Absichten, zum Wohlgefallen seines Vaters zu handeln und eins mit ihm zu sein. Er wusste, dass ihn das Los treffen würde, die Sünden der Welt zu tragen, wenn er den Willen des Vaters vollkommen erfüllen wollte. Wenn er den bitteren Kelch der Sünde trinken würde, den er sein ganzes Erdenleben lang gemieden hatte, würde die perfekte, von Ewigkeit her bestehende Einheit zwischen Vater und Sohn eine Zeit lang unterbrochen werden. Welche Todesqualen seine Seele in Anbetracht der bevorstehenden Trennung von seinem himmlischen Vater durchgemacht haben muss! Wenn die Versuchung der Angst jemals besonders groß für ihn war, dann wohl in diesem Moment. Obwohl er sich auch der körperlichen Schmerzen und der Folter bewusst war, die auf ihn warteten, erwuchs seine Verzweiflung im Garten Gethsemane vielmehr aus der Aussicht, zum ersten Mal in seiner bereits ewig währenden Existenz die grausamste Auswirkung der Sünde am eigenen Leibe ertragen zu müssen: die Trennung und Entfremdung von seinem Vater. Was für eine schreckliche Perspektive das für ihn gewesen sein muss!

Erahnen Sie das Ausmaß des Mitleids und der Hilfe, die sich daraus für uns ergibt? Wir mögen zwar gegen den Einfluss fremder Götter und widergöttlicher Wünsche in unserem Leben kämpfen, doch sie verblassen völlig gemessen an den heiligen Wünschen Jesu und der Angst, die ihn vor den bevorstehenden Qualen durch den Weg ans Kreuz übermannte. Er lebte und liebte die Einheit mit seinem himmlischen Vater.[116] Sein tiefster Wunsch war es, ihn zu erfreuen, sodass er seine eigenen Absichten diesem über allem stehenden Ziel unterordnete: dem Wohlgefallen des Vaters und unserer Erlösung.

Deshalb könnten wir uns von ganzem Herzen darüber freuen, dass unser siegreicher Herr an unserer Seite ist, um uns zu helfen und sicher durch den Kampf gegen die Sünde hindurchzubringen.

Denn worin er selbst gelitten hat, als er versucht worden ist, kann er denen helfen, die versucht werden. (Hebräer 2,18)

Denn wir haben nicht einen Hohenpriester, der nicht Mitleid haben könnte mit unseren Schwachheiten, sondern der in allem in gleicher Weise wie wir versucht worden ist, doch ohne Sünde (Hebräer 4,15).

Ist es uns möglich, durch Überwindung sündiger Vorlieben geistlich zu wachsen? Ja, das ist möglich – allerdings nicht durch unsere eigene Willenskraft und Selbstdisziplin. Allein in der Kraft unseres auferstandenen Erlösers und in dem

---

116 Siehe Matthäus 11,27; 28,19; Johannes 1,1-2; 5,17.23; 8,58; 14,9.23; 16,15; 17,10.21. Seine Aussage „Ich und der Vater sind eins" (Johannes 10,30) war mehr als eine wahre Behauptung. Es war eine Aussage über sein tiefstes inneres Wesen, seine Daseinsfreude und seine Daseinsberechtigung.

Bewusstsein unserer Rechtfertigung können wir überwinden. Auch die gute Nachricht des Evangeliums hilft uns dabei: sein Blut und unser Zeugnis seiner Gnade, die er uns erwiesen hat (Offenbarung 12,11). Unsere Rechtfertigung bedeutet nicht nur, dass er uns unsere Sünde nicht mehr zurechnet, sondern ebenso, dass sein Sieg über die Versuchung auch uns gilt. Er priorisierte seine Wünsche und besiegte die Angst um unseretwillen, sodass wir Christen – dank sei ihm dafür – jederzeit und in vollem Umfang auf eben dieses Guthaben zugreifen dürfen. So wie Christus Petrus stärkte und ermutigte und seinen Glauben vor dem Scheitern bewahrte, wird er auch uns stärken, weil wir ihm als seine geliebte Braut unendlich wertvoll sind. Allein das Wissen, dass er uns unser Versagen nicht vorhalten und der Vater uns unser Stolpern über die Fallstricke Satans nicht vorwerfen wird, ist eine unschätzbare Hilfe in unserem täglichen Kampf.

Ja, es stimmt zwar, dass wir voller Fehler sind, aber genau so wahr ist es, dass wir auf großartigste Weise geliebt werden.

Wen oder was sind wir zu verehren geneigt?

Satan verführt uns erfolgreich zur Sünde, weil wir Wünsche und Gedanken mit götzendienerischem Charakter in uns tragen. Deshalb ist es so immens wichtig, dass wir uns ihrer bewusst werden. Wir müssen erkennen, dass Verlustängste und unsere Vorstellungen von Freude unseren ungeistlichen Begierden entspringen. Und genau diese Begierden und Wünsche sind es, die uns zur leichten Beute unseres Feindes machen.

Am besten kommen wir den Gedanken und Wünschen, die uns prägen, auf die Spur, wenn wir uns selbst hinterfragen. Was wünsche ich mir? Wovor habe ich Angst? Oder um es ein wenig präziser zu formulieren: Was wünsche ich mir oder fürchte ich so sehr, dass es meinen Wunsch, Gottes Wesen widerzuspiegeln und geistlich zu wachsen, überschattet? Welche Freuden sind mir so wichtig, dass ich bereit bin, dafür Sünde in Kauf zu nehmen? Vor welchem Verlust habe ich solche Angst, dass ich ohne zu zögern sündige, um diesen Verlust zu vermeiden?

Manchmal fällt eine spontane Antwort auf solche Fragen schwer. Deshalb werde ich Ihnen jetzt eine hilfreiche Aufgabe stellen.

Denken Sie an die letzte Situation, die Ihnen einfällt, in der Sie gesündigt haben. Das ist deshalb wichtig, weil es um den Zusammenhang zwischen unseren „zweckgebundenen Göttern" (Götzen) und unserem sündigen Verhalten geht. Wählen Sie am besten ein sündiges Verhalten aus, das schon ein bisschen Gewohnheitscharakter besitzt, wie z. B. Zorn, Selbstmitleid oder Angst. Notieren Sie die genauen Umstände.

Nun bitten Sie Gott vor dem Hintergrund dieser Begebenheit, Ihnen bei der Beantwortung der folgenden Fragen behilflich zu sein. Antworten Sie wenn möglich so ausführlich, dass Sie Ihren Gedanken, Wünschen und Ängsten auf den Grund gehen. Jede dieser Fragen wird Ihnen helfen, Ihre Probleme in Bezug auf Götzendienst zu identifizieren. Nehmen Sie sich also ausreichend Zeit für die Beantwortung. Bitten Sie Gott, den Herzenskenner schlechthin, Ihre „zweckgebundenen Götter" zu enttarnen.[117]

1. Was wollten, erhofften oder wünschten Sie sich?
2. Wovor hatten Sie Angst? Worüber machten Sie sich Sorgen?
3. Was brauchten Sie Ihrer Meinung nach?
4. Was wollten Sie mit Ihrer Strategie erreichen? Was war Ihre Absicht?
5. Auf wen oder was haben Sie sich verlassen?
6. Wen wollten Sie zufriedenstellen? Wessen Meinung war Ihnen wichtig?
7. Wonach sehnten Sie sich? Was fanden Sie unerträglich?

---

117 Diese Fragen wurden folgendem Buch entnommen und auch nach diesem übersetzt: Dave Powlison: *X-Ray Questions: Drawing Out the Why's and Wherefore's of Human Behaviour*, The Journal of Biblical Counseling 18, No.1 (Winter 2001): 2.

8. Was wäre Ihr größtes Vergnügen, Glück oder Ihre Freude gewesen, was im Gegensatz dazu Ihr größter Kummer oder Ihr Unglück?
9. Dachten Sie dabei an die große Liebe, die der Vater in Christus für Sie hegt?
10. Waren Sie sich bewusst, dass Ihnen bereits vergeben wurde, Sie gerechtfertigt sind und darüber hinaus nichts weiter bedürfen?

Jetzt möchte ich Ihnen ein Beispiel aus meinem eigenen Leben erzählen, um Ihnen zu zeigen, wie Götzendienst funktioniert.[118] Kürzlich bat mich eine Freundin, eine Bibelstunde zu halten, obwohl ich terminlich schon komplett ausgebucht war. Auf ihre Bitte hin machte ich einen Termin mit der betreffenden Gruppe und hielt ihnen eine Bibelarbeit über ein Thema, das mir auf dem Herzen lag. Später erfuhr ich dann, dass eben jene Freundin, die mich für diesen Dienst engagiert hatte, Kritik an meiner Stunde geübt hatte. Ich reagierte sehr ärgerlich darauf, redete schlecht über die vermeintliche Undankbarkeit und Ignoranz meiner Freundin und rechtfertigte mich ihr gegenüber. Ich schwankte zwischen Selbstgerechtigkeit (Wie kann sie so etwas über mich sagen?) und Selbstmitleid (Ich bin so ein schrecklicher Mensch. Ich werde mich niemals ändern. Ich glaube, ich sollte nie wieder eine Bibelstunde halten).

Dieser sündige Zorn – schon immer eines meiner Hauptprobleme – trat eine Lawine von Selbstmitleid, Lästerei, Hemmungslosigkeit und Hoffnungslosigkeit los. Vor dem Hintergrund dieser Situation wollen wir nun einmal exemplarisch die oben aufgeführten Fragen beantworten.

1. *Was wollten, erhofften oder wünschten Sie sich?* Ich wollte die Dankbarkeit und die wohlwollende Beurteilung durch meine

---

118 Dieses Beispiel bringe ich recht leicht zu Papier, weil es konstruiert ist. Dennoch hat es sich in meinem Leben schon des Öfteren in ähnlicher Form abgespielt.

Freundin. Ich wollte, dass sie gut über mich denkt. Ich versuchte, mich selbst zu rechtfertigen, indem ich diesen Dienst übernahm.

2. *Wovor hatten Sie Angst? Worüber machten Sie sich Sorgen?* Ich hatte Angst davor, dass sie mich nicht mögen und wertschätzen würde. Ohne ihre Anerkennung fürchtete ich, nicht wirklich glücklich sein zu können.

3. *Was brauchten Sie Ihrer Meinung nach?* Ich brauchte ihren Respekt, ihre Achtung. Ich wollte ihre Anerkennung erlangen.

4. *Was wollten Sie mit Ihrer Strategie erreichen? Was war Ihre Absicht?* Zum Teil wollte ich dem Herrn dienen, doch ich versuchte auch, die Meinung aufzubessern, die meine Freundin von mir hatte.

5. *Auf wen oder was haben Sie sich verlassen?* Ich verließ mich auf die Anerkennung meiner Freundin, die mir ein Gefühl der Zufriedenheit vermitteln sollte. Im Hinblick auf meine Bibelarbeit vertraute ich natürlich auch auf den Herrn, aber das war in diesem Moment für mich zweitrangig, wie man ja an meiner späteren Reaktion sehen konnte.

6. *Wen wollten Sie zufriedenstellen? Wessen Meinung war Ihnen wichtig?* Ihre Meinung war für mich das Wichtigste. Ich wollte sie zufriedenstellen, war aber hin- und hergerissen, weil ich ja gleichzeitig auf dem Herzen hatte, der Gruppe Gottes Wort zu bringen (was ihr wiederum nicht gefiel).

7. *Wonach sehnten Sie sich? Was fanden Sie unerträglich?* Ich wollte geachtet werden. Was ich dagegen unerträglich fand, war die Kritik und das Missfallen der Freundin. Ich sträubte mich dagegen, dass sie meinte, ich würde ihren Respekt und ihre Zuneigung nicht verdienen.

8. *Was wäre Ihr größtes Vergnügen, Glück oder Ihre Freude gewesen, was im Gegensatz dazu Ihr größter Kummer oder Ihr Unglück?* Ihre Anerkennung wäre für mich in dem Moment ein Grund zur Freude gewesen, doch stattdessen war ich niedergeschlagen, weil sie sie mir vorenthielt. Ich überließ meiner Freundin in diesem Punkt also die Macht über mein Leben, indem ich sie zur Quelle meines Glücks erhob.

9. *Dachten Sie dabei an die große Liebe, die der Vater in Christus für Sie hegt?* Nein. Ich dachte nur daran, dass ich ihre Liebe und ihre Zuneigung gewinnen wollte. Die Beziehung zu ihr sollte mir helfen, gut dazustehen.

10. *Waren Sie sich bewusst, dass Ihnen bereits vergeben wurde, Sie gerechtfertigt sind und darüber hinaus nichts weiter bedürfen?* Nein, besonders nicht in dem Moment, als mich Verzweiflung überkam, weil ich mir sicher war, mich niemals ändern zu können und das Wohlwollen Gottes einfach nicht verdient zu haben.

Ich erlag der Versuchung, in sündigen Zorn zu verfallen, weil meine Wünsche und Motive nicht rein waren. Ich wollte den Respekt meiner Freundin nicht aufs Spiel setzen. Ich wollte ihr Lob, ihre Anerkennung. Ich war getrieben von dem Bedürfnis, mich selbst zu rechtfertigen und ins gute Licht zu rücken. Vielleicht wird jetzt deutlich, warum es nicht genügen würde, Gott um Vergebung dafür zu bitten, dass ich ärgerlich auf meine Freundin war (obwohl das natürlich auch angebracht wäre)? Es würde deshalb nicht ausreichen, weil meine Sünde tiefer ging als nur bis zur Oberfläche meiner ärgerlichen Reaktion. Die Wurzeln meiner Sünde steckten im Nährboden meiner fehlgeleiteten Anbetungshaltung. Weil ich die Meinung meiner Freundin zum Götzen erhoben hatte, nahm sie in meinem Leben auch die Funktion eines Gottes ein. Ich bin ein Götzendiener. Meine Freundin besaß die Macht über meinen inneren Frieden und meine Lebensfreude. Ich sehnte mich nach ihrem Segen. Und ich fürchtete ihr vernichtendes Urteil. Ich hatte Angst davor, in ihren Augen zu versagen und am Ende nicht als perfekter Mensch dazustehen.

Verstehen, wie Versuchung funktioniert

Lassen Sie uns meine Situation einmal vor dem Hintergrund von Jakobus 1,13-16 lesen:

Niemand sage, wenn er versucht wird: Ich werde von Gott versucht. Denn Gott kann nicht versucht werden vom Bösen, er selbst aber versucht niemand. Ein jeder aber wird versucht, wenn er von seiner eigenen Begierde fortgezogen und gelockt wird. Danach, wenn die Begierde empfangen hat, bringt sie Sünde hervor; die Sünde aber, wenn sie vollendet ist, gebiert den Tod.

Obwohl Gott die Versuchung um unserer Heiligung willen duldet, können wir Gott nicht für unsere Sünden verantwortlich machen. Meine Entscheidung für die Sünde ist immer freiwillig und korrespondiert mit den Gedanken, Wünschen und Ängsten, die mein Innerstes regieren. Obwohl Gott der souverän handelnde Herr meines Lebens ist, bin ich für meine Sünde vollumfänglich verantwortlich und kann ihm niemals die Schuld dafür zuschieben.

Ich erlag der Versuchung, weil ich von meiner „eigenen Begierde fortgezogen und gelockt" wurde. „So wie man beim Angeln den Fisch mit einem Köder aus seinem Versteck lockt, so lockt die Begierde des Menschen ihn aus der Sicherheit seiner Selbstbeherrschung."[119] Wie ein dummer Fisch ließ ich mich von der Versuchung überrumpeln, als ein dicker, saftiger Wurm vor meinen Augen baumelte, bestehend aus der Zufriedenheit, die ich mir erhofft hatte. Warum konnte die Versuchung Macht über mein Leben gewinnen? Wegen meiner Vorlieben, Wünsche und Begierden!

Mithilfe dieser Analyse erkenne ich, inwieweit mein Wunsch, die Anerkennung meiner Freundin zu erhalten und dadurch gut dazustehen, der Dreh- und Angelpunkt meiner Versuchung war. Satan konnte mich in dieser Situation erfolgreich versuchen, weil ich der Anerkennung dieser Freundin einen zu hohen Stellenwert beimaß. Ihre Worte hatten Macht über mich, weil ich davon ausging, ohne ihre positive Meinung nicht glücklich sein

---

119 Übersetzt nach: *Vine's Expository Dictionary of Biblical Words,* electronic database (Nashville: Thomas Nelson Publishers, 1985).

Abb. 10.1 Wenn sich das Herz selbst erfreuen will

Gottes souveräne Herrschaft

↓

Satans Angriff

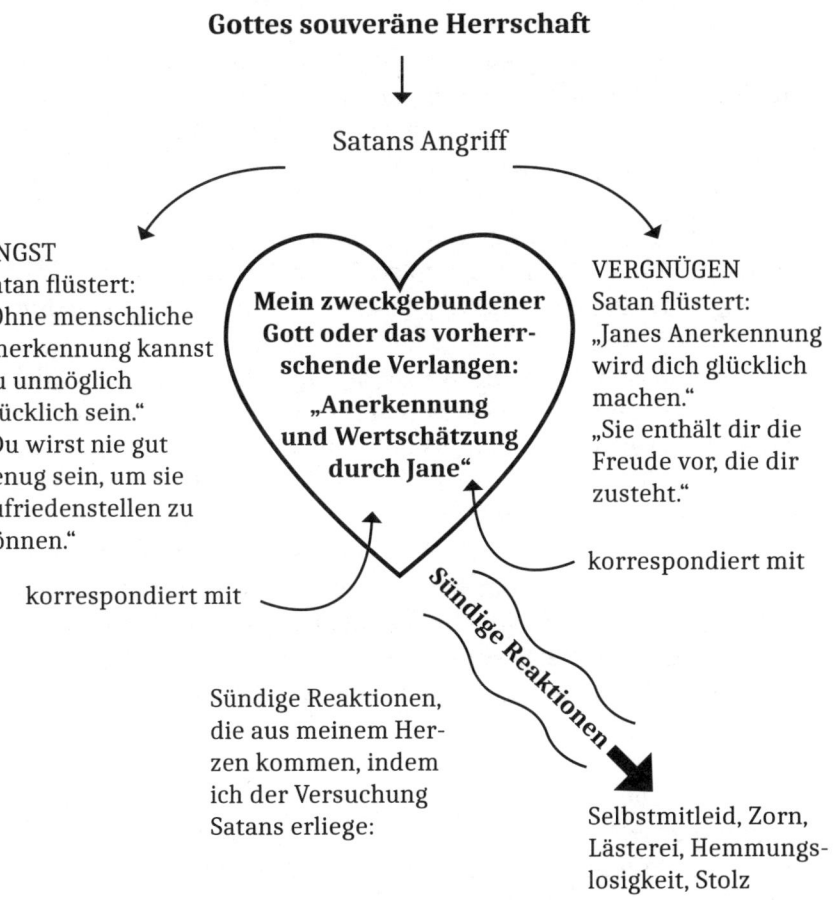

ANGST
Satan flüstert:
„Ohne menschliche Anerkennung kannst du unmöglich glücklich sein."
„Du wirst nie gut genug sein, um sie zufriedenstellen zu können."

korrespondiert mit

Mein zweckgebundener Gott oder das vorherrschende Verlangen:
„Anerkennung und Wertschätzung durch Jane"

VERGNÜGEN
Satan flüstert:
„Janes Anerkennung wird dich glücklich machen."
„Sie enthält dir die Freude vor, die dir zusteht."

korrespondiert mit

Sündige Reaktionen

Sündige Reaktionen, die aus meinem Herzen kommen, indem ich der Versuchung Satans erliege:

Selbstmitleid, Zorn, Lästerei, Hemmungslosigkeit, Stolz

zu können. Statt sie zu lieben und ihr zu dienen, tat ich alles, um ihre Liebe und Wertschätzung zu generieren. Sobald sich eine Gelegenheit bot, mit ihr zusammen zu sein, nahm ich zu diesem Zweck auch Sünde in Kauf. Ich stellte ihre Wertschätzung irrtümlich mit der Wertschätzung und rechtfertigenden Liebe Gottes auf eine Stufe. Und wenn die Begierde zum Ziel gekommen ist, gebiert sie die Sünde, und wenn die Sünde vollendet ist, gebiert sie den Tod.

Ich wurde getäuscht, und die Ursache dieser Täuschung liegt in den in mir wohnenden Wünschen und Begierden. Die Täuschung bestand in meiner irrigen Annahme, dass es ein Baustein auf meinem Weg des Glücks sei, ihr gefallen und alles recht machen zu müssen. Doch die Wahrheit ist, dass ich mich lediglich um die Meinung des Einen zu kümmern brauche. „Wer nur vor dem himmlischen Einmann-Publikum lebt und Rechenschaft gibt, kann der Welt gelassen entgegenhalten: ‚Ich habe nur einen für mich relevanten Zuschauer. Vor dir dagegen muss ich nichts beweisen und habe weder etwas zu gewinnen noch zu verlieren.'"[120] Wenn mein Leben sich wirklich nur vor diesem himmlischen Einmann-Publikum abspielen würde, hätte ich auf jene Kritik weitaus geistlicher reagieren können. An Abbildung 10.2 lässt sich sehr gut ablesen, wie unsere Herzenswünsche der zweifachen Versuchungsstrategie Satans entgegentreten können.

Die Versuchung des Judas, Jesus zu verraten, war deswegen so erfolgreich, weil er Geld, Macht und Ansehen begehrte. Er glaubte, nur als Mitglied der Siegerseite etwas gelten zu können. Rahel erlag der Versuchung, ihr Herz an Götzen zu hängen und mit sündigem Zorn auf Jakob zu reagieren, weil sie sich Liebe und Respekt von einem leiblichen Kind erhoffte. Sie glaubte an eine seligmachende Wirkung der Mutterschaft. Aufgrund seines unbändigen Wunsches nach Harmonie konnte Eli der Versuchung nicht widerstehen, seine Söhne zu verwöhnen. Lots Frau gab der

---

120 Übersetzt nach: Os Guinness, *The Call: Ending and Fulfilling the Central Purpose of Your Life* (Chicago: Moody Press, 1992), 77.

Abb. 10.2 Wenn das Herz das himmlische Einmann-Publikum erfreuen möchte

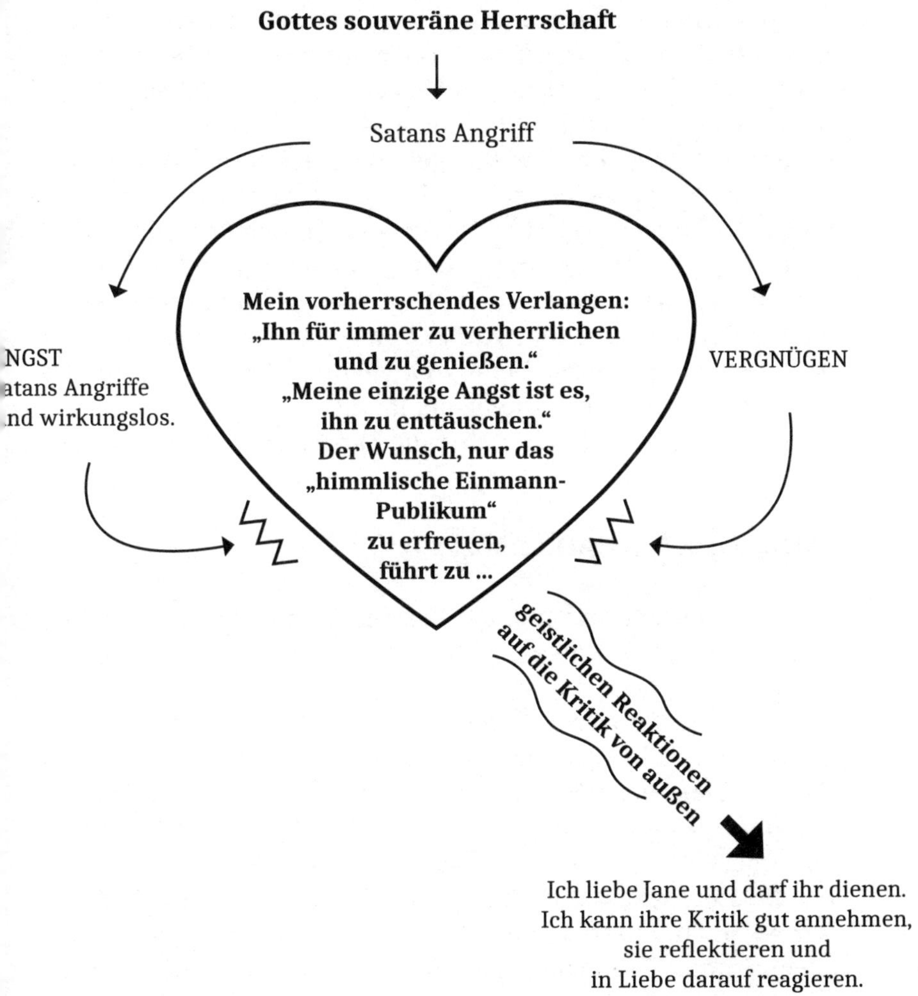

Gottes souveräne Herrschaft

↓

Satans Angriff

**Mein vorherrschendes Verlangen:
„Ihn für immer zu verherrlichen
und zu genießen."
„Meine einzige Angst ist es,
ihn zu enttäuschen."
Der Wunsch, nur das
„himmlische Einmann-
Publikum"
zu erfreuen,
führt zu ...**

NGST
atans Angriffe
nd wirkungslos.

VERGNÜGEN

*geistlichen Reaktionen
auf die Kritik von außen*

Ich liebe Jane und darf ihr dienen.
Ich kann ihre Kritik gut annehmen,
sie reflektieren und
in Liebe darauf reagieren.

Versuchung, das Wort der Engel in den Wind zu schlagen, nach, weil sie zu sehr an ihrem bequemen Zuhause hing. Petrus ging Satan ins Netz und verleugnete Jesus, weil er sich nach äußerer Sicherheit und der Anerkennung anderer sehnte. Er glaubte an die Erlösung durch Sicherheit und Selbstverherrlichung. Martha erlag der Versuchung, dem Herrn vorwurfsvoll und ihrer Schwester wütend zu begegnen, weil sie ihr Bild von einer großartigen und rührigen Gastgeberin aufrechterhalten wollte. Rechtfertigung durch Gastfreundschaft war ihr Credo. Die Pharisäer ließen sich dazu verführen, Jesus in den Tod zu treiben, weil sie „den ersten Platz bei den Gastmählern und die ersten Sitze in den Synagogen und die Begrüßungen auf den Märkten" liebten (Matthäus 23,6-7). Außerdem waren sie eifersüchtig auf das Ansehen, das Jesus beim Volk genoss. Und ich widerstand der Versuchung nicht, wütend auf meine Freundin zu reagieren, weil ich meine eigene Ehre über die Ehre Gottes gestellt hatte.

„Und führe uns nicht"

Was also müssen wir tun, um der Versuchung zu widerstehen und unsere gewohnheitsmäßige götzendienerische Haltung abzulegen?

Hinsichtlich unserer Wünsche und der Versuchungen, die auf ihrem Nährboden gedeihen, sollten wir viel entschlossener ins Gebet gehen. Unser Herr Jesus, der selbst gegen die Versuchung kämpfte, riet uns: „Betet ihr nun so: (...) ‚Und führe uns nicht in Versuchung, sondern rette uns von dem Bösen!'" (Matthäus 6,9.13; siehe auch Matthäus 26,41; Lukas 11,4; 22,46). Wenn wir so beten, bitten wir nicht darum, dass Gott uns nicht versuchen möge, denn wir wissen, dass er das niemals tut. Wir bitten ihn vielmehr darum, uns davor zu bewahren, der Sünde auf den Leim zu gehen. Gott lässt es zu, dass unser Glaube auf die Probe gestellt wird, doch mit jeder Versuchung gibt er uns auch eine Handlungsalternative, sodass wir niemals in der Situation sein werden, keine Alternative zur Sünde zu haben (1. Korinther

10,13). Deswegen können wir dem Kampf gegen zukünftige Versuchungen gelassen entgegensehen. Wir müssen uns gezielt im Gebet an Gott wenden, damit er uns hilft, unseren Lüsten und Begierden zu widerstehen, uns zu wappnen, wenn sie aufkommen und uns benebeln wollen, und für den Kampf effektiv ausgerüstet zu sein. Und wir sollten Gott bitten, uns geistliche Bedürfnisse und eine angemessene Ehrfurcht vor ihm zu schenken sowie uns mit einem festen Glauben an seine nie endende Liebe zu uns auszustatten.

Jesus ermahnt seine Jünger: „Wacht und betet, damit ihr nicht in Versuchung kommt! Der Geist zwar ist willig, das Fleisch aber schwach" (Matthäus 26,41).[121] Als Kinder unseres himmlischen Vaters wollen wir Gott gehorchen. Doch wir tun es oft nicht, weil wir so leicht von unserer fleischlichen Natur fortgelockt werden (Römer 7,25). Wir sind schwach. Wir sind angreifbar. Der einzig effektive Weg, uns unserem Widersacher und seinen Intrigen entgegenzustellen, ist, wachsam zu sein und uns ins Gebet zu flüchten. Wir müssen auf der Hut sein und die Fallstricke enttarnen, die unser Feind gebrauchen will, um uns tatsächlich zu Fall zu bringen. Petrus ermahnt seine Leser: „Seid nüchtern, wacht! Euer Widersacher, der Teufel, geht umher wie ein brüllender Löwe und sucht, wen er verschlingen kann" (1. Petrus 5,8).

Wir befinden uns also ganz im Einklang mit Gottes Aufforderung an uns, wenn wir uns in diesem Buch damit befassen, unsere individuellen Problembereiche zu identifizieren. Satan zielt genau ins Zentrum unseres Götzendienstes. Er beobachtet unser Reden und Handeln und weiß genau, was wir noch mehr begehren als unser geistliches Wachstum. Er weiß, wovor wir uns fürchten. Und genau dort wird er auch angreifen. Er wird uns verunsichern und uns befürchten lassen, ohne die Erfüllung des jeweiligen Herzenswunsches niemals wirklich glücklich werden zu können. Er wird uns mit den Vorstellungen dessen ködern, was wir haben könnten, wenn wir nur dieses eine

---

121 Siehe auch Lukas 21,36; 1. Petrus 4,7.

Mal nachgeben und sündigen. Und er wird uns an alle unsere Niederlagen der Vergangenheit erinnern und uns einreden, dass Gott uns unmöglich noch lieben kann – dass wir es zu sehr auf die Spitze getrieben haben und deshalb jetzt genauso gut auch aufgeben können. Dann fallen wir in Sünde, es sei denn, wir waren wachsam und haben uns im Gebet gegen diese Angriffe gewappnet.

Gott weiß uns zu retten

Der zweite Petrusbrief ist an Menschen gerichtet, die versucht waren, angesichts schwerer Verfolgung und Irrlehren aufzugeben. „Der Herr weiß die Gottseligen aus der Versuchung zu retten" (2. Petrus 2,9) – das sind die Worte des Heiligen Geistes, die er durch Petrus an uns richtet. Während wir uns abmühen und gegen die falschen Götter unseres Herzens ankämpfen, können wir in gewisser Weise gelassen und sicher sein, dass Gott unsere Rettung nicht aus dem Blick verloren hat. Wir müssen wachsam sein, wir müssen beten, doch wir dürfen unserem liebenden Vater vertrauen, dass er uns schützt und hindurchbringt. Er kann uns von der Versuchung erlösen. Er kann uns aus dem Netz Satans befreien und uns im Falle einer Niederlage helfen, umzukehren und uns an ihn zu wenden – zu seiner Verherrlichung und Freude.

Das folgende Gebet der Puritaner fasst diese Gedanken noch einmal gut zusammen.

Oh Gott, Urheber alles Guten,
zu dir komme ich zu Beginn eines neuen Tages
mit all seinen Pflichten und Ereignissen,
zu deren Bewältigung ich auf deine Gnade angewiesen bin.

Ich gehe hinaus in eine verdorbene Welt,
und in mir schlägt ein ebenso verdorbenes Herz.
Ich weiß, dass ich ohne dich nichts auszurichten vermag,

dass alles das, was an mich herantreten wird,
wie harmlos es auch immer scheinen mag,
ein Anlass zu Sünde und Dummheit bieten wird,
wenn du mich in deiner Macht nicht davor bewahrst.
Wenn du mich hältst, dann bin ich sicher.

Bewahre mein Herz vor raffiniert getarnten Irrtümern,
meine Empfindungen vor der Liebe zu falschen Göttern,
mein Wesen vor den Schmutzflecken der Untugend,
mein Bekenntnis vor jeglicher Form des Bösen.[122]

Bitten Sie den Herrn, Ihnen die Weisheit zu geben, die Sie für den Kampf gegen die Versuchungen und den Götzendienst brauchen. Bitten Sie ihn, die Gedanken und Wünsche zu identifizieren, die Satan für seine Zwecke gebraucht, und die Strategien des Feindes aufzudecken, mit deren Hilfe er Sie und auch den Vater anzuklagen versucht. Und bitten Sie ihn um Hilfe, dass Sie Dinge wie Selbstgenügsamkeit, Stolz und Unglaube ablegen können – den Unglauben, der Sie daran hindern will, wachsam zu sein und mit aufmerksamem Herzen zu beten.

Weiterführende Gedankenanstöße

1. Notieren Sie die Unterschiede zwischen Judas und Petrus.

2. Warum war Satan erfolglos, als er Christus versuchte?

3. Versucht Gott uns zum Bösen? Warum prüft er uns oder stellt uns auf die Probe?

---

122 Übersetzt nach: Bennett, *The Valley of Vision,* 118.

4. Was bezweckt Satan, wenn er uns versucht?

5. Welches sind die drei Stufen fortschreitender Heiligung?

6. Inwieweit lässt sich der Widerstand gegen Versuchungen auf der ersten Stufe ansiedeln?

7. Welcher zwei Methoden bedient sich Satan bei der Versuchung der Gläubigen, und was sollten wir dabei besonders beachten? Wie können wir wachsam sein und anhaltend beten?

11

Die Vernichtung unserer falschen Götter

Wenn ihr aber durch den Geist die Handlungen des Leibes
tötet, so werdet ihr leben. (Römer 8,13)

Drei Monate nach der Rettung der Israeliten aus der Hand der Ägypter stieg Mose auf den Berg Sinai, um die Gegenwart Gottes zu suchen. Während der 40 Tage, die er dort verharrte, wurden die Kinder Israels ängstlich und ungeduldig. Sie fürchteten, er könnte zu Tode gekommen sein und sie müssten in Zukunft ohne ihren Anführer auskommen. Den Gott, der sie befreit und in der Wüste bewahrt hatte, hatten sie dabei ganz vergessen. In ihrem Unglauben meinten sie, ihr Glück hinge an Mose, ihrem Befreier, und an seiner Anwesenheit. Sie rechneten nicht damit, dass Gott sie in das verheißene Land führen konnte – mit oder ohne Mose. Deshalb waren sie verzweifelt. Sie brauchten einen Gott, dem sie vertrauen, den sie sehen und anfassen konnten – kurzum: einen Gott wie die Götter, die sie in Ägypten angebetet hatten (5. Mose 32). Stephanus traf den Nagel auf den Kopf, als er sagte: „Unsere Väter (...) wandten sich in ihren Herzen nach Ägypten zurück" (Apostelgeschichte 7,39).

„Wir wissen nicht, was Mose zugestoßen ist! Mach uns deshalb einen Gott, der uns führen wird!", schrien sie zu Aaron. Unseligerweise war dieser so töricht, dem Verlangen des Volkes nachzugeben und erwiderte: „Gebt mir eure goldenen Ohrringe." Vielleicht fürchtete er, das Volk könne aus seiner Ungeduld heraus wütend werden und eine Revolte anzetteln. Wahrscheinlich dachte er sich, dass gegenüber einem möglichen Putsch ein bisschen Götzendienst das geringere Übel sei. Möglicherweise war er auch besorgt über Moses Verbleib und dachte sich, dass ein wenig Hilfe von einem Gott zum Anfassen nicht schaden könne. Jedenfalls schmolzen sie ihren Goldschmuck ein, und Aaron „formte es mit einem Meißel und machte ein gegossenes Kalb daraus" (2. Mose 32,4). Die Israeliten waren begeistert, weil sie nun einen Gott zum Anfassen hatten, einen Gott, dem man – wie sie meinten – wirklich vertrauen konnte. Sie riefen: „Das ist dein Gott, Israel, der dich aus dem Land Ägypten heraufgeführt hat" (2. Mose 32,4). Man führe sich die Ironie dieser Begebenheit einmal vor Augen: Mose war auf dem Berg und empfing das Gesetz, während Aaron und das Volk sich selbst einen Gott bauten und erklärten: „Das ist der Gott, der uns aus Ägypten geführt hat!"

Mose kehrte schnell ins Tal hinab, als Gott ihm sagte, welches Gelage dort gerade stattfand. In unbändigem Zorn zerschmetterte er die Gesetzestafeln vor ihren Augen, um ihnen klarzumachen, was sie getan hatten. Dann nahm er den Götzen, das „Sündenwerk aber, das Kalb, das ihr gemacht hattet, (...) verbrannte es mit Feuer und zerstieß es, indem (er) es völlig zermalmte, bis es zu feinem Staub wurde. Und (er) warf seinen Staub in den Bach, der vom Berg herabfließt" (5. Mose 9,21).

Vergegenwärtigen wir uns einmal den Unterschied zwischen Mose und Aaron. Aarons Anliegen war es, die Israeliten bei Laune zu halten, sodass er ihrem Wunsch nach einem Götzen nachgab, der sie beschützen und leiten sollte. Seine Priorität lag also eindeutig darin, die Last seiner Leiterschaft erträglicher zu machen. Ähnlich wie Mose zweifelte wohl auch er an seiner Fähigkeit, einen solchen sturen und eigenwilligen Haufen anzuführen. Insofern hoffte er wahrscheinlich auf die Entschuldbarkeit seines an sich falschen Handelns. Sein Wunsch, beim Volk gut anzukommen, führte zu einer schrecklichen Sünde und einem folgenschwerem Verlust für viele Menschen.

Warum konnte Satan einen Menschen wie Aaron so ködern? Hatte er nicht soeben die unglaubliche Macht und großartige Fürsorge Gottes am eigenen Leib erlebt? Satan hakte bei Aarons Wünschen und Ängsten ein. Er machte Aaron Angst vor einer möglichen Revolte des unzufriedenen Volkes und lockte ihn mit der Vorstellung, als starker und beliebter Führer zu gelten.

Mose, der soeben von einer 40 Tage langen Audienz mit Gott vom Berg herabgestiegen war, war an diesem Punkt überhaupt nicht anfechtbar, weil er sich des unbeschreiblichen Glücks bewusst war, das die Gegenwart des lebendigen Gottes bedeutete. Deshalb zermalmte er ihr Götzenbild kurzerhand zu Staub.

Ich denke, dass Sie inzwischen sehr gut in der Lage sind, die Gedanken und Wünsche Ihres Herzens mit Götzencharakter zu identifizieren. Selbst wenn diese äußerlich einen geistlichen Eindruck machen, sind sie gleichwohl götzendienerisch, wenn Sie ihnen eine falsche Priorität eingeräumt haben. Vielleicht sind sie zwar Teil der göttlichen Schöpfungsordnung, doch irgendwie aus der Spur geraten, weil die Welt Ihnen glauben machen wollte, dass Sie ohne sie nicht glücklich werden können. Oder Sie denken, dass ein kleines bisschen Götzendienst nur dieses eine Mal nicht so tragisch sei, weil Sie durch Angst oder Täuschung zu dieser Annahme verführt wurden. Doch sobald solche Gedanken oder Wünsche emotional den Platz einnehmen, der eigentlich Gott gebührt, müssen sie weichen – egal, woher sie ursprünglich einmal kamen.

Während wir Anzeichen falscher, zweckgebundener Götter unseres Herzens aufzuspüren versuchen, sollten wir ebenso auf Worte oder Taten achten, die dem sündigen Verhaltensmuster unseres geteilten Herzens entspringen. Möglicherweise haben Sie Probleme mit Lästerei oder bösartiger Rede oder Sie sind unaufrichtig oder schnell eingeschnappt. Oder Sie ängstigen sich leicht, machen sich viele Sorgen und ziehen sich innerlich zurück. Auch fleischliche Sünden wie z. B. Trunkenheit, Völlerei oder sexuelle Unmoral sind ein häufig auftretendes Problem. Diese Muster sind zwangläufige Auswirkungen des Gesetzes vom abnehmenden Ertrag, das dem gewohnheitsmäßigen Götzendienst zugrunde liegt. Gewohnheitsmäßiger Götzendienst hält in moralischer Hinsicht niemals einen Status Quo, sondern bringt zwangsläufig immer mehr Sünde hervor. Sobald wir also diese Muster bei uns selbst erkennen, müssen wir alles daransetzen, sie auszumerzen.

Lassen Sie mich kurz erklären, wie das aussehen kann. In Abbildung 11.1 gehe ich thematisch von meinem bereits in Kapitel

Abb. 11.1 Ungeistliche Handlungsmuster und falsche Götter erkennen

	morgens	nachmittags	abends
Montag	War wütend auf meine Freundin, weil sie mich kritisiert hat.	Habe mit einer anderen Freundin über ihre Undankbarkeit und Ignoranz gesprochen.	Zermürbende Gedanken an ihre kritischen Worte waren das Letzte, was mich umtrieb, bevor ich einschlief.
Dienstag			Machte mir Sorgen, warum sie sich bis jetzt noch nicht wieder gemeldet hat. Fragte mich, was sie wohl über mich denkt. Wurde schon wieder wütend.
Mittwoch		Habe im Kopf alle Sachen durchgespielt, die ich ihr am liebsten einmal sagen würde. Fragte mich, was sie wohl über mich denkt.	

	morgens	nachmittags	abends
Donnerstag			Bin in ein Restaurant und habe viel zu viel gegessen, um mich zu trösten. Habe mich entschlossen, ihr nie wieder einen Gefallen zu tun.
Freitag	Sie rief mich an und sagte mir noch einmal genau dasselbe, meinte aber auch, dass sie mich trotzdem sehr schätze.	War wieder außer mir wegen ihrer Kritik. Habe mich im Geist mit ihr gestritten und an all die Male erinnert, wo sie schon einmal etwas an mir auszusetzen hatte.	
Samstag			
Sonntag	Hoffte, in der Gemeinde nicht mit ihr sprechen zu müssen. Bin sofort nach dem Gottesdienst geflohen und habe die Autotür zugeknallt.		

10 geschilderten Problem mit meiner Freundin aus. (Im Anhang finden Sie eine Blankotabelle, die Sie sich kopieren und dann weiterverwenden können.) Die folgenden vier Fragen haben mir geholfen, zu erkennen, inwieweit die Früchte der ungeistlichen und sündhaften Vergötterung meiner Freundin heranwuchsen.

1. *Wem oder was diente ich?* Der Meinung meiner Freundin und meiner Selbstgerechtigkeit.
2. *Was war mir wichtiger als meine eigene Heiligung?* Ich wollte, dass meine Freundin gut von mir denkt. Ich wollte ihr Lob.
3. *Welche konkreten Gebote ignorierte ich dabei?* Das erste Gebot „Du sollst keine andern Götter haben neben mir" (2. Mose 20,3) sowie das zweite große Gebot, weil ich mich selbst mehr liebte als meine Freundin. Anders als in Markus 12,31 gefordert, dachte ich schlecht von ihr. Entgegen 1. Timotheus 3,11 lästerte ich über sie. Ich machte mir Sorgen und verstieß damit gegen Philipper 4,6. Mit meinem Zorn handelte ich Sprüche 29,8 und Jakobus 1,19-20 zuwider.
4. *Welche konkreten Sünden sollte ich ablegen? Was sollte ich mir stattdessen aneignen?* Ich muss Götzendienst, Selbstliebe, Selbstgerechtigkeit, Lieblosigkeit, Lästerei und Hemmungslosigkeit ablegen. Dafür sollten bei mir die Anbetung Gottes, Liebe, wertschätzende Rede, Demut, Selbstkontrolle und ein angemessenes Verhalten bei Konfrontationen vorherrschen.

Überdenken Sie noch einmal Ihre Beispielsituation aus dem vorangegangenen Kapitel oder überlegen Sie sich eine andere. Was haben Sie genau gesagt und wie konkret gehandelt? Haben Sie Türen zugeknallt oder gegen den Kühlschrank getreten? Haben Sie sich das Telefon geschnappt und einer Freundin Ihr Leid geklagt? Bringen Sie jede Sünde, ob in Gedanken, Wort oder Tat, vor Gott und bitten Sie ihn, dass er Sie in seiner Gnade zur Buße führt. Gleichzeitig versuchen Sie, Ihre sündigen Verhaltensmuster abzulegen und mit geistlichen zu ersetzen.

Wie sollen wir nun mit den Götzen umgehen, die wir in unserem Herzen entdeckt haben? Das Beängstigende ist, dass sie

immer mehr Raum einnehmen und irgendwann unsere Liebe zu Gott komplett außer Kraft setzen, sobald wir ihnen einen
winzig kleinen und scheinbar unbedeutenden Platz zugestehen.
So wie Paulus in Römer 8,13 schreibt, müssen wir die Taten des
Fleisches durch den Geist töten. Wir müssen sie vernichten. Wir
müssen sie verbrennen und zu Staub zermalmen. Wir können uns
nicht mit ihnen arrangieren oder so tun, als könnten sie uns ein
wenig nützlich sein, bis wir unser geistliches Leben auf die Reihe
bekommen haben. Sie haben zu viel Macht, als dass wir uns einen
nachlässigen Umgang mit ihnen leisten könnten. Wie es bereits
in Sprüche 6,27 heißt: „Kann man Feuer wohl tragen in seinem
Gewandbausch, ohne dass einem die Kleider verbrennen?"

Bekennen und Buße tun

Wie vernichtet man seine Götzen? Wenn sie für uns sichtbar und
aus Silber oder Gold wären, wüssten wir, was wir zu tun hätten. Wir würden sie packen und aus dem nächstbesten Fenster
werfen. Doch diese Götzen existieren in unserem Inneren. Wir
wissen, dass es sie gibt, weil sie sündiges Reden und Handeln
hervorbringen. Wie können wir also etwas loswerden, das ein
organischer Bestandteil unserer selbst zu sein scheint? Weil
Gottes Geist, der unsere Herzen erforscht, ständig am Werk ist
und uns Erkenntnis und Kraft schenken will, dürfen wir Hoffnung schöpfen.

Der Kampf gegen unseren Götzendienst und das daraus resultierende ungeistliche Verhalten muss an unterschiedlichen
Fronten stattfinden. Die erste Schlacht wird auf dem Gebiet des
Gebets geschlagen. Von Herzen kommendes, vom Geist geleite-
tes und konsequentes Bekennen und Bereuen – das ist die einzige Waffe, die das Bollwerk unserer götzendienerischen Gedanken und Wünsche schwächen kann.

Mein Mann und ich interessieren uns für alles, was mit dem
amerikanischen Bürgerkrieg zu tun hat. Immer wenn wir unterwegs sind, suchen wir ehemalige Bürgerkriegsschauplätze auf

und besichtigen sie. Eines der eindrucksvollsten ehemaligen Schlachtfelder liegt unseres Erachtens in Gettysburg, Pennsylvania. Das mag wohl daran liegen, dass wir es ausgerechnet an einem 5. Juli aufsuchten – dem Tag, an dem alljährlich der Teil der berühmten Schlacht von Gettysburg nachgestellt wird, den man „Pickett's Charge" nennt. Das Außergewöhnliche an dieser Schlacht war, dass die Konföderierten bis zum dritten Tag die Oberhand hatten und es schien, als würden sie den Kampf für sich entscheiden. Doch General Robert E. Lee unterschätzte die Stärke der feindlichen Truppen und ordnete einen kühnen, aber folgenschweren Angriff an: über das offene Feld hinweg in Richtung des Teils der feindlichen Linie, den er für besonders verwundbar hielt. Weil der General der Union, George Meade, mit seinen Truppen in der überlegenen Position war und sich verschanzt hatte, bewirkte der Angriff tausender bis an die Zähne bewaffneter Soldaten auf seine Stellungen kaum etwas. Seine Linie hielt stand. In nur 45 Minuten verloren 6000 Soldaten ihr Leben, weil eine Marschwelle nach der anderen auf „die kleine Baumgruppe" zulief, zuversichtlich, die verwundbare Stelle der feindlichen Linie ausgemacht zu haben. Das Kanonen- und Gewehrfeuer verzehrte sie, noch bevor sie die Reihen der Unionssoldaten überhaupt erreichen konnten. An diesem Tag hatte General Lee einen fatalen Fehler begangen: Er hatte die Stärke des Feindes unterschätzt und sich darüber hinaus nicht gut genug informiert, um seine Aussichten auf einen Sieg realistisch zu sehen.

Von Herzen kommendes, demütiges Gebet

General Lee war davon überzeugt, dass seine Truppen stark genug waren, den Feind in die Knie zu zwingen. Er war kühn und bereit, die Risiken einzugehen, die nötig waren, um das Geschehen auf diesem schicksalsträchtigen Schlachtfeld zu seinen Gunsten zu wenden. Es mangelte ihm also nicht an Entschlossenheit und Mut. Was ihm dagegen fehlte, waren ausreichende Informationen über die Stärke und die Kriegstaktik seines Gegners. Und wegen dieses Irrtums bezahlten viele Männer

„das höchste Maß an Hingabe", wie Abraham Lincoln es in seiner Rede zur Einweihung des Sodatenfriedhofs (der sogenanten „Gettysburg Address") formulierte.

Diese Geschichte von „Pickett's Charge" (benannt nach dem Konföderierten-Generalmajor George Pickett, einem der drei Generäle, die den Angriff anführten) ist insofern bedeutungsvoll, als sie sich mit unserer Situation vergleichen lässt, in der wir zum Angriff blasen, ohne zuvor das von Herzen kommende, demütige Gebet gesucht zu haben. Wir können noch so entschieden mit Selbsthilfebüchern, guten Vorsätzen, Selbstdisziplinprogrammen und noch so guten Strategien gegen unsere gut ausgerüsteten Feinde zu Felde ziehen: Am Ende finden wir uns blutüberströmt, verzweifelt und Deckung suchend wieder. Nur in der Kraft des Heiligen Geistes können wir die Stärke des Feindes erkennen. Nur der Geist kann uns die Weisheit verleihen, die wie brauchen, um unsere Götzen niederzureißen und zu vernichten. Er eilt denen zur Hilfe, die sich demütigen, ihre Hilflosigkeit erkennen und verzweifelt nach göttlicher Unterstützung suchen.

Das Bekennen unserer Bedürftigkeit und Sünde demütigt stolze Herzen. Und weil es uns so schwerfällt, uns zu demütigen, sollten wir uns daran erinnern: „Gott widersteht den Hochmütigen und gibt den Demütigen Gnade" (1. Petrus 5,5). Wenn ich ihm gegenüber selbstgefällig und stolz auftrete, suche ich nicht seine Stärke. Ich muss wissen, dass Satan, mein Feind, stark und bestens ausgerüstet ist und dass ich ihm ohne die Hilfe des Geistes so ausgeliefert bin wie George Picketts Truppen damals ihren Feinden. Dabei spielt es keine Rolle, wie viel Willenskraft und eigene Stärke ich meine, aufbieten zu können. Ohne den Geist bin ich zur Niederlage verdammt. Nur wenn ich bereit bin, meiner eigenen Bedürftigkeit ins Auge zu sehen, ist seine Kraft zur Stelle und kann mich verändern.

Die Bereitschaft zum demütigen Bekennen meiner Schuld öffnet mir die Tür zu den Strömen der Gnade. Ich weiß, dass Gott mir helfen wird, wenn ich mich vor ihm beuge und ihm bekenne, dass ich ohne ihn absolut hoffnungslos und hilflos bin.

„Wer seine Übertretungen verbirgt, wird eingehen, wer sie aber bekennt und sich von ihnen abkehrt, wird Trost erhalten", sagte Augustinus. „Freimütiges Bekennen stopft der Hölle das Maul und öffnet die Tore zum Paradies."[123]

Denken wir zum Beispiel an Rahel, als sie damit konfrontiert wurde, die Götzen ihres Vaters gestohlen zu haben. Bekannte sie ihre Sünde? Nein, sie versuchte sie zu verbergen (1. Mose 31,34). Betrachten wir im Gegensatz dazu Davids Bekenntnis in Psalm 51,6: „Gegen dich, gegen dich allein habe ich gesündigt und getan, was böse ist in deinen Augen; damit du im Recht bist mit deinem Reden, rein erfunden in deinem Richten." Ein von Herzen kommendes, wahres Bekenntnis sucht keine Ausflüchte oder Verstecke, um Schuld zu vertuschen. Wir bekennen unsere Sünden, weil sie einen Angriff auf den heiligen Gott darstellen. Indem wir bekennen, bringen wir zum Ausdruck, dass wir Gott in seiner Beurteilung unseres Verhaltens Recht geben. Seine Einschätzung unseres Handelns ist gerecht und heilig. Nur wer sich selbst als Sünder erkennt, erfährt auch Gottes Trost.

Doch wie sollen wir Schuld bekennen? Auf jeden Fall so präzise wie nur möglich. Bezogen auf das von mir geschilderte Beispiel könnte das ungefähr so lauten: „Vater, bitte vergib mir in Jesu Namen meine Schuld. Vergib mir, dass ich dich durch einen anderen Gott ausgetauscht habe. Vergib mir, dass ich Janes Meinung für wichtiger erachtet habe als deine und ich die ungetrübte Gemeinschaft mit dir vernachlässigt habe. Vergib mir alles Lästern, den sündigen Zorn, meine Sorgen und die Selbstgerechtigkeit." Das Bekenntnis sollte sich nicht nur auf rein äußerliches Verhalten beziehen, sondern auch unsere Gedanken und Wünsche umfassen, die unser Handeln bedingen. Wenn wir uns vor Gott demütigen und ihm unser Herz ausschütten, ist er innerlich bewegt, und unsere Schuld steht nicht länger zwischen Gott und uns – das hat er versprochen.

---

123 Übersetzt nach: Augustinus, zitiert in Watson, *The Doctrine of Repentance*, 34.

Wegen der guten Nachricht des Evangeliums kann ich innerlich zur Ruhe kommen in dem Wissen, dass die Arme meines himmlischen Vaters immer offen sind für mich und sein Herz stets zur Vergebung und Liebe bereit ist. Teil meines Bekenntnisses kann sogar die in Anbetracht meiner Sünde neu gewonnene Erkenntnis sein, wie erlösungsbedürftig einerseits und reich in Christus andererseits ich bin. Nicht, dass Sünde insofern gewinnbringend ist, doch indem ich gezwungen bin, sie zu betrachten und auch zu bekennen, wird sie – so abscheulich sie auch sein mag – meine Dankbarkeit und tiefe Liebe zum Vater verstärken, der mich niemals aufgeben wird.

Innige und tiefe Buße

Auf das Bekennen folgt das Bereuen. Reue und die nachfolgende Buße sind ein Werk des Heiligen Geistes, welches uns innerlich demütig macht und sichtbar erneuert. Wahre Buße setzt voraus, dass wir die Sünde hassen und uns von ihr sowie von allen Selbstrechtfertigungsversuchen abwenden. Beim Blick in mein eigenes Herz erkenne ich zwar den Wunsch, mich von meiner Sünde zu distanzieren, doch ist dieser Wunsch eben nicht durch meinen Hass gegenüber Sünde motiviert. Vielmehr geht es darum, dass sie entweder peinlich ist oder Probleme schafft. Wie gerne möchte ich eine Herzenshaltung echter Reue entwickeln – und um dahin zu kommen, muss ich mir von meinem himmlischen Vater eine tiefgehende Abscheu vor der Sünde erbitten. Nur in dem Maße, wie ich die Sünde wirklich hasse, bin ich auch motiviert, gegen sie anzugehen.

Hesekiel forderte die Israeliten auf: „Kehrt um, und wendet euch ab von euren Götzen, und von allen euren Gräueln wendet euer Gesicht ab!" (Hesekiel 14,6). Buße geht über das bloße Bekenntnis hinaus – über ein „Entschuldigung" oder „Ja, du hast recht." Maßgeblich ist der Wunsch, frühere Loyalitätsgefühle hinter sich zu lassen und darauf zu vertrauen, dass Gottes Liebe uns in diesem Prozess treu bleiben wird. Es geht um den Glauben, dass er mich grenzenlos liebt, und um die Abkehr vom Irrglauben, seine Liebe sei wie die unsrige – nämlich nicht bedingungslos.

Natürlich wird unsere Buße niemals vollkommen sein, aber wenn sie echt ist, wird Gott sie um seines Sohnes Willen als vollkommen ansehen.[124] Wenn wir Gott unsere liebsten und geheimsten Gedanken, Vorstellungen und Wünsche opfern und zur Abkehr bereit sind, ist die Reue aufrichtig und die Buße echt. Ich betone noch einmal: Die Buße ist niemals perfekt oder vollkommen aufrichtig, doch wir sind gefordert, unsere Wünsche unserem himmlischen Vater darzubringen, der unsere Herzen wie kein anderer kennt und weiß, dass wir schwach sind.

Hunger und Durst nach Gerechtigkeit

Jesus hat uns gelehrt, Sünde ernst zu nehmen. Er lehrte uns, unsere Sünde so sehr zu hassen, dass wir bereit sind, dafür sogar auf das scheinbar zum Leben Notwendige zu verzichten. Sind wir bereit, unser rechtes Auge oder die rechte Hand im Kampf gegen den Götzendienst zu opfern? Was sind Sie bereit aufzugeben für Gott und den Dienst in seinem Reich? Sind Sie bereit, „das höchste Maß an Hingabe" zu investieren? König David sagte einmal, dass er dem Herrn kein Opfer bringen wolle, das ihn nichts koste (2. Samuel 24,24).

Kay Arthur erzählte einmal die Geschichte von Pastor Hsi, der durch den Dienst von Hudson Taylor in China zum Glauben gekommen war. Hsi war opiumabhängig, und als er gläubig geworden war, wurde ihm bewusst, dass er dieses Laster aufgeben musste. Nach tagelangem Kampf gegen die Versuchungen Satans, die ihn mit Angst vor Schmerzen und Tod sowie mit Gedanken an die erleichternde Wirkung einer erneuten Opiumdosis überrollten, sagte er schließlich: „Was kannst du gegen mich ausrichten, Teufel? Mein Leben ist nun in Gottes Hand. Und ich bin bereit, mit der Opiumabhängigkeit zu brechen, auch wenn es mich das Leben kosten sollte. Doch wozu

---

124 „An uns ist es treu zu sein; die Vollkommenheit dagegen ist Gottes Zugabe." Übersetzt nach: Baxter, *A Christian Directory*, 67.

ich nicht mehr bereit bin, ist das: ein Leben in Sünde.' Immer, wenn seine Qualen wieder unerträglich waren, schrie er laut: ‚Niemals werde ich das Zeug wieder anrühren, selbst wenn ich dafür sterben müsste!'"[125] Genau diese der Buße zugrundeliegende Haltung ist es, die uns in die Lage versetzt, unsere Götzen zu vernichten. Der Kampf ist hart, weil die Götzen und die aus ihrer Vergötterung resultierende Sünde unsere Glückslieferanten sind – vielleicht vergleichbar mit Pastor Hsis Opiumpfeife. Und dieses Glück, diese Freuden, beruhigen die Ängste, die ihre Klauen so tief in unsere Herzen eingegraben haben. Wir müssen wie Hsi sagen können: „Vielleicht kostet mich dieser Kampf das Leben, doch ich will kein Leben in Sünde mehr führen."

Jesus sprach über diese Grundhaltung als Voraussetzung unserer Heiligung:

> Wenn aber dein rechtes Auge dir Anlass zur Sünde gibt, so reiß es aus und wird es von dir! (...) Und wenn deine rechte Hand dir Anlass zur Sünde gibt, so hau sie ab und wirf sie von dir!" (Matthäus 5,29-30)

Die Sünden, die uns die liebsten sind, müssen wir ausreißen und von uns werfen. Die Wünsche, die uns am angenehmsten und begehrenswertesten erscheinen, müssen wir ablegen, wenn sie uns dazu verleiten, andere Götter zu verehren und zu sündigen – selbst dann, wenn sie uns an sich harmlos erscheinen. „All die nutzlosen Dinge, die mir begehrenswert erscheinen, darf ich ihm dank seines Blutes als Opfer bringen"[126], schrieb Isaac Watts 1707. Diese „nutzlosen Dinge" sind die Freuden, an denen wir eisern festhalten und die nur allzu leicht zu unseren zweckgebundenen Göttern werden.

---

125 Übersetzt nach: Kay Arthur, *Lord, Only You Can Change Me* (Sisters, OR: Multnomah, 1995), 141.

126 Übersetzt nach: Isaac Watts, „When I Survey the Wondrous Cross", 1707.

Was würden Sie zugunsten Ihrer Heiligung aufgeben? Welche lieb gewordenen Gedanken und Wünsche würden Sie auf dem Altar seiner Gnade darbringen? Was würden Sie opfern, um ihm nahe zu sein, in sein Bild verwandelt zu werden und die Gemeinschaft seiner Leiden zu erfahren?

Unsere liebgewordenen Götter

Nachdem wir unsere Sünden und unseren Götzendienst bekannt und bereut haben, müssen wir uns von ihnen abwenden und sie vernichten. Wie jede andere Facette des Heiligungsprozesses bedarf auch dieser Teil der Wirkung des Heiligen Geistes und des Vertrauens auf die Gnade des Evangeliums. Es gilt, der Sünde und dem Götzendienst den Rücken zuzukehren, selbst wenn das bedeutet, inmitten einer entsprechenden Handlung die Notbremse zu ziehen und aufzuhören. Selbst wenn wir bereits kräftig zu lästern begonnen haben, können wir unseren Redeschwall immer noch unterbrechen und sagen: „Ich sollte so etwas nicht sagen. Bitte vergib mir" und danach das Thema wechseln. Haben wir beim Erzählen einer Geschichte übertrieben, könnten wir sagen: „Es tut mir leid, ich bin nicht bei der Wahrheit geblieben, und ich möchte diese Schuld nicht im Raum stehen lassen. In Wirklichkeit hat es sich so zugetragen: ..."

Jetzt denken Sie vielleicht: „Oh, nein, das wäre mir viel zu peinlich. Das könnte ich nicht aushalten!" Verstehen wir jetzt, warum Jesus das Beispiel eines ausgerissenen Auges und einer abgeschlagenen Hand wählte, wenn es um die Überwindung der uns umstrickenden Sünde geht?

Manchmal bedeutet Überwindung götzendienerischer Gewohnheiten vielleicht sogar den Wechsel des Arbeitsplatzes oder den Abbruch von Beziehungen, den Verzicht auf die Kreditkarte oder das Abschaffen unseres Fernsehers oder Internetzugangs. Wir sollen wachsam sein und die Sünde im Keim identifizieren und ersticken. Das kann bedeuten, einen anderen Nachhauseweg zu wählen oder auf die Verlängerung eines Abonnements für eine uns lieb gewordene Sache zu verzichten. Immer wenn wir Götzen aufkeimen sehen, sollen wir nicht nur die Sünde selbst, sondern auch die Gelegenheit meiden, die Sünde überhaupt zu begehen. Noch einmal: Es geht nicht darum, dass wir an diesen Dingen oder Aktivitäten nicht grundsätzlich Freude haben dürften. Die Frage ist nicht die, ob unsere Vorlieben berechtigt sind oder nicht, sondern entscheidend ist vielmehr, welche Priorität wir ihnen einräumen. Haben sie uns bereits im Griff oder nicht?[127]

Aus eigener Kraft können wir keine nachhaltige Veränderung unser selbst hervorbringen. Es ist allein die Kraft des Heiligen Geistes, die das bewirken kann. Deshalb sagt Paulus, dass wir die Taten des Fleisches durch die Kraft des Heiligen Geistes töten müssen (Römer 8,11). Er ist der Einzige, der stark genug ist, um uns zur Abkehr von der Sünde und zur Hinwendung zu Gott zu bewegen.

Den Gehorsam anziehen

Der Prozess der fortschreitenden Heiligung besteht aus drei Schritten: Ablegen, Erneuerung meiner Einstellung, indem ich die gute Nachricht annehme, und Anziehen. Unser heiliger Wandel umfasst Gehorsam und aufrichtigen Lobpreis. Wir haben bereits die Ursache unseres geistlichen Handelns betrachtet sowie die Art und Weise, wie wir unsere zweckgebundenen Götter durch Bekenntnis und Buße vernichten können. Jetzt soll es darum gehen, wie wir den angestrebten heiligen Wandel anziehen können.

Immer wenn die Bibel davon spricht, dass wir sündige Gewohnheiten ablegen müssen, nennt sie auch immer gleichzeitig das, wodurch wir das Abgelegte ersetzen sollen. Abbildung 11.2 enthält einige einfache Beispiele, um dieses Prinzip zu illustrieren.

---

127 „Alles ist mir erlaubt, aber nicht alles ist nützlich. Alles ist mir erlaubt, aber ich will mich von nichts beherrschen lassen" (1. Korinther 6,12); „Alles ist erlaubt, aber nicht alles ist nützlich; alles ist erlaubt, aber nicht alles erbaut" (1. Korinther 10,23).

Abb. 11.2. Biblische Beispiele für das Ab-/An-Prinzip

Ablegen	Anziehen
Zorn	Demut, Kommunikation, Dienstbereitschaft (Epheser 4,26.31-32)
Angst	Gottesfurcht und Nächstenliebe (Lukas 12,4-5; 1. Johannes 4,18)
Diebstahl	Harte Arbeit und Großzügigkeit (Epheser 4,28)
Verletzende Worte	Freundliche, gütige Wort, die erbauen (Epheser 4,29)
Sorgen	Dankbares und konkretes Gebet sowie Disziplin der Gedanken (Philipper 4,6-9)

In der Fußnote finden Sie weitere Gegensatzpaare, die diesem Muster folgen.[128]

Ich möchte diesen Prozess anhand eines Beispiels verdeutlichen. Mary war eine Frau, die mit vielen Ängsten zu kämpfen hatte. Am meisten fürchtete sie sich vor dem Autofahren. Obwohl sie zwei Töchter hatte, die zu ihren sportlichen und sozialen Nachmittagsaktivitäten gefahren werden mussten, weigerte sie sich, die Schnellstraße zu nehmen, und schlich stattdessen

---

128 Nachfolgend eine unvollständige Liste mit weiteren Aufforderungen nach dem Ab-/An-Prinzip: Ehebruch (Sprüche 5,15-23); Zorn (Epheser 4,26-32); Veränderung (Römer 6; 12; 13,14; Galater 5,19-23; 1. Petrus 2,11-12); Depression (Psalmen 32; 38; 51); Trunksucht (Epheser 5,18); boshaftes Reden (Epheser 4,25-32); Neid (Jakobus 3,13-18); Angst (Matthäus 10,26-31; 1. Johannes 4,18); Liebe (1. Korinther 13; Kolosser 3,5-17); Lüge (Epheser 4,25); Selbstverneinung (Lukas 9,23-24); Versuchungen (Jakobus 1); Sorgen (Matthäus 6,25-34; Philipper 4,6-9).

irgendwelche Nebenstraßen entlang – mit dem Ergebnis, dass ihre Töchter ständig zu spät kamen. Weil sie nie pünktlich waren, konnten sie weder an Wettkämpfen noch an irgendwelchen Projekten teilnehmen. Mary wusste, dass ihre Angst falsch war, aber sie fand keinen Weg, sie zu überwinden.

Abb. 11.3 Konkrete Beispiele für das Ab-/An-Prinzip

Ablegen	Verändertes Denken	Anziehen	Konkrete Schritte
Die Angst vor dem Autofahren, die durch sündige Vorstellungen oder den Wunsch, sich selbst in Sicherheit zu wissen, hervorgerufen wird.	Nachsinnen über Gottes Versprechen, uns zu beschützen, und den Wunsch, ihm zu gefallen/ihn zu verherrlichen.	Bekenntnis und Buße. Vertrauensvolle Liebe zu Gott und ihren Töchtern, die ihre Angst vor einem Unglück in den Hintergrund rückt. Lob und Anbetung Gottes.	Zunächst kleine Abschnitte auf der Schnellstraße fahren. Sich gedanklich mit der Güte Gottes beschäftigen, z. B. durch Anhören von Lobpreismusik während des Autofahrens.

Als sie erkannte, dass ihre Angst vor dem Autofahren vor Gott nicht in Ordnung war, begann sie mit dem ersten Schritt fortschreitender Heiligung auf diesem Gebiet. Sie hatte ihrer Fantasie erlaubt, ihr Herz durch Gedanken an einen möglichen Unglücksfall zu lähmen. Ihr Denken war nicht mehr auf die Güte und Fürsorge Gottes gerichtet. Diese Angst nahm so viel Raum in ihr ein, weil ihr vorherrschender Wunsch war, sich selbst zu schützen. Sie bekannte dem Herrn sowohl ihre Angst als auch ihren Selbstschutzmechanismus. Darüber hinaus begann sie, sich bewusst mit den Aussagen der Bibel über die väterliche Fürsorge Gottes zu befassen. Gott hat versprochen, sich ihrer um Jesu willen in Liebe anzunehmen mit dem Ziel, sie zu schützen und zu bewahren. Doch das war noch nicht genug. Zusätzlich musste Mary sich aufmachen und bewusst geistliches Handeln einüben. Als sie in 1. Johannes 4,18 las: „Die vollkommene Liebe treibt die Furcht aus", verstand sie, dass sie sich als aus Gnade gerettetes Gotteskind nicht vor Strafe oder Tod fürchten musste. Daraufhin wurde ihr klar, dass ihre Liebe zu ihren Töchtern ihre Angst vor Unfall und Gefahr überwiegen sollte. Diese Liebe würde ihr die Kraft geben, die Angst zu überwinden. Also begann sie mit kurzen Abstechern auf der Schnellstraße – aus Liebe zu ihren Kindern. Dabei beschallte sie den Innenraum ihres Wagens mit Lobpreismusik. Nach einiger Zeit war sie imstande, immer weitere Strecken zu fahren, und stellte fest, dass das Autofahren trotz aller Herausforderungen eine gute Möglichkeit war, sich über Gottes Güte in ihrem Leben zu freuen.

Dieser Veränderungsprozess mag unspektakulär klingen, ist aber keineswegs simpel oder vereinfachend. Er ist einfach genug, dass Kinder ihn verstehen können, und dabei gleichzeitig so tiefgreifend, dass Gott ihn als Instrument zur Veränderung unseres Herzens gebrauchen kann. Stecken wir jedoch mittendrin, sollten wir uns daran erinnern, dass es ein Prozess ist – nicht mehr und nicht weniger. Vielleicht möchten Sie sich noch einmal mit den Beispielen des *Ab-/An*-Prinzips beschäftigen (Abbildung 11.2, Fußnote 6) oder die Thematik noch anderweitig vertiefen.

Nicht aufgeben

Während unseres Heiligungsprozesses müssen wir der Versuchung widerstehen, angesichts unserer Sünde aufzugeben, uns überwältigt zu fühlen oder zu verzweifeln. Stets sollte uns vor Augen stehen, dass es Gottes Güte ist, die uns zur Buße leitet. Wenn

Gott uns in seiner Gnade mit unserer Schuld konfrontiert, ist seine Liebe für uns gleichzeitig ja so stark, dass sie uns verändern und halten kann, obwohl wir uns der Sünde schutzlos ausgeliefert fühlen. Ein Puritaner hat es einmal so formuliert: „Sollte uns vergebene Schuld von demjenigen wegziehen, der sie vergibt?"[129]

Das klingt zwar wie ein harter Kampf (und es ist wirklich nicht leicht), aber wir müssen uns zwischendurch immer wieder fragen: „Sind Demut, Bekennen, Wiederherstellung, Schmach und eine heilige Sorgfaltspflicht etwa schlimmer als die Hölle?"[130] Das sind die Herausforderungen, die es zu meistern gilt. Auch angesichts unserer immer wieder hinzunehmenden Niederlagen dürfen wir wissen: „Der Herr weiß die Gottseligen aus der Versuchung zu retten" (2. Petrus 2,9). Gott kann uns helfen. Der Herr Jesus ist uns bereits vorangegangen. Er hat uns Freiheit erkauft, unser Herz und unser Gewissen gereinigt, uns die Kraft des Heiligen Geistes gegeben und unsere Seele sicher in seiner Hand verborgen. Er kann uns von unserer Sünde befreien. Wir dürfen durchatmen und in dieser Gewissheit ruhen.

Bei aller großartigen und hochwirksamen Gnade, die uns zuteil geworden ist, ist es gleichwohl unsere eigene Verantwortung, wachsam zu sein und die Führung des Heiligen Geistes in Anspruch zu nehmen, um uns für die Handreichungen der Gnade – insbesondere das Abendmahl und das gepredigte Wort – zugänglich zu machen. Wir müssen uns der von oben gesteuerten Kraft bemächtigen, um gegen die Sünde zu Felde zu ziehen.

Keine Gier nach Bösem

Paulus machte den Korinthern deutlich, dass der im 2. Buch Mose enthaltene Bericht mehr ist als nur eine unterhaltsame Geschichte. Er schrieb:

---

129 Übersetzt nach: Baxter, *A Christian Directory*, 66.
130 Ebd., S. 90.

Diese Dinge aber sind als Vorbilder für uns geschehen, damit wir nicht nach Bösem gierig sind, wie jene gierig waren. Werdet auch nicht Götzendiener wie einige von ihnen!, wie geschrieben steht: „Das Volk setzte sich nieder, zu essen und zu trinken, und sie standen auf, zu spielen." (...) Darum, meine Geliebten, flieht den Götzendienst! (1. Korinther 10,6-7.14)

In seinen Reflektionen über den Götzendienst Israels gelangt Paulus zu der Erkenntnis, dass alle Kinder Gottes zu jeder Zeit die innere Neigung in sich tragen, sich im Herzen vom Herrn abzukehren. Er wollte, dass wir aus Israels Verhalten lernen, es tiefgreifend reflektieren und Parallelen zu unserem eigenen Handeln ziehen. Er war überzeugt, dass „der Mensch einen Gegenstand der Anbetung braucht, und wenn er sich vom lebendigen Gott abwendet, dockt sein Herz sofort an einen zweckgebundenen, falschen Gott an."[131] Die Ausrichtung unseres Herzens auf Jesus ist von grundlegender Bedeutung, ebenso wie die Erkenntnis, dass unser Vater uns beschützt, bewacht, vergibt und leitet, obwohl er nicht leibhaftig hier auf Erden anwesend ist.

Traurig machen mich Aussagen gläubiger Frauen wie die folgende, die ich häufig zu hören bekomme: „Ich weiß ja, dass Jesus hier bei mir ist ... Aber ich brauche noch mehr als das. Ich brauche einen Gott, den ich sehen und anfassen kann." Ich kenne die Schwierigkeit ja selbst allzu gut, hier auf Erden ein Leben im Glauben zu führen, immer in der Erwartung der Wiederkunft unseres himmlischen Bräutigams Jesus Christus. Aber wenn ich solche Sätze höre, werde ich trotzdem traurig, weil ich an die Tragik der alttestamentlichen Begebenheit am Fuße des Horeb denken muss.

Sie machten sich ein Kalb am Horeb
und beugten sich vor einem gegossenen Bild.

---

131 Übersetzt nach: Arthur W. Pink, *Gleanings in Exodus* (Chicago: Moody Press, 1972), 316.

Sie vertauschten ihre Herrlichkeit
mit dem Bild eines Stieres, der Gras frisst.
Sie vergaßen Gott, der sie rettete,
der große Dinge getan in Ägypten,
Wunder im Lande Hams,
Furchtbares am Schilfmeer.
Da gedachte er, sie auszurotten,
wäre nicht Mose gewesen, sein Erwählter.
Der trat in die Bresche vor ihn,
um seinen Grimm vom Verderben abzuwenden.
(Psalm 106,19-23)

Mose befahl allen, die auf der Seite des Herrn waren, die Götzendiener auszurotten. So ernst ist das Thema Götzendienst: Wir müssen ihn in unseren Herzen ausrotten. Es ist eben diese Sünde des Götzendienstes, der Selbsterlösung, der Selbstrechtfertigung und des Unglaubens, die unserem Erlöser am Kreuz der Römer sein Leben kostete. Darum ist es höchste Zeit, dass wir beginnen, die „nutzlosen Dinge, die uns verzaubern", ins Visier zu nehmen und sie mit dem Schwert des Geistes niederzustrecken. Stattdessen heißt es, täglich den Glauben an Gottes Güte anzuziehen und mit Bekenntnis, Buße und dem Wunsch nach Gehorsam zu reagieren.

Haben wir die Güte unseres Erlösers aus dem Blick verloren? Haben wir die großartigen Dinge vergessen, die er getan hat, um uns aus der Hand des Feindes zu reißen? Wenn ja, dürfen wir uns an unseren barmherzigen Fürsprecher Jesus Christus wenden, der vor dem Vater für uns in die Bresche springt und seinen Zorn neutralisiert. Im Glauben können wir mit den Götzen in unserem Leben fertigwerden. Durch seine Kraft und in seinem Namen sind wir imstande, sie zu vernichten und die falschen Götter aus unserem Herzen zu verbannen. Und übrigens – wir *haben* einen Gott zum Anfassen. Er heißt Jesus und ist der Mensch gewordene Sohn Gottes.

Weiterführende Gedankenanstöße

1. Thomas Watson schrieb: „In Adam haben wir Schiffbruch erlitten, und Buße ist die einzig rettende Planke, die uns sicher in den Himmel bringen kann."[132] Was, denken Sie, hat er damit gemeint?

2. Welche Schritte müssen wir gehen, um unsere Sünden abzulegen und Heiligkeit anzuziehen?

3. Formulieren Sie ein Gebet, in dem Sie ein demütiges Bekenntnis ablegen.

4. Warum ist das Bekennen so wichtig?

5. Welche konkreten Schritte sind nötig, um zur Buße über unseren Götzendienst zu kommen?

6. Sind Ihnen Dinge bewusst, die Sie unternehmen sollten, um sich ein „Auge auszureißen" oder eine „Hand abzuhacken"? Welche Dinge sind das? Wie wichtig ist Ihnen Ihr Heiligungsprozess? Was sind Sie bereit dafür zu opfern?

7. Inwieweit ermutigt Sie Gottes unwandelbare Liebe in Christus, freimütig und im Glauben zu bekennen und zu bereuen? Inwiefern befähigt uns das Evangelium zur Transparenz und Demut?

---

132 Ebd., 13.

8. Nachdem Sie über eine konkrete Sünde nachgedacht haben, die es abzulegen gilt, wäre es hilfreich, die nachstehende Tabelle auszufüllen. Sollten Sie sich unsicher sein, welche Handlung „anzuziehen" ist, können Sie noch einmal auf Fußnote 6 zurückgreifen.

Abb. 11.4. Persönliches Arbeitsblatt für das Ab-/An-Prinzip

Ablegen	Erneuerte Gedanken	Anziehen	Konkrete Schritte

9. Manche Christen vertreten die Auffassung, dass Buße und Bekenntnis nur im ersten Schritt des Regenerationsprozesses vorkommen. Der Kirchenvater Tertullian dachte dagegen, er sei ausschließlich zu dem Zweck geboren, Buße zu tun. Was denken Sie? Und warum?

12

Die Freude an Gott

Ein Akt der Anbetung ist vergeblich und wertlos,
wenn er nicht von Herzen kommt.[133]

Als David die Bundeslade Gottes nach dem Raub durch die Philister zurück nach Jerusalem bringen ließ, war er mit großer
Freude und Leidenschaft erfüllt. Obwohl der erste Versuch in
einer Tragödie endete und den Tod seines Freundes zur Folge
hatte (2. Samuel 6,5-7), war David weiterhin beseelt von dem
Gedanken, dass die Gegenwart Gottes nach Israel zurückkehren
würde:

> Und David tanzte mit aller Kraft vor dem HERRN, und Da
> vid war mit einem leinenen Efod gegürtet. So brachten Da
> vid und das ganze Haus Israel die Lade des HERRN hinaus
> mit Jauchzen und mit Hörnerschall. Und es geschah, als die
> Lade des HERRN in die Stadt Davids kam, schaute Michal,
> die Tochter Sauls, aus dem Fenster. Als sie nun den König
> David vor dem HERRN hüpfen und tanzen sah (...).
> (2. Samuel 6,14-16)

König David, ein Mann nach Gottes Herzen (1. Samuel 13,14),
tanzte mit ganzer Inbrunst vor dem Herrn. So sehr schätze er die
Nähe der Gegenwart Gottes, dass er das durch überschäumende Freude ausdrückte. Er wurde erfüllt mit „dem höchstmöglichen Ausdruck an Freude: Er tanzte vor dem Herrn mit all seiner
Kraft, er hüpfte vor Freude. (...) Es war der natürliche Ausdruck

---

133 Übersetzt nach: John Piper, *Desiring God: Meditations of a*
Christian Hedonist (Sisters, OR: Multnomah, 1996), 79.

dessen, was in ihm war: unaussprechliche Freude und jubelnde Gedanken."[134] David war in höchstem Maße entzückt, weil er und sein Volk nun wieder in den Genuss der Gegenwart Gottes kommen würden.

Kürzlich erinnerte ich mich wieder an die Prophezeiung Maleachis über die Menschen, die Gottes Namen fürchten: „Ihr werdet hinausgehen und umher springen wie Mastkälber" (Maleachi 3,20). Ich bin nicht auf einem Bauernhof groß geworden, sodass ich noch niemals ein Mastkalb habe springen sehen. Doch ich stelle mir das ungefähr so vor wie das gelegentliche Verhalten meiner kleinen Hündin. Wenn sie längere Zeit alleine war und ich sie in den Garten hinauslasse, dreht sie wie eine Verrückte in vollem Tempo ihre Runden. Sie ist so glücklich über ihre wiedergewonnene Freiheit, dass ihre Beinchen vor Energie schier zu explodieren scheinen und sie unermüdlich ihre Runden dreht.

Waren Sie schon einmal so bewegt von Gottes Herrlichkeit – von seiner Güte, seiner Heiligkeit, Freundlichkeit oder Barmherzigkeit –, dass Ihr Herz vor Dankbarkeit fast zersprungen wäre? Können Sie sich vorstellen, so von Gottes Majestät hingerissen zu sein, dass Sie am liebsten tanzen würden? David wusste, wie es war, „wie ein Mastkalb zu hüpfen".

Wie lange ist es her, dass Ihr Herz „überreich in Danksagung" war (Kolosser 2,7)? Das Wort *überreich* bedeutet hier „überquellend" oder „sich auszeichnend durch Dankbarkeit". Wie wäre es wohl, wenn leidenschaftlicher Lobpreis aus uns hervorbrechen würde? Und warum ist es nicht so? A. W. Tozer beantwortet diese Frage folgendermaßen:

Die orthodoxe Christenheit bewegt sich durch ihren Mangel an geistlicher Sehnsucht derzeit auf einem sehr niedrigen Level. Unter den vielen Menschen, die sich zum christlichen

---

134 Übersetzt nach *Matthew Henry's Commentary on the Whole Bible: New Modern Edition,* electronic database (Peabody, MA: Hendrickson, 1991).

Glauben bekennen, ist vielleicht einer von tausend, bei dem ein leidenschaftlicher Hunger nach Gott zu finden ist. (...) Wir fürchten die Extreme und schrecken viel zu sehr vor allzu großer Begeisterung im Glauben zurück, als ob man zu sehr lieben, zu sehr glauben und zu sehr heilig sein könnte. (...) Wer tatenlos zusieht, wie ihn die Kälte seines geistlichen Umfelds infiziert, wird langsam aber sicher auf dem Friedhof der Orthodoxie enden und zu einem geistlichen Zustand verdammt sein, den man allenfalls als „Totpunkt und Quintessenz jeglicher Mittelmäßigkeit" bezeichnen könnte.[135]

Leidenschaftliche Orthodoxie[136]

Gott hat uns die Fähigkeit gegeben, Gefühle zu empfinden und auszudrücken. Unsere Leidenschaft kann durch Schönheit geweckt werden. Musik, Literatur und Kunst berühren uns

---

135 Übersetzt nach: A. W. Tozer, *The Root of the Righteous* (Camp Hill, PA: Christian Publications, 1955), 56. Vielleicht denken Sie jetzt: „Tja, Elyse, das mag ja auf Menschen zutreffen, die expressiv oder extrovertiert veranlagt sind. Aber ich bin eher der stille Typ." Das mag zwar sein, aber Edwards würde Ihnen entgegnen, dass sich diejenigen, deren Gefühle schnell aufwallen, weil das ihrem Charakter oder Temperament entspricht, nicht sicher sein können, dass dahinter tatsächlich Gott steckt. Wenn Sie aber ein nüchterner und ruhiger Mensch sind und von Gefühlen der Dankbarkeit überwältigt werden, können Sie davon ausgehen, dass der Heilige Geist am Werk ist! Sind Sie die Sorte Mensch, die viel auf ihre nüchterne und stille Art hält? Denken Sie einmal darüber nach, welche Freude es für Gott wäre, wenn er Sie dazu bewegen könnte, Ihrer Freude über seine überreiche Gnade Ausdruck zu verleihen! Denn sein Ziel ist es, sich zu verherrlichen.

136 Ich entdeckte diesen Ausdruck einmal in einem Artikel von Joshua Harris. Nach Harris stammt die Bezeichnung „leidenschaftliche Orthodoxie" von David Powlison (Christian Counseling and Educational Foundation).

emotional. Wir erleben die Tiefen schrecklicher Sorgen und die Höhen begeisternder Freuden. Gott hat uns so geschaffen, dass wir über ihn nachsinnen, ihn – bis zu einem gewissen Grad – begreifen und genießen können, sodass unsere Herzen überfließen vor wunderbaren Gedanken über unseren großartigen König (Psalm 45,2). Er hat die Fähigkeit in uns hineingelegt, Musik und Dichtkunst zu Lobliedern zu verbinden, sie darzubringen und zu genießen, wodurch unsere Herzen näher zu ihm rücken. Unsere Gabe, Gott zu loben, spiegelt seine Freude und seinen Jubel über seine Person wider. Zusammen mit allen Heiligen im Himmel frohlockt Jesus über die Herrlichkeit Gottes. „Kundtun will ich deinen Namen meinen Brüdern; inmitten der Gemeinde will ich dir lobsingen" (Hebräer 2,12).

Freuen Sie sich wirklich über Ihre Adoption?

Ein befreundetes Paar adoptierte vor Kurzem ein kleines Mädchen – Katelyn. Die Adoptiveltern wählten das Baby und nahmen es mit zu sich nach Hause, obwohl die Kleine nichts mitbrachte (abgesehen von der Tatsache, dass sie dringend Eltern brauchte). Sie war komplett abhängig von ihrer Liebe und Fürsorge. Und nun, da sie ihre Tochter ist, darf sie alle Vorzüge und Privilegien genießen, die ihr als Familienmitglied zustehen.

Petrus schrieb, dass wir als Adoptivkinder „ein auserwähltes Geschlecht, (...) ein Volk zum Besitztum" sind, wir, die wir „einst ‚nicht ein Volk' waren, jetzt aber ein Volk Gottes"; die wir „„nicht Barmherzigkeit empfangen hatten', jetzt aber Barmherzigkeit empfangen haben" (nach 1. Petrus 2,9-10). Gott hat uns in seine Familie aufgenommen, uns zu seinen Kindern erklärt und mit allen damit verbundenen Rechten ausgestattet.

Jetzt ist Katelyn noch zu klein, um den Segen zu erfassen, der die Aufnahme in die Familie für sie bedeutet, doch eines Tages wird sie unendlich dankbar dafür sein. Ihre Familie wird ihre Reife daran erkennen, dass sie anfängt, Dankbarkeit ihren Eltern gegenüber zum Ausdruck zu bringen. Auch wir sollten unsere

Freude darüber zeigen, dass Gott uns in seiner Gnade zu seiner Familie hinzugefügt hat.

Warum hat Gott uns an Kindes statt angenommen? Petrus schreibt dazu, dass wir „die Tugenden dessen verkündigen sollen, der uns aus der Finsternis zu seinem wunderbaren Licht berufen hat" (nach 1. Petrus 2,9). Ist uns klar, dass wir ausdrücklich dazu berufen sind, die Tugenden Jesu zu verkündigen? Fließt unser Herz über vor Freude über die Gnade unseres himmlischen Vaters, die er uns erwies, indem er sich zu uns hinabneigte und uns adoptierte? Ein sichtbares Zeichen für eine solche innere Haltung ist die Art und Weise, wie wir reden. Worüber verlieren wir lobende Worte? Welche Worte quellen normalerweise aus Ihrem Herzen? Es ist wohl unwahrscheinlich, dass jemand, dessen Herz vor Lobesreden überfließt, niemals Worte des Lobes verliert, „denn aus der Fülle des Herzens redet der Mund" (Matthäus 12,34). Ist Ihr Herz übervoll mit wohlwollenden Gedanken über die Güte Gottes? Dann wird Ihnen das auch über die Lippen kommen.

Das Bewusstsein von der Güte und Gnade Gottes sollte so viel Raum in unseren Gedanken einnehmen, dass uns dabei warm ums Herz wird und unser äußerer Mensch (Mund, Hände und Leib)[137] Liebe zu Gott ausstrahlt. Auch wenn wir nicht nach emotionalen Erfahrungen um ihrer selbst willen streben sollen, müssen wir sie auch nicht scheuen, nur weil es Menschen gibt, die sie missbrauchen oder Gottes Anweisungen über Anbetung missachten. Denn wie sollen wir aufhören, fremde Götter

---

137 John Frame schreibt: „Menschliche Kommunikation verläuft nicht nur verbal, sondern auch mittels Körpersprache. Dies entspricht dem Wesen Gottes, der sich sowohl durch das gesprochene Wort als auch durch Naturphänomene mitteilt. Manche Christen (ich übrigens auch) bevorzugen eine sitzende Anbetungshaltung, doch woanders auf der Welt ist es ganz normal, dass man die Worte durch Bewegungen unterstreicht." Übersetzt nach: John Frame, *Worship in Spirit and Truth: A Refreshing Study of the Principles and Practice of Biblical Worship* (Phillipsburg, NJ: P&R, 1996), S. 130-131.

anzubeten, wenn unser Innerstes nicht voll und ganz dem lebendigen Gott zugeneigt ist? Gelebte Freude am Herrn ist das beste Gegengift gegen Götzendienst. Nur kraft einer stärkeren Liebe – der Liebe unseres himmlischen Vaters – kann unser Herz gegen den Einfluss fremder Götter immun bleiben.

Gleichwohl spielen wir im Dreck und haben eine laue Herzenshaltung, wenn wir die Freude der Gemeinschaft mit unserem Herrn noch nicht geschmeckt oder aber unsere erste Liebe zu Jesus, dem Freund der Sünder, vergessen haben. Jesus widerstand den Versuchungen Satans, weil er die Freude am Anblick seines Vaters kannte. Eine entscheidende Waffe im Kampf gegen den Götzendienst ist die tiefe Freude über die wunderbarste Person des Universums, die uns über alles liebt.[138] „Nur wer sich beständig dem Licht der Wahrheit aussetzt und sich im Herzen und im Fühlen gerade so nahe am Feuer Gottes aufhält, dass er nicht verzehrt wird, wird zur wahren und kraftvollen Anbetung fähig sein.“[139]

Unseren Gott loben

Folgende Aussagen über das Lob Gottes und das heilige Empfinden stammen aus den Reihen der Puritaner:

Weh uns, die wir uns des Kapitalverbrechens des Volkes Gottes schuldig machen: des unfruchtbaren Gotteslobs! Wie sehr bin ich überzeugt davon, dass (...) eine mit dem Lob Gottes verbrachte Stunde mehr wiegt als ein ganzer Tag Fasten und Trauern.[140]

---

138 Tozer bezeichnet Gott als „das vorzüglichste Wesen des Universums“. Übersetzt nach A. W. Tozer, *The Root of the Righteous*, 15.

139 Übersetzt nach: John Piper, *A Godward Life: Savoring the Supremacy of God in All of Life* (Sisters, OR: Multnomah, 1997), 69-70.

140 Übersetzt nach: I. D. E. Thomas, comp., *A Puritan Golden Treasury* (Carlisle, PA: Banner of Truth Trust, 1997), 209, Zitat von John Livingstone.

Das Lob Gottes ist eines der höchsten und reinsten religiösen Handlungen. Im Gebet sind wir ganz Mensch, im Lob dagegen engelsgleich.[141]

Selbstliebe motiviert uns allenfalls zum Gebet, doch die Liebe zu Gott bewegt uns, ihn mit Inbrunst zu loben.[142]

Ob man das Singen von Psalmen oder Glaubensliedern oder aber moderne Lobpreislieder bevorzugt – fest steht, dass wahrer Lobpreis sowohl Leib als auch Seele mit einschließt und somit den Verstand, die Empfindungen und den Willen umfasst. Unser ganzer äußerer Mensch ist also beteiligt, indem er spricht, singt oder ruft, indem er steht, kniet oder sich beugt (Sitzen kommt als mögliche Anbetungshaltung in der Bibel so gut wie nie vor), mit gebeugtem oder erhobenem Kopf. Zwar kann uns ein bestimmtes äußerliches Verhalten nicht vor inhaltsloser Anbetung bewahren (Markus 7,6-7), doch die Bibel zieht eine Verbindung zwischen äußerem Ausdruck und einem von der Herrlichkeit Gottes eingenommenen Herzen.[143]

In seinem Buch *Sehnsucht nach Gott* schreibt John Piper, was wahre Gotteserkenntnis, gepaart mit der belebenden Kraft des Heiligen Geistes, bewirkt: „Krafterfüllte Anbetung, die sich Bahn bricht in Bekenntnissen, Sehnsüchten, Beifallsrufen, Tränen, Liedern, Rufen, gebeugten Köpfen (...) und einem Leben in Gehorsam.[144]

---

141 Ebd., Zitat von Thomas Watson.

142 Ebd., Zitat von Thomas Watson.

143 1. Mose 24,48; 2. Mose 15,20; Nehemia 1,4; 8,6; 1. Chronik 29,20; Psalm 28,2; 30,12; 47,2; 63,5; 119,48; 134,1-2, 141,2; 149,3, 150,4; Klagelieder 3,40-41; 1. Timotheus 2,8; Hesekiel 44,15; 5. Mose 10,8; 18,7; Esra 10,9. Es gibt nur ganz wenige Situationen, in denen sitzend angebetet wird, meistens in Buß- und Klagesituationen. Nur von David wird einmal berichtet, dass er im Gebet und in der Anbetung sitzend vor Gott verharrte (1. Chronik 17,16).

144 Piper, *Sehnsucht nach Gott*, S. 81.

Denken wir noch einmal genau über diese Worte nach: Kraft-erfüllte Anbetung ... *Bekenntnisse, Sehnsüchte, Beifallsrufe, Tränen, Lieder, Rufen, gebeugte Köpfe, ein Leben in Gehorsam.* Weisen die-se Begriffe Bezüge zu Ihrer eigenen Anbetung auf? Welche Ereig-nisse sind es, die solche emotionalen und körperlichen Regungen bei Ihnen hervorrufen? Können Sie bei einem Fußballspiel bis zur Selbstaufgabe mitfiebern, in Tränen aufgelöst vor einem Film sitzen oder innerlich entzückt bei einem Theaterstück mitgehen, während Sie innerlich unbeteiligt vor dem König des Universums stehen? Ist Ihr Lobpreis emotional niedrigschwellig, weil Sie der Meinung sind, gefühlsbetonte Anbetung sei unangebracht? Oder vielleicht sind Sie sogar der Meinung, dass Gefühle per se sündig sind? Natürlich ist das möglich. Eifer kann immer auch Stolz und Leidenschaft enthalten und dadurch an sich fruchtbare Prozesse zersetzen. Doch bedeutet das, dass wir sämtliche eifrigen Gefüh-le ablehnen sollen? Stattdessen sollten wir sie vielmehr prüfen und regulieren. Die Fragen, denen man in diesem Zusammenhang nachgehen muss, sind folgende: Suche ich ein emotionales Hoch um meiner selbst willen? Ist meine Anbetung Ausdruck meiner Freude über Gott, oder genieße ich vielmehr den Höhenflug mei-ner Gefühle? Dienen mein Eifer und meine Leidenschaft letztend-lich Gott und seiner Verherrlichung? Auch wenn die Bibel über Anbetung spricht, sind Gefühlsregungen sowie Eifer im Spiel:

Preise den HERRN, meine Seele, und all mein Inneres sei-nen heiligen Namen! (Psalm 103,1)

Jubeln sollen meine Lippen, wenn ich dir spiele, und meine Seele, die du erlöst hast. (Psalm 71,23)

So werde ich dich preisen während meines Lebens, und meine Hände in deinem Namen aufheben. (...) Mit jubeln-den Lippen wird mein Mund loben. (Psalm 63,5-6)

Meine Wehklage hast du mir in Reigen verwandelt, mein Sacktuch hast du gelöst und mit Freude mich umgürtet, damit meine Seele dich besinge und nicht schweige. HERR, mein Gott, in Ewigkeit will ich dich preisen. (Psalm 30,12-13)

Der HERR ist meine Stärke und mein Schild; auf ihn hat mein Herz vertraut, und mir ist geholfen worden; daher jubelt mein Herz, und ich will ihn preisen mit meinem Lied. (Psalm 28,7)

Aber freuen werden sich die Gerechten, sie werden jauchzen vor dem Angesicht Gottes und jubeln in Freude. Singt Gott, spielt seinem Namen! Macht Bahn dem, der einherfährt durch die Wüsten. Jah ist sein Name, und jubelt vor ihm! (Psalm 68,4)[145]

Freuen, ja, freuen will ich mich in dem HERRN! Jubeln soll meine Seele in meinem Gott! (Jesaja 61,10)[146]

Diese Verse und noch viele andere fordern uns auf, in unserer Anbetung Gottes unsere tiefe Dankbarkeit, Sehnsucht und Freude über unsere Errettung und seine grenzenlose Liebe zu uns Sündern auszudrücken. Diese Empfindungen der Dankbarkeit, Sehnsucht und Freude sollten in unseren Herzen überfließen und uns zur Anbetung seines Charakters und Wesens führen. Bei unserer Anbetung kommt es vor allem auf diese innere Haltung an, nicht so sehr auf die äußere Form, doch naturgemäß wird sich unsere innere Haltung auch in der äußerem Form widerspiegeln. Anbetung soll daher erfolgen mit allem, was in uns ist, mit Freudenrufen, Liedern voller Dankbarkeit und Danksagung, mit erhobenen Häuptern![147]

---

145 Das Wort, das hier mit „jubeln" übersetzt wird, lautet *alats* und bedeutet eigentlich so viel wie „vor Freude springen".

146 Das Wort, das hier mit „freuen" übersetzt wird, lautet *suws* und bedeutet eigentlich so viel wie „leuchtend" oder „strahlend sein". Das Wort „jubeln" heißt hier im Original *giyl* und bedeutet wörtlich „sich (unter Einfluss von starken Gefühlen) drehen".

147 Siehe John Frame, *Worship in Spirit and Truth.*

Sollten nicht wir, die wir die Gnade der Erlösung erfahren haben, mit noch mehr Lobpreis erfüllt werden als die Engel, die schon seit Anbeginn der Zeit anbeten? Gott berichtet davon, dass „die Morgensterne miteinander jubelten und alle Söhne Gottes jauchzten" (Hiob 38,7). Wie viel mehr sollten wir, die Vergebung, Erlösung und Annahme an Kindes statt erfahren haben und als seine Erben eingesetzt wurden, ihn loben und vor Freude jauchzen? Ohne Zweifel sind die Himmel erfüllt vom Lob Gottes (Offenbarung 19,5-7), und in seiner Gegenwart erwacht das Tote zum Leben (Jesaja 6,4, Lukas 19,40). Solch kraftvolle Anbetung finden wir in Gottes Umfeld. Der Himmel ist erfüllt mit Gebet und Lobgesängen, und unsere Ewigkeit werden wir damit verbringen, die Größe seiner Herrlichkeit zu besingen und zu feiern.[148]

Ein Porträt unseres Herzens

In Südkalifornien, wo ich lebe, gibt es ein Wetterphänomen, das die Einheimischen „June Gloom" nennen. Hervorgerufen wird es durch eine Nebeldecke, die vor der Küste hängt und von Zeit zu Zeit in Richtung Landesinneres zieht – besonders im Monat Juni, wenn die Touristen anreisen und sich wundern, was mit der legendären kalifornischen Sonne passiert ist. Ein Meteorologe könnte dieses Phänomen sicherlich erklären. Die Einwohner jedoch leben einfach damit, ohne die Ursache zu kennen.

Bei vielen Menschen verhält es sich mit ihrer Gefühlswelt genauso. Wir erleben Ängste, Freude, Sorgen, depressive Phasen und Zorn, ohne uns der Ursache dieser emotionalen Zustände bewusst zu sein. Oftmals erscheint es so, als überrollten sie uns unvermittelt am Morgen und zögen aus unerklärlichen Gründen zu gegebener Zeit wieder ab. Doch auch wenn uns unsere Gefühlsregungen manchmal verwirrend erscheinen, sind sie längst

---

148 Offenbarung 5,9-14; 11,15-17; 14,3; 15,3-4; Psalmen 103,20-22; 148,11-13; 150,6.

nicht so schwer zu fassen, wie wir meinen. Denn schlicht gesagt sind unsere Gefühle einfach nur Spiegel unseres Herzens. Unsere Gefühle offenbaren unsere Gedanken und Absichten und decken unser Urteil auf, das wir uns über konkrete Umstände gebildet haben. Unsere Ängste, Sorgen oder Freuden sind lebhafter Ausdruck unserer Gedanken und Wünsche. Das Erleben eines bestimmten Gefühls lässt sich darauf zurückführen, dass wir ganz konkrete Gedanken und Wünsche in unserem Herzen eingeschlossen haben, die sich nun mittels dieses Gefühls den Weg an die Oberfläche bahnen.[149] Fühlen wir uns beispielsweise traurig, sind unsere Gedanken oder Wünsche in irgendeiner Weise enttäuscht worden. In erster Linie rufen unsere täglichen Reaktionen auf erlebte Versuchungen oder Segnungen die Gefühle hervor, die wir jeden Tag verspüren. Wenn wir vor Freude springen könnten, haben unsere Gedanken und Wünsche einen fröhlichen, Mut machenden Impuls bekommen. Unsere Gefühle entstehen also im Einklang mit den Vorgängen in unseren Empfindungen, unserem Verstand, unserem Willen und unserem Gewissen.

Zwar befinden sie sich nicht unter direkter Kontrolle unseres Herzens, haben jedoch dort ihren Ursprung. Wir stehen ja nicht morgens auf und sagen zu uns selbst: „Heute werde ich sehr glücklich sein" oder „Heute werde ich sehr zornig sein". Das liegt daran, dass unsere Emotionen nicht so funktionieren. Vielmehr reagieren sie auf unsere inneren Gedanken und spiegeln diese wider, und nur wenn wir diese Gedanken auf Gottes Güte, Freundlichkeit und Liebe richten, erleben wir, dass unser Herz vor Freude überquillt. Haben Sie jemals erlebt, dass das

---

149 Dies ist normalerweise der Fall. Natürlich gibt es auch Situationen, in denen unser körperlicher Zustand (z. B. Hunger oder Erschöpfung) Gefühle generiert wie solche, die Elia nach seiner Flucht vor Ahab erlebte. Tatsächlich war Elia voller Angst und dachte, dass er Isebel in die Hände fallen würde, doch seine Erschöpfung und sein Ausgezehrtsein hatten diesen Zustand der Depression und der Todesgedanken befeuert. Gott tröstete ihn, indem er ihm Ruhe, Wasser, Essen und sein Wort verabreichte.

Nachsinnen über Gottes Größe, Freundlichkeit und Nähe Sie mit Freude erfüllt? Wenn unsere Gedanken und Wünsche von ihm ergriffen sind, werden auch unsere Emotionen entsprechend reagieren. Haben Sie jedoch noch niemals irgendwelche Gefühlsregungen in diesem Kontext festgestellt, sollten Sie sich fragen, ob Sie Gott überhaupt so kennen, wie er sich uns offenbart: als unser liebender himmlischer Vater und fürsorgender himmlischer Bräutigam.

Nachsinnen über ihn

Von Herzen kommender Lobpreis entsteht unter anderem, wenn wir über Gottes Gnade und Barmherzigkeit nachsinnen, über seine Größe, Heiligkeit, Gerechtigkeit und Freundlichkeit. „Gott wird mit Sicherheit mehr dadurch geehrt, dass wir seine Größe preisen", schreibt Piper, „als wenn sie uns so unberührt lässt, dass wir so gut wie nichts empfinden."[150] Wenn wir Mühe damit haben, „uns an seiner Größe zu freuen" oder „überfließende Dankbarkeit" zu fühlen, liegt es vielleicht daran, dass unsere Gedanken und Wünsche nicht von ihm beseelt sind. Wie oft denken Sie über seine Güte und Gnade nach? Wenn Sie sich wünschen, von Herzen anbeten zu können, können Sie Ihre Gefühle anreichern, indem Sie über seine grenzenlose Liebe zu Ihnen nachsinnen.[151] Nachsinnen über Gott ist die Vorbedingung kraftvoller Anbetung.

Lassen Sie uns ein wenig der Gnade Gottes in Ihrem Leben nachspüren: Wer ist Gott für Sie? Was hat er für Sie getan? Wie hat er Ihnen seine Liebe gezeigt? Dabei kann Ihnen Paulus' Aufzählung der Segnungen der Gläubigen in Epheser 1,3-14 eine

---

150 Übersetzt nach: John Piper, *Desiring God*, 86.

151 Wenn Ihnen das zu schwierig erscheint, können Sie noch einmal Kapitel 7 aufschlagen, in dem es um die Eigenschaften Gottes geht. Jede der Eigenschaften ist mit einem Bibelzitat belegt, das Sie nachschlagen können.

Hilfe sein und Ihr Herz mit Lob füllen und erwärmen, weil er uns durch sein Evangelium so viel Gutes geschenkt hat:

- Er hat Sie mit jeder geistlichen Segnung in der Himmelswelt gesegnet.
- Er hat Sie vor Grundlegung der Welt auserwählt.
- In Christus hat er Sie heilig und tadellos vor sich gestellt.
- In seiner Liebe hat er Sie als sein Kind angenommen durch Jesus Christus nach dem Wohlgefallen seines Willens, weil er Sie begnadigt hat in dem Geliebten.
- In ihm haben Sie die Erlösung durch sein Blut, die Vergebung Ihrer Sünden nach dem Reichtum seiner Gnade, die er reichlich über Sie ausgegossen hat.
- In seiner Weisheit und Einsicht hat er Ihnen das Geheimnis seines Willens zu erkennen gegeben nach seinem Wohlgefallen.
- In ihm haben Sie das Erbteil erlangt.
- Sie wurden versiegelt mit dem Heiligen Geist der Verheißung, der Ihnen als Anzahlung auf Ihr Erbe gegeben wurde.
- Sie sind Gottes geliebtes Eigentum.

Wenn diese Liste Sie innerlich unbewegt lässt, lesen Sie sie sich noch einmal durch und ersetzen Sie jedes „Sie" durch „ich" bzw. „mich" oder „mein". Können Sie die Dankbarkeit fühlen, die Paulus bewegte, als er diese großartigen Verse niederschrieb? Wissen Sie, warum Gott das alles für Sie getan hat? In den Versen 12 und 14 schreibt Paulus: „Zum Preise seiner Herrlichkeit". Zu welchem Zweck hat Gott uns erwählt, angenommen, erlöst, vergeben und mit Erkenntnis beschenkt? Damit wir voller Liebe und Dankbarkeit seine Herrlichkeit loben! Leben wir, um die Herrlichkeit seiner Gnade zu loben, und fließt dieses Lob nur so aus uns heraus?

Matthew Henry schrieb, „dass wir so leben und handeln sollen, dass seine überreiche Gnade hervorgehoben und verherrlicht wird sowie in höchstem Maße anbetungswürdig erscheint."[152]

---

152 Übersetzt nach: *Matthew Henry's Commentary on the Whole Bible*.

Ein anderer Kommentator meint, dass „das große Ziel seiner Vorherbestimmung das Lob seiner herrlichen Gnade durch alle Schöpfung ist."[153] Albert Barnes geht sogar noch weiter, wenn er sagt, dass „alles" Erwählungshandeln Gottes geschieht, um sein Lob zu vermehren.

> Gott erwählt Menschen, um heilig zu sein und nicht sündig, um glücklich zu sein und nicht unglücklich, um rein zu sein und nicht unrein, um gerettet zu sein und nicht verloren. Dafür ist er zu loben. (...) Hätte er nur einen Menschen zum ewigen Leben erwählt, sollte dieser eine ihn loben, und das ganze heilige Universum würde in dieses Lob einstimmen. (...) Wie viel mehr Lob hat er verdient, weil er mehr erwählt hat als nur einen oder einige wenige. Denn Millionen, die niemand zählen kann, werden zum Leben erwählt befunden werden.[154]

Erkennen Sie Gottes Gnade in Ihrem Leben? Wenn Sie zu ihm kommen und ihn aus vollem Herzen für sein gnädiges Wirken in Ihrem Leben loben, werden Sie erleben, dass er die in Ihnen wohnende Freude neu entfacht, wie sie nur wahre Anbeter kennen. Haben Sie keine Scheu, über seine Gnadentaten zu jubeln. Nehmen Sie nicht irrtümlich an, dass er nur gelobt werden möchte, ohne Sie dabei im Blick zu haben. Wer er ist, erfahren wir, wenn wir sein Wirken in unserem Leben betrachten. Ist er barmherzig? Ist er liebevoll? Ist er voller Geduld und Vergebungsbereitschaft? Woher können wir uns so sicher sein?

Johannes Calvin glaubte, dass leidenschaftliche Liebe und Anbetung nur in der Erkenntnis göttlicher Gnadentaten zu finden sind. „Frömmigkeit ist Ehrfurcht gepaart mit der Liebe Gottes, auf deren Spur uns sein Gnadenhandeln führt. (...) Nur wer

153 Übersetzt nach: *Jamieson, Faucet and Brown Commentary* (electronic database, Seattle: Biblesoft, 1997).

154 Übersetzt nach: *Barnes Notes* (electronic database; Seattle: Biblesoft, 1997).

sein ganzes Glück von ihm abhängig macht, wird zu wahrer und aufrichtiger Hingabe fähig sein."[155] Mit anderen Worten werden wir niemals zu echter Anbetung und ernsthaftem Gehorsam gelangen, wenn wir nicht unser Glück und unsere Freude ganz und ausschließlich von ihm erwarten. Dann unternehmen wir keine weiteren Versuche der Selbstrechtfertigung und bemühen uns nicht mehr, ein gutes Bild nach außen abzugeben. Denn seine Erlösung ist uns das Höchste, das Äußerste. „Wenn wir also Gott in der Anbetung ehren wollen, dürfen wir Ihn nicht ohne jedes Eigeninteresse suchen, aus Angst, wir könnten aus der Anbetung ein wenig Freude gewinnen und so den moralischen Wert dieser Handlung ruinieren", schreibt Piper. „Stattdessen müssen wir Gott voller Genussstreben suchen, wie ein durstiger Hirsch den Strom sucht – um der Freude willen, Ihn zu sehen und zu kennen!"[156]

Wenn wir der Anbetung fremder Götter den Kampf ansagen und stattdessen den Gehorsam anziehen, brauchen wir ein Herz, das die Schönheit, Freundlichkeit, Heiligkeit und Majestät unseres Königs wertschätzt, liebt und feiert. Alle anderen Götter mit ihren faulen Versprechungen verblassen im Licht der Größe und Herrlichkeit des Herrn. In einem Herzen, das ergriffen ist von Gedanken an die Schönheit, Freundlichkeit, Heiligkeit, Größe, Herrlichkeit und Gnade Gottes, ist kein Platz mehr für blasse Fälschungen. Unvermeidlich wird es in tiefempfundenen Lobpreis ausbrechen.

Stellen Sie fest, dass sich Ihr Herz immer wieder zu fremden Göttern hingezogen fühlt? Wenn ja, könnte es daran liegen, dass Ihr Augenmerk auf weltlichem Vergnügen und Annehmlichkeiten liegt? Haben Sie eine genaue Vorstellung der Größe Gottes, seiner Gnade und des Segens, den die Gemeinschaft mit ihm bewirkt? Auch wenn wir versagen? Besonders dann, wenn wir versagen? Erinnern wir uns an die Definition der Puritaner bezüglich der Pflichten, die aus dem ersten Gebot erwachsen. Es geht darum, dass „wir ihn allein anbeten und verherrlichen, indem wir (...) ihn anbeten, (...) lieben, uns nach ihm ausstrecken,

---

155 Übersetzt nach: Calvin, *Institutes of the Christian Religion,* 1:41.
156 Piper, *Sehnsucht nach Gott,* S. 98.

(...) unsere Freude an ihm haben, für ihn eifern, ihn anrufen, ihn loben, ihm Dank sagen."[157] Diese Worte sprechen sowohl von einer intellektuellen als auch einer emotionalen Reaktion auf die Liebe Gottes. Wie können wir aufrichtig loben und danken, ohne dass unser Herz über seine Güte und Segnungen jubelt? Lassen wir uns nicht täuschen: Jeder von uns betet irgendetwas voller Leidenschaft an. Wie auch Adam sind wir mit einer gottgegebenen Fähigkeit zur Anbetung ausgestattet. Die einzige Variable dabei ist das Objekt der Anbetung. Gott schuf Adam um seiner eigenen Verherrlichung willen. Adam war dazu bestimmt, Gottes Herrlichkeit durch Lobpreis und Anbetung zu mehren.

Irgendwann entdeckt man auch, dass unser Gehorsam mehr Freude erzeugt, wenn unser Herz auf seine Liebe und unsere eigene Haltung Gott gegenüber gerichtet ist. Zum Beispiel fällt es mir leichter, aufkeimenden Ärger beiseitezulegen, wenn ich mich auf die Freundlichkeit des Herrn besinne. Werde ich zur Sünde versucht, indem Wut in mir Raum einnimmt, fällt mir eine gottgefällige Reaktion leichter, wenn ich bewusst die Vergebung und Gnade Gottes besinge. Gehorsam wird zum Genuss, wenn er Freude macht. Umgekehrt wird unsere Anbetung neu entflammen, wenn wir uns bewusst machen, wie sehr er uns liebt und wie wir auf diese Liebe reagieren können.

Ich selbst bin nicht poetisch veranlagt, und deshalb bin ich dankbar für Menschen, die diese Gabe haben. In einigen Glaubensliedern entdecke ich eigene Herzensgedanken, die so ansprechend in Worte gekleidet sind, dass mein Innerstes von Liebe geflutet wird. Im Kampf gegen die falschen Götter meines Herzens und die Begierden der Welt, die nach meinem Innersten greifen wollen, werde ich durch Verse wie diese nachhaltig getröstet und ermutigt:

1. Ist's wirklich wahr, dass mir zugut
   der Heiland starb, der ich sein Feind,
   dass auch für mich heut spricht sein Blut?

---

157 *The Larger Catechism.*

Ist's wahr, hat er auch mich gemeint!
O große Lieb, wie fass ich dich,
dass du mein Gott, starbst auch für mich?
O große Lieb, wie fass ich dich,
dass du, mein Gott, starbst auch für mich!

2. Er ließ des ewgen Vaters Thron,
   zu sterben für die sündge Welt!
   Gab alles auf, der ewge Sohn.
   Nur seine Liebe er behält!
   O Gnade, wie unendlich groß,
   dass du, mein Gott, mich kauftest los!
   O Gnade, wie unendlich groß,
   dass du, mein Gott, mich kauftest los!

3. Lang lag mein Geist in Nacht und Qual,
   versklavt, verfallen dem Gericht.
   Da traf mich, Herr, dein Lebensstrahl.
   Der Kerker flammte auf in Licht!
   Die Kette riss! Frei ward ich hier!
   Ich macht mich auf und folgte dir!
   Die Kette riss! Frei ward ich hier!
   Ich macht mich auf und folgte dir!

4. Nun fürcht ich kein' Verdammnis mehr,
   Mein Heiland ist nun völlig mein.
   Ich leb durch ihn, mein teurer Herr,
   gerecht gekleidet darf ich sein,
   Freimütig schreit ich hin zum Thron,
   empfang die Kron, die Christ' mir gab.
   Freimütig schreit ich hin zum Thron,
   empfang die Kron, die Christ' mir gab.[158]

---

158 *Ist's wirklich wahr,* Originaltitel: *And Can It Be That I Should Gain,*
     Text: Charles Wesley (1707–1788), Melodie: Thomas Campbell
     (1777–1844), Dt. Text (Strophen 1–3): Lotte Sauer. © (Dt. Text)

Wahre Anbetung

In diesem Kapitel habe ich Sie zur wahren Anbetung ermutigt und herausgefordert. Abgesehen von dem Gewinn, den Sie persönlich davon haben werden, wenn Sie Gott aus vollem und freudigem Herzen loben, wird es sich auch auf Ihr Verhalten gegenüber Ihrem Nächsten auswirken, weil Sie ihm mit Gnade und Liebe begegnen können.

Gott sucht echte Anbeter (Johannes 4,23), weil er beabsichtigt, uns zu Menschen zu machen, die mit der vorzüglichen Freude hingegebener Anbetung vertraut sind und in Ehrfurcht und Bewunderung vor ihm niederfallen. Unsere Anbetung und seine verändernde Kraft – durch diese beiden Faktoren wird er verherrlicht und erfreut, und er schenkt uns wiederum Freude, die bis in die Ewigkeit reicht. Sein Anliegen ist es, uns von abhängigen, verängstigten und zornerfüllten Götzendienern zu glücklichen Kindern zu machen, die Zugang haben zum Garten seiner Freuden – ihm zur Ehre und uns zum Genuss. Mögen wir in allem danach streben, uns seinem Wirken an uns zu unterwerfen, ihn von ganzem Herzen anzubeten und seine herrliche Gnade für die Welt um uns herum sichtbar zu machen.

Weiterführende Gedankenanstöße

1. Schlagen Sie die folgenden Verse nach und notieren Sie sich, warum und wie Gottes Kinder anbeten sollen: Psalmen 7,18; 9,2-3; 21,14; 30,2-5; 33,1-3; 66,1-5; 146,2; 149,1-3.

2. Schreiben Sie eines Ihrer Lieblingsanbetungslieder auf. Inwiefern berührt dieses Lied Ihr Herz? Welche Wörter oder

---

1979 SCM Hänssler, 71087 Holzgerlingen.
Strophe 4 übersetzt nach: Charles Wesley, *And Can It Be That I Should Gain* (1738).

Ausdrücke sprechen Sie besonders an und bewegen Ihre Gefühle?

3. Formulieren Sie ein Gebet, in dem Sie Gott bitten, Ihr Herz mit heiligen Regungen zu füllen und alle Neigungen zu fremden Göttern zu entfernen.

4. Fassen Sie in vier oder fünf Sätzen zusammen, welche Wahrheiten Ihnen nach der Lektüre dieses Buches bewusst geworden sind.

Anhang A
Sündige Verhaltensmuster und falsche Götter erkennen

1. Wen bete ich an? Wer oder was fungiert als mein zweckgebundener Gott?

2. Was begehre ich mehr als meine eigene Heiligung?

3. Welche konkreten Gebote habe ich missachtet oder übertreten?

4. Welche konkreten Sünden muss ich ablegen? Was soll ich stattdessen „anziehen"?

Anhang A: Sündige Verhaltensmuster und falsche Götter erkennen

	morgens	nachmittags	abends
Montag			
Dienstag			
Mittwoch			
Donnerstag			
Freitag			
Samstag			
Sonntag			

Anhang B
Was ist Gesetzlichkeit?

Praktisch jedes Mal, wenn das Thema Gesetz aufkommt, hört man den Einwand: „Aber wir stehen nicht mehr unter dem Gesetz! Ist es nicht gesetzlich, es ständig einhalten zu wollen?" Weil ich den Eindruck habe, dass diesbezüglich sehr viele falsche Vorstellungen kursieren, möchte ich an dieser Stelle ausführen, was meiner Meinung nach „Gesetzlichkeit" bedeutet. Ich glaube, dass sie zwei mögliche Gesichter hat.

Gesetzestreue als Garantie, um gerettet zu bleiben

Kein wahrer Christ glaubt, dass er sich seine Erlösung selbst verdienen kann, indem er das Gesetz hält. Paulus äußert sich dazu folgendermaßen: „Denn wir urteilen, dass der Mensch durch Glauben gerechtfertigt wird, ohne Gesetzeswerke" (Römer 3,28). Das ist eines der wichtigsten Unterscheidungsmerkmale zwischen echtem und bloßem Namens-Christentum. Wenn man noch etwas zur Gerechtigkeit Jesu hinzufügen muss, um gerettet zu werden – sei es durch Beschneidung, Taufe oder irgendein anderes gutes Werk –, tappt man in dieselbe Falle wie einst die Christen in Galatien. Paulus versuchte, die diesbezüglichen Missverständnisse auszuräumen, als er mit Nachdruck schrieb: „Ihr seid von Christus abgetrennt, die ihr im Gesetz gerechtfertigt werden wollt; ihr seid aus der Gnade gefallen" (Galater 5,4).

Obwohl die meisten Christen wohl voll und ganz mit der Wahrheit übereinstimmen würden, dass wir allein durch den Glauben gerechtfertigt sind, lassen sich dennoch viele zu dem Irrglauben verleiten, dass die Nachhaltigkeit ihrer Erlösung von ihrer Fähigkeit abhängt, nach ihrer Bekehrung das Gesetz zu halten. Mit anderen Worten: Wir erkennen zwar, dass wir nichts zu unserer Erlösung beitragen können. Doch sind wir erst einmal gerettet, dann denken wir, selbst durch einen untadeligen Lebenswandel dafür sorgen zu müssen, dass uns unsere Erlösung auch erhalten bleibt.

Diesem Irrtum kann man wahrscheinlich nur erliegen, wenn man keine realistische Einschätzung unserer menschlichen Sündhaftigkeit sowie unserer Unfähigkeit hat, ein gerechtes Leben zu führen. Ein Mensch, der das Ausmaß seiner eigenen Verdorbenheit erahnt, wird meiner Meinung nach kaum annehmen können, dass er die Verantwortung für seine Erlösung auch nur einen winzigen Moment alleine tragen könnte. Vielmehr müsste die Vorstellung, unsere Erlösung sowie die Aufrechterhaltung des göttlichen Wohlwollens lasteten auf unseren eigenen Schultern und hingen von unserem untadeligem Gehorsam ab, Angst und Schrecken in uns auslösen. Oder aber wir schätzen Gottes Maßstäbe viel zu niedrig ein.

Aufgrund dieses Irrglaubens, Christen müssten ihre Erlösung durch eigenes formvollendetes Verhalten selbst aufrechterhalten, verfallen viele Gläubige in gesetzliche Handlungs- und Denkmuster. Ein echter Christ würde also niemals behaupten, durch eigene gute Werke gerechtfertigt zu werden oder untadelig vor Gott stehen zu können. Allerdings könnte er durchaus annehmen, sein Glaube habe nur dann Bestand, wenn er es schaffe, in der Gnade zu bleiben. Noch einmal: Paulus hat dieses Denken gegenüber den Galatern ganz klar als Irrlehre angeprangert:

> Seid ihr so unverständig? Nachdem ihr im Geist angefangen habt, wollt ihr jetzt im Fleisch vollenden? (...) Der euch nun den Geist darreicht und Wunderwerke unter euch wirkt, tut er es aus Gesetzeswerken oder aus der Kunde des Glaubens? (Galater 3,3.5)

Ich will damit nicht sagen, dass wir uns nicht bemühen sollten, Gutes zu tun oder das Gesetz einzuhalten. Doch unsere Stellung vor Gott hängt nicht von unseren eigenen Fähigkeiten und unserem Handeln ab. Genauso wie unsere Errettung und unsere Rechtfertigung allein von Christus und seiner Gerechtigkeit abhängen, verhält es sich auch im weiteren Verlauf unseres Glaubenslebens. Wir können uns nicht selbst vor Niederlagen bewahren, aber er kann es: „Dem aber, der euch ohne Straucheln zu bewahren und vor seine Herrlichkeit tadellos mit Jubel hinzustellen vermag (...)" (Judas 24). Paulus ermutigte Timotheus, in dem Wissen zu ruhen, dass Gottes Kraft ihn erhält: „Denn ich weiß, wem ich geglaubt habe, und bin überzeugt, dass er mächtig ist, mein anvertrautes Gut bis auf jenen Tag zu bewahren" (2. Timotheus 1,12).

Unsere Gewissheit sollte nicht auf unserer eigenen Kraft gründen, Gott zufriedenstellen zu können. Und was die Aufrechterhaltung unserer Errettung angeht, können wir laut Paulus getrost auf Gott vertrauen: „Ich bin ebenso in guter Zuversicht, dass der, der ein gutes Werk in euch angefangen hat, es vollenden wird bis auf den Tag Christi Jesu" (Philipper 1,6). Je weiter wir von dieser Wahrheit abdriften, desto tiefer rutschen wir in freudlose Gesetzlichkeit hinein, bis wir schließlich in Gleichgültigkeit und Hemmungslosigkeit versinken.

Hinzufügungen zum Gesetz

Ähnlich liegt der Fall, wenn Menschen etwas zu den göttlichen Standards hinzufügen. Lassen Sie uns einmal ein Beispiel betrachten. Wir alle wissen, dass Gott uns gebietet, jeden Tag zu beten. Dieses Gebot ist nicht verhandelbar. Ich glaube es und möchte es daher auch einhalten. Doch die Art und Weise, wie ich dieses Gebot konkret umsetze, ist wiederum mir überlassen.

Nun könnte ich mich – weil ich es für mich persönlich als weise erachte –, zum Beispiel dazu entschließen, jeden Morgen um 6 Uhr aufzustehen, damit ich mir genügend Zeit für das Gebet nehmen kann. Das wäre nicht gesetzlich. Denn dieser Entschluss basiert schlichtweg auf meinem Wunsch, Zeit mit dem Herrn zu verbringen, bevor die Hektik des Tages über mich hereinbricht.

Indem ich es dann umsetze, vertraue ich darauf, dass Gott in mir die Selbstdisziplin als Frucht des Heiligen Geistes wachsen lässt, damit ich mein Ziel, anhaltend und konsequent zu beten, aufrechterhalten und Stück für Stück zu mehr Gehorsam in meinem Alltag gelangen kann.

Dagegen wäre es gesetzlich zu behaupten, dass Gott von uns verlangt, um 6 Uhr aufzustehen, um zu beten. Dadurch würde man dem ursprünglichen Gebot Gottes inhaltlich noch etwas hinzufügen. Ich könnte zwar die Empfehlung aussprechen, früh zum Gebet aufzustehen und von meinen positiven Erfahrungen mit dieser Gewohnheit berichten, doch ich darf nicht behaupten, dass Gott es uns so befiehlt. Denn das hieße, das Gesetz Gottes durch menschliche Zusatzbestimmungen zu erweitern. Wenn wir etwas zu den Geboten Gottes hinzufügen, behaupten wir damit im Grunde auch, wir verstünden mehr von persönlicher Heiligung als Gott und müssten ihm deshalb ein wenig unter die Arme greifen. Ein verstörender Gedanke! Natürlich wissen wir, wie albern das wäre, tun es aber dennoch immer wieder.

Diese Form von Gesetzlichkeit treibt sehr unterschiedliche Blüten, insbesondere was äußerliche Konformität mit menschlich festgelegten Maßstäben betrifft, z. B. in Bezug auf Kleidung und Meidung bestimmter Freizeitaktivitäten oder Orte. „Ich rauche oder kiffe nicht und meide die, die's tun" ist so ein Spruch, der das gut auf den Punkt bringt. Natürlich sollten wir uns bemühen, Gottes Gebote einzuhalten. Der Irrtum liegt jedoch in der Annahme, dass wir nur gesetzeskonform gegenüber Gott handeln, wenn wir unsere persönlichen Maßstäbe anlegen und befolgen.

Paulus thematisierte dieses Problem, als die Frage aufkam, ob Christen Götzenopferfleisch essen dürften: „Hast du Glauben? Habe ihn für dich selbst vor Gott!" (Römer 14,22). Damit wollte er nicht sagen, dass alles, was uns beliebt, automatisch vor den göttlichen Grundsätzen des Glaubens standhält. Der Punkt ist vielmehr der, dass wir auf dem Gebiet unserer persönlichen Freiheit und der Gewissensfragen aufpassen müssen, unsere persönlichen Maßstäbe, Vorlieben und Überzeugungen nicht mit den Gesetzen Gottes gleichzustellen. Denn Gottes Standard ist ausreichend.

Zusammengefasst haben wir ein Problem mit Gesetzlichkeit, wenn wir meinen, durch den Gehorsam gegenüber Gottes Gesetz die Aufrechterhaltung unserer Erlösung gewährleisten oder aber unsere persönlichen Überzeugungen und Regeln auf eine Stufe mit Gottes Geboten stellen zu müssen.

Anhang C
Wie kann ich wissen, ob ich wirklich Christ bin?

Ich bin froh, dass Sie das Buch noch nicht zugeklappt haben, ohne diese Seite ganz am Ende zu entdecken. Das hat zwei Gründe:

Zunächst einmal wird der Inhalt dieses Buch demjenigen mehr oder weniger rätselhaft und wenig hilfreich sein, der kein Christ ist. Deshalb möchte ich jedem Leser die Möglichkeit geben, die Freude einer gottgewirkten Veränderung zu erfahren. Doch das ist nicht der vorherrschende Grund, weshalb ich mich freue, dass Sie auf dieser Seite angekommen sind.

Ich freue mich auch deshalb darüber, weil ich möchte, dass Sie Frieden mit Gott und die Gewissheit erlangen, dass Ihnen Ihre Sünden vergeben sind. Falls Sie noch nicht an diesem Punkt Ihres Lebens angekommen sein sollten, an dem Gott Ihr Herz für seine Wahrheit geöffnet hat – die Wahrheit, dass er Sie unendlich liebt, das größte aller Opfer gebracht hat und Vergebung bereithält, auf die Sie wegen Ihrer Rebellion gegen Gott angewiesen sind –, dann sollten Sie sich ernsthaft der Frage stellen, ob Sie wirklich Christ sind.

Viele Menschen gehen zur Kirche oder versuchen, ein möglichst gutes und ordentliches Leben zu führen. Immerhin sind wir nicht so schlecht, wie wir sein könnten. Und deshalb denken wir, dass es gar nicht so darauf ankommt, ob wir auf Christus vertrauen – Hauptsache, wir sind freundlich und nett zu unseren Mitmenschen. Dann wird Gott uns schon annehmen. Wenn ich etwas zu sagen hätte und die Maßstäbe festlegen würde, könnte ich uns alle für gut und annehmbar erklären. Aber das entspräche nicht der Wahrheit, denn ich habe das nicht zu entscheiden. Es ist allein Gottes Entscheidung, und seine Maßstäbe unterscheiden sich wesentlich von den meinen. In Jesaja 55,8 sagt er: „Denn meine Gedanken sind nicht eure Gedanken, und eure Wege sind nicht meine Wege."

Die Wahrheit ist vielmehr, dass Gott vollkommen heilig ist. Das bedeutet, dass er niemals etwas denkt oder tut, was unvereinbar mit seiner vollkommenen Heiligkeit wäre. Er ist rein und uneingeschränkt ohne Fehl – in jeder erdenklichen Hinsicht. Das liegt nicht daran, dass er sich zu Beginn eines jeden Tages vornimmt: „Heute versuche ich, gut zu sein." Er ist von Natur aus vollkommen gut – aufgrund seines Wesens. Und deshalb gibt es keinen einzigen Augenblick, in dem er es nicht wäre.

Hinzu kommt, dass er nicht nur vollkommen heilig, sondern auch vollkommen gerecht ist. Deshalb sorgt er immer und automatisch dafür, dass der Gerechtigkeit genüge getan wird und diejenigen am Ende ihre Strafe bekommen, die sie verdient haben. Das mag zwar aus irdischer Perspektive betrachtet nicht so scheinen, doch ich kann Ihnen versichern, dass der große Richter des Universums zu seinem Ziel kommen wird. Wenn Gott alle Menschen, die seine Gesetze missachten, damit durchkommen ließe, wäre er schließlich nicht heilig,

In gewisser Hinsicht ist die Wahrheit über Gottes Heiligkeit und Gerechtigkeit sehr beruhigend. Die Hitlers dieser Welt, die der irdischen Gerichtsbarkeit entgehen konnten, werden einmal vor ihrem Schöpfer stehen müssen und empfangen, was sie verdienen. Doch anders herum betrachtet ist die Nachricht von einem heiligen und gerechten Gott auch beunruhigend. Denn wir alle wissen, dass wir sündigen, selbst wenn wir bei Weitem nicht so schlimm sind, wie wir sein könnten – und Gott hasst die Sünde. Diese ist stets eine Missachtung der vollkommenen Maßstäbe Gottes. Diese Maßstäbe können wir in der Bibel nachlesen, wo sie im Alten Testament in Form der Zehn Gebote auf den Punkt gebracht sind. Denken Sie einen Moment über diese Gebote nach. Gab es jemals andere Götter in Ihrem Leben? Halten Sie den Tag des Herrn heilig? Akzeptieren Sie stets die Autoritäten, denen Sie unterstellt sind? Haben Sie schon einmal das Leben eines anderen ruiniert oder einem Menschen den

Rücken zugekehrt, der eigentlich Ihre Hilfe gebraucht hätte? Haben Sie jemals statt Ihres Ehepartners einen anderen Menschen begehrt? Haben Sie schon einmal etwas an sich genommen, was nicht Ihnen gehörte? Haben Sie schon einmal gelogen oder etwas unbedingt haben wollen, weil es ein anderer hatte?

Wenn es Ihnen so geht wie mir, dann müssen Sie zugeben, jedes der Gebote schon irgendwann einmal in Ihrem Leben gebrochen zu haben. Das bedeutet, dass es einen Zeitpunkt geben wird, an dem auch Sie vor dem Richterstuhl Gottes erscheinen müssen. Doch Sie brauchen nicht zu verzweifeln. Wenn Sie wissen, dass Sie ein Sünder sind, gibt es Hoffnung. Denn Gott ist nicht nur heilig und gerecht, sondern auch barmherzig.

Gott ist barmherzig und erbarmt sich über seine Kinder. Seine Liebe ist unermesslich groß, und deshalb hat er eine Möglichkeit geschaffen, damit Sie und ich zu ihm kommen können. Und das, ohne seine Wesenszüge – insbesondere seine Heiligkeit und Gerechtigkeit – dadurch infrage zu stellen. Jemand musste die Strafe für die Sünde auf sich nehmen. Jemand musste an unserer Stelle sterben – stellvertretend für uns also. Doch wer konnte dieser Jemand sein? Wie konnte er die Strafe für Sünde auf sich nehmen und trotzdem Gottes Gerechtigkeitsmaßstäben genügen?

Jeder Mensch, der je auf dieser Erde gelebt hat, ist ein Sünder und kann daher nicht die Strafe für jemand anderen tragen, weil er selbst Strafe verdient. Es gab nur Einen, der diese Strafe auf sich nehmen konnte. Denn nur Einer führte ein vollkommen sündloses Leben, das in keiner Hinsicht eine Strafe Gottes verdiente. Dieser jemand war Jesus Christus. Jesus Christus war ganz Gott (deshalb auch vollkommen sündlos) und ganz Mensch (das befähigte ihn zum Stellvertreter für uns). Die Bibel lehrt, dass Gott aufgrund seiner Liebe für uns Menschen seinen Sohn Jesus Christus sandte, damit dieser stellvertretend für uns starb. Am Kreuz trug Jesus Christus die Strafe, die wir verdienen. Auf diese Weise wird Gottes Gerechtigkeit genüge getan, und seine Heiligkeit bleibt bestehen. Dementsprechend heißt es in Römer 5,8: „Gott aber erweist seine Liebe zu uns darin, dass Christus, als wir noch Sünder waren, für uns gestorben ist."

Doch ein Problem ist dadurch noch immer nicht gelöst. Vielleicht lesen Sie das jetzt und wissen bereits, dass Sie ein Sünder sind. Sie glauben auch, dass Gott heilig und gerecht ist und hoffen, dass er ebenso barmherzig und liebevoll ist, wie ich es behauptet habe. Aber was müssen Sie nun tun? Sie müssen an ihn glauben. Das bedeutet, dass Sie ihn aus diesem Glauben heraus um Vergebung aller Ihrer Sünden bitten müssen. Sie können dies im Gebet tun. Es gibt keine vorgeschriebene Formulierung, die Sie einhalten müssen. Die Bibel sagt hierzu: „Jeder, der den Namen des Herrn anrufen wird, wird gerettet werden" (Römer 10,13). Sie können ihn im Gebet bitten, Ihnen um Jesu Opfer willen Ihre Sünden zu vergeben. Sie können ihn bitten, Sie zu seinem Eigentum zu machen. In 1. Johannes 1,9 heißt es: „Wenn wir unsere Sünden bekennen, ist er treu und gerecht, dass er uns die Sünden vergibt und uns reinigt von jeder Ungerechtigkeit." In dieser seiner Zusage können Sie Frieden finden.

Wenn Sie Christ geworden sind, werden Sie ein Leben führen wollen, das Gott gefällt. Beschäftigen Sie sich zu diesem Zweck mit seinem Wort. Ich empfehle Ihnen, mit der Lektüre des Johannesevangeliums zu beginnen. Beten Sie zu Gott, während Sie lesen, damit er Ihnen beim Verständnis seines Wortes hilft. Als Nächstes sollten Sie nach einer guten, biblisch orientierten Gemeinde Ausschau halten und die Veranstaltungen dort besuchen. Eine biblisch orientierte Gemeinde erkennt man an dem Bekenntnis zur Dreieinigkeit Gottes – Gott bestehend aus Vater, Sohn und Heiligem Geist – und zur Erlösung als Gnadengeschenk Gottes. Des Weiteren pflegt sie das Gebet, legt Wert auf einen geistlichen Wandel ihrer Mitglieder und predigt das Wort Gottes allein auf Grundlage der Bibel.

Wenn Gott durch dieses Buch zu Ihnen gesprochen hat und Sie Christ geworden sind, wäre ich sehr dankbar, wenn Sie es mich wissen ließen. Denn dann kann ich mich auch von Herzen mitfreuen. Meine Kontaktdaten finden Sie auf meiner Internetseite www.elysefitzpatrick.com.

Möge Gott Sie aufgrund Ihrer Hingabe reich segnen.

Jessica Thompson
Wenn Beschenkte schenken
Gottes Gnade weitergeben

Wie können wir trotz unseres sündigen Wesens gute und belast-
bare Beziehungen führen? Zum Glück hilft uns die Gnade Jesu
dabei. Jessica Thompson untersucht anhand von Geschichten
und biblischen Lehren, wie wir diese empfangene Gnade in unseren Beziehungen am besten weitergeben können.

Gebunden, 272 Seiten
12 x 18,7 cm
Best.-Nr. 271 409
ISBN 978-3-86353-409-7

Bobby Conway
Wenn du zweifelst ...

Dürfen Christen zweifeln? Ja, dürfen sie. Sie müssen darüber auch in der Gemeinde sprechen dürfen, denn nur dann können die Zweifel zu einem vertieften Glauben statt zum Unglauben führen. Wir dürfen mit allen Zweifeln zu Gott kommen und uns gegenseitig bei Schwierigkeiten helfen.

Paperback, 240 Seiten
13,5 x 20,5 cm
Best.-Nr. 271 193
ISBN 978-3-86353-193-5

Andrew David Naselli und J. D. Crowley
Das Gewissen
Verstehen, wie es tickt

Was ist das Gewissen, wofür haben wir es und wie können wir es trainieren? Was tun wir, wenn unser Gewissen im Widerspruch zur Bibel steht? Wie gehen wir mit Menschen um, die eine andere Gewissensüberzeugung vertreten? Naselli und Crowley beziehen klar Stellung dazu, was Sünde ist und was nicht und wie unser Gewissen uns bei dieser Unterscheidung hilft, damit wir weder in Gesetzlichkeit noch in eine Alles-ist-erlaubt-Haltung verfallen. Ein herausforderndes und dennoch leicht verständliches Buch über ein heute oft viel zu wenig beachtetes „Organ".

Paperback, 192 Seiten
13,5 x 20,5 cm
Best.-Nr. 271 341
ISBN 978-3-86353-341-0